新时代教师教育系列教材

U0659519

基础教育研究方法

JICHU JIAOYU
YANJIU FANGFA

韦耀阳 沈胜林 李 威◎主编

北京师范大学出版集团
BEIJING NORMAL UNIVERSITY PUBLISHING GROUP
北京师范大学出版社

图书在版编目（CIP）数据

基础教育研究方法/韦耀阳，沈胜林，李威主编．北京：北京师范大学
出版社，2025.1.（2025.9重印）-- ISBN 978-7-303-30317-5

Ⅰ．G632.0

中国国家版本馆 CIP 数据核字第 202408073C 号

JICHU JIAOYU YANJIU FANGFA

出版发行：北京师范大学出版社 https：//www.bnupg.com

北京市西城区新街口外大街 12-3 号

邮政编码：100088

印　　刷：北京顶佳世纪印刷有限公司

经　　销：全国新华书店

开　　本：787 mm×1 092 mm　1/16

印　　张：21.25

字　　数：357 千字

版　　次：2025 年 1 月第 1 版

印　　次：2025 年 9 月第 2 次印刷

定　　价：49.80 元

策划编辑：冯谦益　　　　　　责任编辑：冯　倩
美术编辑：李向昕　　　　　　装帧设计：李向昕
责任校对：姚安峰　　　　　　责任印制：马　洁

序　言

　　教育是国之大计、党之大计。造就党和人民满意的高素质专业化创新型教师队伍，必须着力提高教师的科研素养和教研能力。广大教育工作者只有掌握科学的教育研究方法，不断提高教育教学研究能力，才能切实提高教育教学质量，推动教育事业实现高质量发展。

　　我们深入学习习近平新时代中国特色社会主义思想和习近平总书记关于教育的重要论述，在全面贯彻党的教育方针，落实立德树人根本任务，积极服务地方基础教育改革发展的基础上，认真总结了近年来我国基础教育研究与实践经验，编写了这本《基础教育研究方法》。本书系统概括了国内外基础教育研究方法的最新进展，结合我国基础教育改革发展实践，对常见的基础教育研究类型、文献的收集与整理、教育研究设计等进行了详细阐述，力求为广大中小学教师、教育管理者以及师范院校的师范生学习并掌握科学的教育研究方法提供全面系统的指导。

　　本书共分为十四章，主要内容包括：基础教育研究概述、基础教育研究课题的选择、文献的收集与整理、教育研究设计、教育观察法、教育调查法、教育实验法、个案研究法、教育行动研究法、教育叙事研究法、比较研究法、教育经验总结法、基础教育研究资料的整理与分析、基础教育研究成果的呈现。本书涵盖了基础教育研究的主要内容和各个环节，例如，如何确定研究课题、如何收集与整理文献、如何选择研究方法、如何撰写研究报告等，全面介绍了基础教育研究的完整过程。我们按照教育研究工作的基本程序和内在逻辑，由浅入深、循序渐进地安排各章内容，使本书的各章环环相扣、前后贯通，构成了一个有机联系的整体。

　　在编写本书的过程中，我们始终坚持理论联系实际的原则，紧密结合基础教育改革的现实需求，力求将前沿的教育研究理论与方法同教育教学实践紧密结合，并提供了大量生动鲜活的案例，具有很强的针对性、指导性和可操作性，可以较好地满足广大中小学教师开展教育教学研究的实际需要。同时，我们密切关注国内外教育研究领域的前沿动态，及时吸收、借鉴了一些新兴的研究取向与方法，如叙事研究、比较研究等，以开阔读者的视野，帮助读者及时更新教育研究理念，不断提升教育研究能力。

需要特别指出的是，在编排各章内容时，我们既考虑到了教育研究活动的基本程序和内在逻辑，由浅入深、从总体到局部，又兼顾了不同读者群的认知特点和学习需求，力求便于广大读者学习、掌握、运用。我们希望本书能为广大中小学教师和师范院校的师范生学习、掌握科学的教育研究方法，不断提升教育教学研究能力，更好地推进教育教学改革和基础教育高质量发展提供些许帮助。

本书是在湖北省教学研究课题——地方师范院校教育硕士研究生教学质量管理与监控体系的构建研究（编号：2021657）的基础上形成的，是 2023 年黄冈师范学院教材建设后资助项目（编号：2023CJ03）的阶段性成果。本书第一至第三章由韦耀阳教授编写，第四章由沈胜林副教授编写，第五章由童三红教授编写，第六章由杨洛博士编写，第七章由李威教授编写，第八章由彭锦博士编写，第九章由陈俊芳老师编写，第十章由岳涛博士编写，第十一章由贺慧老师编写，第十二章由路雪副教授编写，第十三章由代朝霞老师编写，第十四章由王艳老师编写。韦耀阳教授负责全书的统稿工作。

在策划、编写、修改本书的过程中，我们得到了多位领导和同人的大力支持，在此表示衷心感谢！特别要感谢黄冈师范学院教务处处长胡志华、副处长程云、冯杰教授、胡志刚教授在教材建设方面给予的悉心指导。感谢黄冈师范学院教育学院院长童三红、副院长黄克斌在编写大纲、组织力量等方面提供的宝贵意见。感谢北京师范大学出版社冯谦益编辑在选题论证、编校加工等方面付出的辛勤劳动。

本书代表了我们为教师教育教学改革、探索教师教育人才培养模式的一次大胆尝试的成果。我们的水平有限，书稿难免存在不足之处，恳请读者批评指正。我们将虚心听取各界意见，不断修订完善，力求为推进新时代教师教育高质量发展尽绵薄之力。

编　者
2024 年 7 月于黄州

目　录

第一章　基础教育研究概述

>>> 学习目标

1. 了解基础教育研究的含义、特点、类型。

2. 认识基础教育研究的主体。

3. 知晓基础教育研究的目的、任务、意义。

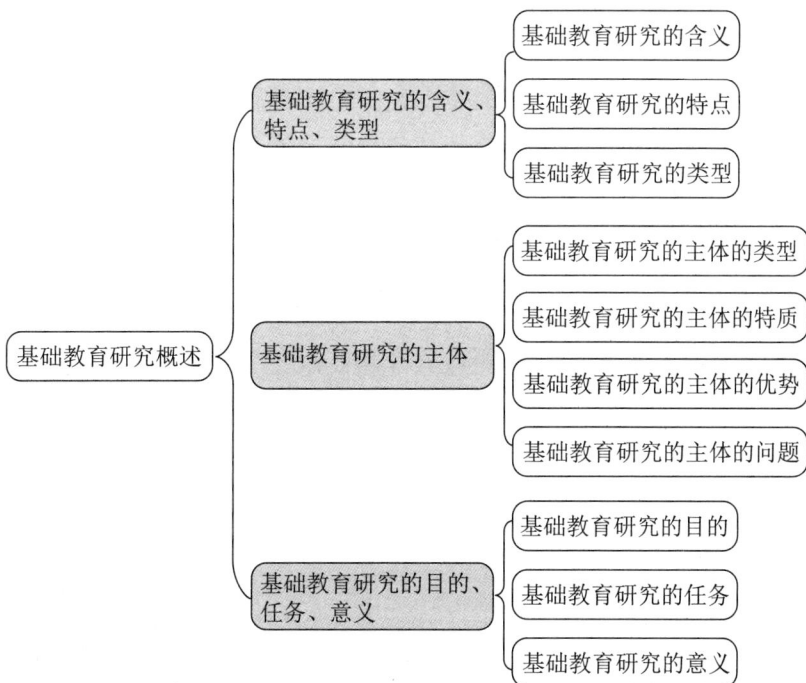

第一节　基础教育研究的含义、特点、类型

一、基础教育研究的含义

基础教育研究是对基础教育阶段(包括学前教育、小学、初中、高中)的教育体系、教学过程、教育政策及相关参与者(如学生、教师、家长等)的深入研究。它包括对教育目标、教学内容、教育方法、评价体系等方面的探讨,旨在提升教育质量,全面提升学生的核心素养,为教育决策者提供科学依据,从而推动基础教育的发展。这一研究领域关注理论、实践和政策等多个层面,研究者在该领域的研究可使学前教育、教育体系更完善。基础教育研究的对象是基础教育阶段的教育。

(一)基础教育研究的内涵和外延

1. 内涵

基础教育研究涵盖了对教育目标与价值观、课程与教学、学生发展与教育心理学、教师专业发展与教育实践、学校管理与组织、家庭教育与社会教育,以及教育政策与改革的深入探讨。它旨在全面理解教育现象,优化教育过程,提升教育质量,促进学生和社会的全面发展,同时关注教师的专业成长和教育环境的整体改善,以及教育政策的科学制定与实施。

第一,教育目标与价值观研究的对象包括教育目的、价值观,以及教育对学生和社会的影响等。

第二,课程与教学研究的对象包括教材编写、教学设计、教学方法、评价制度等。

第三,学生发展与教育心理学研究的对象包括学习心理、学业发展等,旨在了解学生的认知水平和社会发展情况。

第四,教师专业发展与教育实践研究的对象包括教师培训、教师素质提升、教师教育方法等。

第五,学校管理与组织研究的对象包括学校领导与管理、学校文化建设、

学校制度等。

第六，家庭教育与社会教育研究的对象包括家庭教育模式、家庭教育对学生发展的影响、社会教育资源等。

第七，教育政策与改革研究的对象包括政府制定的教育政策、教育改革措施、教育资源配置等。

2. 外延

第一，范围涵盖学前教育、小学、初中、高中，研究对象为 3 至 18 岁的儿童和青少年。

第二，教育机构包括公立学校与私立学校、城市学校与乡村学校等不同类型的学校。

第三，教育地域范围覆盖全国。

第四，教育层次包括基础教育阶段的学前教育、小学教育、初中教育、高中教育。

第五，教育对象主要是学生、家长、教师、学校管理者及与基础教育相关的各类参与者。

基础教育研究旨在提升教育质量、促进学生全面发展，同时为教育政策的制定与实施提供科学依据。

(二)基础教育研究的性质

1. 以教育实践为导向

研究者开展基础教育研究的最终目的是改进教育实践，提高教育质量。研究要紧密结合教学实际，解决教育教学中存在的问题，为教育决策提供依据。例如，开展有关初中语文教学的研究，应以语文课堂教学为导向，观察语文课堂教学，发现存在的问题，并在此基础上提出改进语文教学的对策。

2. 关注学生的全面发展

基础教育要处理好传授知识和培养能力、塑造人格的关系，关注学生的全面发展。教育研究要以学生为中心，关注学生成长的全过程。例如，研究中学生心理健康教育，可以关注学生的心理状态、人格发展、道德品质等，努力促进学生的全面发展。

3. 重视教与学的关系

教育是一个双向的过程，教与学之间的互动对教育效果的形成至关重要。

教育研究要探讨如何建立良好的教与学关系，如何激发学生的学习兴趣，如何实现教学相长。例如，研究小学数学教学，可以探讨如何发挥学生的主体作用，调动学生的学习兴趣，使教师指导和学生自主参与有机结合，建立良好的教与学的关系。

4. 注重理论联系实际

教育研究要在掌握教育理论的基础上，联系实际教学情境，做到理论联系实际。既不能脱离实际空谈理论，又不能忽视理论指导盲目地实践。例如，研究科学、技术、工程、艺术、数学(STEAM)教育要在总结国内外相关教育理论的基础上，结合我国中小学实际情况，探究如何将 STEAM 教育有机地融入学科教学。

5. 具有多学科综合性

教育是一个复杂的系统工程，需要综合多学科来研究和指导。教育研究要综合运用心理学、教育学、管理学等多学科的知识，以具有整体性的观点来提高研究质量。例如，研究课堂管理，可以综合运用心理学、教育学、管理学等多学科的知识，对课堂管理进行系统分析，从而提出改进意见。

二、基础教育研究的特点

(一)实践性

基础教育研究强调理论联系实际，研究成果要能指导教育实践，解决实际教学中存在的问题。基础教育研究要密切结合学校和课堂的实际情况。例如，研究如何提高语文阅读课的教学效果，可以深入语文阅读课堂，观察学生的学习情况和存在的问题等，并在此基础上提出对策。

(二) 全面性

基础教育强调素质教育，关注学生的全面发展。教育研究不能只看重学业表现，而要重视学生在个性、能力、兴趣等方面的全面发展。例如，开展关于中学生思想品德教育的研究，不仅要关注学生的德育表现，还要注意学生的精神面貌、兴趣爱好、个性发展等，努力促进学生的全面发展。

(三)开放性

基础教育要积极吸收各领域(尤其是心理学、教育学、管理学等)的新理论和研究成果，进行交叉融合，不断推陈出新。例如，研究 STEAM 教育，可以积极吸收国外的教育经验，同时结合中小学学科的特点，不断创新和探索 STEAM 教育在中小学的实施路径。

(四)发展性

随着时代发展，教育理念和教学方法都在不断更新。教育研究要关注教育发展方向和趋势，努力探索适合未来发展的教育方式。例如，研究未来教室建设，可以关注教育技术发展趋势，预测未来教育的需求，探索建设能适应未来教育发展的智慧化教室。

(五)前瞻性

教育研究不能故步自封，而要有前瞻性和预见性，要审时度势，预测教育发展趋势，为教育决策提供依据。例如，研究教师专业发展，需要审视教育环境的变化，预测教师角色转变趋势，提出支持教师专业发展的建议。

(六)针对性

教育研究要结合不同地区、不同人群的实际情况，针对存在的具体问题开展，不能空谈无用的大道理。例如，研究农村学校教学，应考虑学生的家庭背景和学习能力，有针对性地提出提高农村教学质量的对策。

三、基础教育研究的类型

根据不同的分类标准，可将基础教育研究分为以下几种类型。

(一)基础研究和应用研究

按照教育研究的目的来划分，基础教育研究可以分为基础研究和应用研究。基础研究是纯理论研究。基础研究指研究者通过认识各类教育现象、揭示教育本质、探究教育规律，概括出教育的基本原理，形成对教育的正确认识。例如，对教育功能、教育本质的研究以及对教育史和教育思想的研究等。应用研究是运用教育基础理论解决当前教育中存在的实际问题的研究。例如，教师的不良情绪对小学生学习影响的研究、自学辅导教学法在初中数学课堂的教学实验研究等。

(二)价值研究和事实研究

按照教育研究的对象来划分，基础教育研究可以分为价值研究和事实研究。

价值研究指以教育中的价值问题为研究对象的研究。价值研究的研究结论"仁者见仁，智者见智"，在很大程度上取决于研究者的价值观、教育观等。例如，有关中学几何知识的教育价值研究、生成性课程价值研究等。事实研究指以客观存在于教育中的事实为研究对象的研究。在排除了研究者的主观倾向影响后，价值研究的研究结论具有客观性。价值研究和事实研究是相互对立、相互统一的，不能割裂。

(三)定量研究和定性研究

按照教育研究的方法来划分，基础教育研究可以分为定量研究和定性研究（如表 1-1 所示）。定量研究主要通过分析数据确定研究对象内部的关系，从而获得有意义的结论。定性研究多用文字描述现象，通常采用自然情境中的资料，在归纳过程中解释某种教育现象。

表 1-1　定量研究和定性研究的区别

项目	定量研究	定性研究
资料的来源	经过严密控制的情境	自然情境
研究成果的表现形式	数据	文字或图片
关注点	结果	过程
分析资料的方法	演绎分析	归纳分析
关心的基本事情	变量与操作	意义与理解
学术属性	心理学、经济学、物理学	社会学、人类学、历史学
目标	检验理论，证实事实	描述现实，提高认识
设计	有结构，正式具体	灵活，一般，可引申
技术或方法	实验、交谈	观察、漫谈
与研究对象的关系	疏远	亲近
工具或手段	项目表、问卷	录音机等

(四)宏观研究、中观研究和微观研究

按照教育研究的内容来划分，基础教育研究可以分为宏观研究、中观研究和微观研究。

1. 宏观研究

宏观研究是从整体和全局的高度来研究教育问题的，重视教育发展的整体趋势和规律。例如，有关我国中小学教育发展战略的研究，就属于宏观层面的

研究。这类研究关注中小学教育的发展目标、发展路径、资源配置、体制机制等宏观问题，着力促进中小学教育持续发展。这方面的研究成果可以为国家制定教育政策提供理论依据。

2. 中观研究

中观研究从幼儿园、小学、初中、高中层面出发，研究影响教学和管理的各种因素之间的关系，以及这些因素与教育效果之间的关系。例如，有关提高基础教育教学质量的影响因素的研究就属于中观层面的研究。这类研究着重分析师资队伍建设、教学资源投入、教学方法改革、管理水平等因素如何影响教学质量和效果，并提出有关提高教学质量的建议。这有助于指导学校改进教学管理工作。

3. 微观研究

微观研究聚焦具体的教学环节和教育活动，关注教育教学过程中的具体问题，以微观的视角分析问题产生的原因，并提出有针对性的解决对策。例如，关于小学低年级语文课堂教学中存在的问题的研究，就是典型的微观研究。这类研究一般通过调查、观察、实验等方式，对特定的教学过程存在的问题进行研究和分析，先找出原因，再提出改进对策。这对提高教学质量和效果有直接的指导意义。

总之，宏观研究关注整体，中观研究重视关系，微观研究注重过程。这三类研究互为补充，共同促进教育科学发展和教育实践进步。

◇实战训练◇

单项选择题

按照教育研究的目的来划分，基础教育研究一般可分为(　　)。

A. 基础研究和应用研究　　　　B. 价值研究和事实研究

C. 定量研究和定性研究　　　　D. 宏观研究、中观研究和微观研究

【答案】A

【解析】按照教育研究的目的来划分，基础教育研究可以分为基础研究和应用研究。基础研究是纯理论研究。基础研究指研究者通过认识各类教育现象、揭示教育本质、探究教育规律，概括出教育的基本原理，形成对教育的正确认识。

◇知识拓展◇

基础教育研究的其他类型

除上述分类方式外，按照研究开展的地点、资料收集的主要方式来划分，基础教育研究还可以分为书斋式研究与现场研究。

书斋式研究指研究者在图书馆或办公室等地，通过收集和整理文献资料来进行的研究。

例如，围绕中小学教育理论进行的文献研究就属于书斋式研究。研究者可以收集和梳理国内外相关的阐述教育教学理论的文献，如关于素质教育、启发式教学、合作学习等的文献，对不同的理论、观点进行分析、归纳、总结，并提出自己的见解，形成理论研究成果。这类研究依靠的是二手资料，研究者通过阅读和思考获得研究结论。

现场研究指研究者亲自去教育教学一线调查取材而开展的研究。现场研究重视收集和分析一手资料。

例如，有关中学语文写作教学中存在问题的调查研究就是现场研究。研究者可以通过发放调查问卷、观察、访谈等方式，直接获取有关中学语文写作教学的一手资料，还可以现场感受写作教学过程，发现具体问题，进而分析原因并提出对策。这类研究依靠的是一手资料。研究者自己调查取材，获得的资料具有直接性和真实性。

总之，书斋式研究注重理论探讨，现场研究强调实际调查。这两种研究有不同的侧重点，都有各自的科学价值，最好结合使用，使研究既有理论深度又有实践针对性。研究者将两者相结合，可以提高研究的质量，取得更好的研究成果。

第二节　基础教育研究的主体

究竟谁是教育科学研究的主体？时至今日，仍有不少人仅把专职理论工作者看作教育研究的主体，认为他们是"设计师""主角"，而把教师看作"助手""配角"。这种看法是相当片面的。事实上，无论是作为个体的主体，还是作为群体的主体，教师都扮演着十分重要的角色。随着教育改革的深入发展，教师已逐渐成为教育研究的主力军。就研究者群体而言，教师并不是配角，他们是许多类型研究的主角；就研究者个体而言，教师既是教书育人的行家，又是可以独当一面的科研好手。一般来说，教师会经历从"教育研究参与者"到"研究者"再到"反思的实践者"这样一种角色转变过程。

一、基础教育研究的主体的类型

基础教育研究的主体包括两类：一是群体研究者，二是个体研究者。这两类主体相辅相成，共同构成了基础教育研究的核心力量。

(一)群体研究者

群体研究者是基础教育研究的重要组成部分，通常以团体或学术机构的形式参与研究活动，特点在于能够集聚多方智慧，共同探讨教育问题。

1. 学术机构和研究团队

大学的教育学院、教育研究所、教育研究中心等都是开展基础教育研究的重要学术机构。这些机构汇聚了一批对基础教育感兴趣、具有专业知识和研究经验的研究者，他们共同组成了一个有机的研究群体。

2. 学术会议和研讨会

基础教育领域的学术会议和研讨会是研究者交流思想、分享研究成果的重要平台。通过这些学术活动，研究者可以深入了解该领域的前沿动态，拓展研究思路。

3. 合作研究项目

学术研究往往需要人量资源和人力。一般来说，研究者可通过合作研究项目来共同承担研究任务，共同完成课题研究。

4. 学术期刊

学术期刊是研究者发表研究成果的重要渠道。研究者可通过学术期刊发表研究成果，从而令研究成果得到广泛传播和应用。以学术机构的研究团队为例，如某大学教育学院的基础教育研究团队可能会在教育政策、教育评估、课程设计等方面展开深入研究。团队成员可通过合作与交流共同承担教育研究项目，提出理论观点，参与学术会议，并将研究成果发表在学术期刊上，从而为基础教育的发展和改进提供理论与实践支持。

(二)个体研究者

个体研究者通常指独立从事基础教育研究的学者、教育专家以及对教育充满热情的教育工作者。他们以个人名义参与研究活动，具有一定的学术背景和研究能力。

1. 教育学者和专家

这些个体通常具有丰富的学科知识和研究经验，他们可能在大学、研究机构、教育部门等单位工作，致力于基础教育领域的研究与实践。例如，省市级教科研院所的研究人员的日常工作就是从事教育科研，调查并解决基础教育存在的问题。

2. 教育实践者

基础教育研究的个体主体还包括一些在教育一线工作的教师、幼儿园园长、中小学校长等教育从业者。他们凭借自己的实践经验，对基础教育进行反思和研究，从而提出一些切实可行的教育改进措施。此外，幼儿园、中小学的一些教研能力强的骨干教师也会参与教育研究，他们多研究在教学时遇到的具体问题。例如，某中学语文组教师共同研究如何培养中学生的语言表达能力。幼儿园、中小学教师长期从事教育教学第一线工作，直接面对各种教育问题，因此，更有动力和需求来研究这些问题。

3. 独立研究者和学术爱好者

一些对基础教育感兴趣的人，虽然没有正式的学术背景，但是通过自主学习和独立研究，也可以成为基础教育研究的主体。

二、基础教育研究的主体的特质

基础教育研究的主体——研究型教师在基础教育研究中起到了至关重要的作用。他们具备一系列特定的品质和能力，这些特质使他们能深入研究教育问题，提出理论观点，为教育实践提供科学依据。以下是研究型教师的特质。

(一)具有不断探索的意识和追求真理的精神

研究型教师愿意通过深入研究和探讨去挖掘教育领域的本质规律，探索教育过程中的各种问题，并寻求有效的解决方法。

例如，一位中学教师在教学过程中发现学生在理解某个知识点时会遇到困难，于是这位教师主动查阅了相关文献，学习了相关的专业知识，探索了一系列有针对性的教学方法，并将研究成果应用于课堂教学。这种不断探索的精神使得这位教师在教学中取得了显著的效果。

(二)具有反思能力、批判思维和科学精神

研究型教师具有反思能力，能够对教学实践进行深入的思考和评估。研究型教师具有批判思维，能够对教育理论、方法等进行客观、理性的分析和评价。研究型教师还具有科学精神，注重以实证研究方法为基础，通过数据和事实来支持他们的研究成果。

例如，一位小学教师在每节课后都会对教学过程进行反思，总结哪些方法有效，哪些方面需要改进。这位教师还会主动参与教研活动，和同事共同讨论，以求获得更好的教学效果。

(三)具有对教育教学中各种问题及时进行合理归因的倾向

研究型教师具有分析问题的能力，能够对教育教学中的各种问题进行合理的归因，找出根本原因，并提出相应的解决方案。他们不仅能看到表面的问题，而且能深入挖掘问题的深层次原因。

例如，一位初中教师在课堂上发现一部分学生的学习积极性不高。这位教师并不是简单地归因于学生个体，而是主动与学生交流，从而了解到他们对该学科的兴趣不高。于是，这位教师改进了教学方法，设计了生动有趣的教学活动，激发了学生的学习兴趣，取得了显著的成效。

(四)具有自我评估能力

研究型教师具有自我评估能力。他们能够客观地评估自己的教学实践，发现自己的优势和不足，并有意识地进行自我改进，以提升自己的教育教学水平。

例如，一位小学教师会定期抽出时间，对之前的教学进行回顾，评估自我的专业发展情况。这位教师会记录下每次的评估结果，并在教学中有意识地应用改进后的教学策略。

总体来说，研究型教师在基础教育研究中扮演着不可替代的角色。研究型

教师的探索精神、反思能力、科学精神以及问题分析能力，使得他们成为基础教育研究领域的中流砥柱，为教育事业的不断发展做出积极的贡献。

三、基础教育研究的主体的优势

我们这里所说的基础教育研究的主体指幼儿园及中小学教师。幼儿园及中小学教师在进行教育研究时具有许多独特的优势，这些优势使得他们能够深入实践，从教育现场出发，提出具有针对性的问题，从而对教育实践产生积极的影响。

(一) 实践经验丰富

幼儿园及中小学教师在教育一线工作多年，对教学过程、学生的学习行为、教育现场等有着丰富的实践经验。他们能将理论知识与实际教学相结合，更加全面地理解和分析教育问题。

例如，一位小学语文教师在多年的教学实践中积累了丰富的教学经验，深入了解了学生的语言表达的特点。这位教师通过对实际教学的反思和总结，发现了一些有效的教学策略，从而在课堂教学研究方面取得了一些成绩。

(二) 能够直接感受到教育改革的需求

幼儿园及中小学教师经历了教育改革，对教育政策和教育改革的需求有直观的感受。他们能够从实践中发现问题，并为教育改革提供实用的建议和方案。

例如，一位初中数学教师在教学过程中发现学生在学习某类数学知识时遇到了困难。这位教师主动参与了学校的教学改革项目，提出了有针对性的教学方法，并通过实践验证了其实效，为学校的教学改革提供了有力的支持。

(三)对学生的情况了解得更为全面

幼儿园及中小学教师与学生在教育现场进行密切的互动，对学生的认知水平、学习风格、特长等方面有着更为全面的了解。他们能够根据学生的个体差异，设计更加个性化的教学方案。

例如，一位小学英语教师通过与学生的交流和观察，了解到每个学生在英语学习上的特点和需求各有不同。这位教师针对不同学生的学习情况，设计了不同难度和内容的教学活动，使得每个学生都能够取得进步。

(四) 能够及时调整教学策略

幼儿园及中小学教师在课堂上直接面对学生，能够及时感受到学生的学习状态和理解程度。他们可以根据学生的反馈情况，灵活调整教学策略，使教学更具针对性和灵活性。

例如，一位初中历史教师在课堂上发现学生在理解某个历史时期的知识时存在困难，这位教师立即改变了教学方式，利用生动的故事和图表进行讲解，使学生对该历史时期有了更为全面的认识。

(五)具备教研合作的优势

幼儿园及中小学教师通常都有机会参与学校的教研活动，能够与同事共同讨论、研究教学问题，共同探讨有效的教学策略。

例如，一所小学开展了一项关于阅读教学的教研活动，多名教师参与其中，共同研究如何提升学生的阅读能力。通过合作研究，教师共同设计了一套有效的阅读教学方案，并在实施中取得了显著的成果。

总体来说，幼儿园及中小学教师具有丰富的实践经验，对教育改革需求有直观感受，能全面了解学生的情况以及灵活调整教学策略。他们在教育研究中能够发挥积极作用，为教育事业的不断发展和提升贡献重要力量。

四、基础教育研究的主体的问题

(一)无科研意识——没问题

简单来讲，无科研意识是指有一部分教师没有从事教育研究的想法，他们所看到的都只是一些司空见惯的现象，头脑里没有任何值得研究的问题。这种情况虽然不多，但是从某种程度上来说确实存在，主要表现为以下几种情况。

1. 认识偏差

一些教师认为，教师的天职就是把课上好，把学生教好，把学生的学业表现提上去，什么教育研究都不重要，学生的学业表现永远都是第一位的。这些教师关心的是自己所教班级的学生的学业表现，认为这才是最重要的。

2. 职业倦怠

教师因其工作的性质与特点，基本上每天都是两点一线：从家里到学校，从学校到家里。部分教师每天几乎都在做着重复的工作，其中一些教师对学生管理、班级教学中存在的问题已经见怪不怪了。

3. 应付任务

部分教师并没有主动从事研究的意识，虽然承担着一些研究任务，但是事实上这部分教师是在被动地做课题，即应付上级部门或领导硬性分派的课题任务，因为他们觉得课题任务是自己不想做，但不做又不行的，不得已而为之。

4. 能力欠缺

这部分教师可能是最被动和无奈的，既没有科研意识，又缺乏研究能力，把自己完完全全地当成了"教书匠"。

(二)有科研意识——没头绪

这种情况在幼儿园及中小学教师中比较普遍。面对教育、教学、课程、管理等方面改革的诸多挑战，以及教育管理部门对教师在业务素质和专业发展方面提出的具体要求，部分教师虽然有搞科研的需要和想法，但是在实际操作过程中往往会感到茫然，不知该从哪里下手，不知该具体研究些什么。这种情况大致有以下几种表现。

1. 无从下手，无从取舍

有时，教师想做些研究，但苦于找不到合适的切入点。有的教师觉得有很多问题，但又不知道从哪儿开始；有的教师确定了一些值得关注并研究的问题，但感觉哪个问题都有必要研究，哪个问题都难以割舍，无法筛选出一个具体可研究的问题来，在面对众多问题时感到很茫然。

2. 教学科研，互不相干

有一些教师确实做了一些研究工作，但没有和自己平时的教育、教学工作结合起来，他们为了达到评职晋级、评优评先的要求而急功近利，虽然写了一些文章，但是没有将自身在教育、教学方面的成功经验和深刻体会加以提炼、总结，研究始终游离于教学之外。

3. 方法不当，经常遇挫

"工欲善其事，必先利其器。"写研究论文、报告或做课题研究与教师平时的讲课工作异曲同工，即都要根据特定的目标、内容、要求而采取适当的方法，以期取得预期的效果。可现实是，有些教师在从事教育研究的过程中，没有选择恰当的方法，从而导致了事倍功半的结果；还有些教师虽然选对了研究方法，但是在方法的使用上不够熟练或准确，从而导致了研究结论不当或错误的结果。

4.效果不佳，敷衍了事

有一些教师很认真地做了大量研究，付出了很多努力，也取得了一些成果，但他们对自己所取得的成果总是不太满意，既没能得到相关专家的认可，也没能得到学校领导的认可，还没能得到业界同行的认可，无论怎样努力，都离自己和他人的期望有一定的差距，最后失去信心，敷衍了事。

5.支持不够，困难重重

幼儿园及中小学教师从事教育研究，不像大学教师或专职的研究人员那样，有研究时间、经费、环境与条件方面的保障。影响幼儿园及中小学教师开展教育研究的原因如下。首先是时间不够。他们每天在校工作时间较长，下班回家后还要备课、批改作业、操持家务等。其次是经费不够。据了解，部分幼儿园及中小学没有专项的科研经费来支持或保障教师开展教育研究。最后是学校领导对科研的重视程度和支持力度不够，考核教师的维度较为单一。

第三节　基础教育研究的目的、任务、意义

一、基础教育研究的目的

近些年来，不少幼儿园及中小学提出了"科研兴校"的口号，教育研究工作进行得轰轰烈烈。但是，在实际运行过程中也出现了不少问题。例如，研究归研究，课题归课题，教师的行为、学生的状态仍同平常一样，学校在改革与发展过程中所面临的问题没有完全得到解决。学校投入了一定的人力、财力，到头来结果并不理想，还出现了不少困难。这是典型的为研究而研究，为做课题而做课题。应该说，这是目前基础教育研究中值得关注的一种不良倾向，应予纠正。

我们认为，开展基础教育研究是学校发展的自身要求，研究的方向应该自始至终指向学校发展，并达到如下目的。

(一)解决学校的实际问题

首先，基础教育研究应该解决学校的实际问题。学校作为教育的实施方和教育实践的场所，面临着许多具体的问题和挑战，如教学质量、学生的学习成果、教师的专业发展等。教育研究应该深入了解学校的实际情况，针对学校存在的问题进行研究，提出切实可行的解决方案和改进措施，以促进学校的发展和进步。

其次，基础教育研究应该关注学校的长远发展。学校是培养未来人才的重要场所，因此，基础教育研究应该关注学校发展的可持续性。研究者可以从学校的愿景和发展目标出发，研究学校在课程设置、教学方法、评价体系等方面的创新与改进，以推动学校朝着追求更高的质量和效益的方向发展。

再次，基础教育研究应该关注学校的特殊需求和特色。每所学校在地域文化、学生群体、教师队伍等方面都存在差异。基础教育研究应该针对学校的特殊需求和特色，进行有针对性的研究，为学校提供个性化的发展建议和支持。

最后，基础教育研究应该促进理论与实践的结合。基础教育研究不仅能探索理论，而且能将理论与实践相结合，为学校提供切实可行的指导和建议。研究者应该与学校教师、管理者等紧密合作，充分了解实际情况，将研究成果转化为行动，并及时反馈和调整研究方向，以不断改进和完善教育实践。

综上所述，基础教育研究应始终围绕学校的发展，旨在解决学校的实际问题，促进学校的进步和提升。基础教育研究关注学校的实际问题、长远发展、特殊需求和特色，将理论与实践相结合，可以为学校提供有效的支持和指导，推动学校教育质量的提高和学校的全面发展。

(二)提升教师的教育教学水平

基础教育研究的一个重要目的是提升教师的教育教学水平。教师是教育的核心，教师的专业素养和教学水平将直接影响学生的学习成果和发展。因此，通过研究来提升教师的教育教学水平具有重要的意义。

首先，基础教育研究可以帮助教师了解和应对学生的学习需求。基础教育研究可以深入研究学生的学习特点、兴趣、能力等方面的变化和需求，为教师提供有针对性的教学策略和方法。例如，基础教育研究可以揭示学生在不同年龄阶段的认知发展规律，教师可以根据这些研究成果调整教学内容和方式，更好地满足学生的学习需求。

其次，基础教育研究可以推动教师的专业发展和成长。教师参与研究，可以深入研究教育领域的理论、方法和最新研究成果，不断更新自己的教育观念和教学技能。基础教育研究可为教师专业发展提供重要资源。例如，教育研讨会能使教师不断学习和反思，提高自身的教育教学水平。

再次，基础教育研究可以促进教师创新和改进教学实践。基础教育研究可以探索和验证新的教育理念、方法和工具，为教师提供新的教学思路和实践策略。教师参与研究，可以了解并应用最新的教育技术和教学资源，丰富自己的教学手段，提高课堂教学效果。基础教育研究的成果可以激发教师的创新意识，鼓励他们不断改进和优化自己的教学实践。

最后，基础教育研究可以促进不同教师进行交流与合作。基础教育研究提供了一个平台，让教师能够分享自己的研究成果、教学经验和教育观点。教师参与研讨会、参加研究小组，可以相互启发、互相学习，共同提高教育教学水平。基础教育研究可以促进不同教师进行专业互动，形成良好的教师专业发展氛围。

(三)促进学校的持续发展

基础教育研究的一个重要目的是促进学校的持续发展。学校作为教育的重要组织单位，其发展水平直接关系到教育质量和学生的学习成果。教育研究可为学校提供有针对性的改进和发展方向，从而推动学校持续进步。

首先，基础教育研究可以为学校管理者做决策提供科学依据。基础教育研究可以深入研究教育领域的理论、方法和最新研究成果，为学校管理者做决策提供支持。通过基础教育研究，学校管理者可以了解教育改革的最新动态和趋势，掌握国内外优秀学校的成功经验，从而确定发展方向。基础教育研究的成果可以帮助学校管理者设计科学的教育目标、课程和教学方案，提供有效的管理和组织策略，从而促进学校的持续发展。

其次，基础教育研究可以促进学校教育教学质量的提升。基础教育研究可以深入研究教育教学过程和要素，探索有效的教学策略和方法。通过参与基础教育研究，教师可以了解和应用最新的教育技术、教学资源和评价方法，不断改进自己的教学实践。基础教育研究可以提供教师培训和专业发展的机会，促使教师不断学习和成长，提高其教育教学水平。基础教育研究还可以推动教师之间的交流与合作，促进教学经验的共享和互相学习，进一步提升整个学校的教育教学质量。

再次，基础教育研究可以推动学校组织和管理的优化。学校是一个组织实体，组织和管理对其发展至关重要。基础教育研究可以研究学校的管理水平，探索有效的管理模式和策略。通过基础教育研究，学校管理者可以了解学校管理中存在的问题，并找到解决方案。基础教育研究可以为学校管理者提供在专业发展方面的支持，帮助他们提升管理能力和领导能力，有效推动学校的持续发展。此外，基础教育研究还可以促进学校与社区、家长和其他教育机构的合作，形成教育共同体，共同促进学校发展。

最后，基础教育研究可以促进学校的创新和改进。基础教育研究可以探索、验证新的教育理念、方法和工具，为学校提供新的教育思路和实践策略。通过参与研究，学校可以了解并应用最新的教育技术和教学资源，引入创新的教育模式和课程设计，满足学生和社会对教育的不断变化的需求。基础教育研究可以激发教师和学校管理者的创新意识，鼓励他们尝试新的教学方法和管理策略，不断改进和提高学校的教育质量。

◇实战训练◇

简答题

基础教育研究的目的有哪些?

【答案】开展基础教育研究是学校发展的自身要求，研究的方向应该自始至终指向学校发展，并达到如下目的：解决学校的实际问题、提升教师的教育教学水平、促进学校的持续发展。

二、基础教育研究的任务

(一)开展学科教学研究

在教育科学领域，各学科互相渗透、交叉融合。普通教育教学理论与各个具体学科在教学中紧密结合，形成了学科教学论。教师应根据自己的教学需要，努力探索具体学科的教学规律，并以此为依据指导相关学科的教育实践。开展学科教学研究是教师从事教育教学研究的基本任务，也是最为重要的任务。学科教学研究要求教师既要研究教材，也要研究教学方法，还要结合学科教学实际研究如何促进学生全面发展。教师应将成功的学科教学经验予以提炼和总结，形成学科教学理论，并尝试在更大的范围内推广实施。

(二)总结教育经验教训

古今中外，教育名家众多，教育流派林立，教育思想多样，教育的历史遗产丰富。批判地继承这些教育遗产，从中总结出成功的经验和失败的教训，为教育发展服务，是基础教育研究的基本任务之一。

(三)研究当代教育发展

研究当代教育的发展问题是基础教育研究的重点任务。总结历史经验指从历史角度探讨教育规律。我们要想以研究促进当代教育的发展，就必须找准当代教育出现的问题。我们要想研究当代教育发展问题，就要立足现实，将基础理论问题研究与实际问题研究紧密结合起来。

(四)预测教育发展趋势

教育是面向未来的事业，一个国家的发展最终取决于人才。预测教育发展趋势，可从教育模式、人才需求等方面入手，这有助于国家从宏观上把控和引导教育的发展。基础教育研究可以为教育决策者提供教育预测信息，提供可行的教育发展方案，为国家制定教育发展规划和教育政策提供服务。

三、基础教育研究的意义

基础教育研究是一种创新行为，它对于培养校长、教师的创新意识和能力具有深远的意义。

(一)推动基础教育教学的改革与发展

基础教育研究对于推动教育教学的改革与发展具有重要的意义。有关教育理论、教学方法、课程设计等的深入研究，可以提供科学依据和理论指导，促使基础教育与时俱进、不断发展。

1. 优化教学方法与策略

基础教育研究可以帮助教师了解最新的教学方法与策略，提供更科学、实用的教学指导。通过深入研究，教师可以了解到哪些教学方法更适合学生，如何更好地激发学生的学习兴趣，从而提升教育教学质量。举例来说，一项研究表明，在初中数学教学中，教师采用探究式教学法能够有效提升学生的数学学习兴趣和能力。因此，教师可以在教学实践中引入探究式教学方法，从而提高教学效果。

2. 促进个性化教育的实施

基础教育研究可以为个性化教育提供理论支持。研究者在深入了解学生的个体差异、学习风格后，可以提供更加个性化的教学方案，满足不同学生的学习需求，使教育更具针对性。例如，一些研究发现，在小学阶段，教师采用差异化教学策略，针对不同学生的学习水平和学科兴趣，设计不同难度和内容的教学活动，可使每个学生在学习中取得进步。

3. 提升教育评估体系

基础教育研究有助于完善教育评估体系，使之更科学、全面。研究者研究教育评估方法和指标体系，可以更准确地评估学生的学业水平和综合素质，为学校和教师提供科学的参考依据。举例来说，研究者通过深入分析学生的课堂表现和学业表现等，提出了一套更为全面的学生评价体系，可使教育评估更具科学性和客观性。

4. 促进教育政策的制定与调整

基础教育研究对教育政策的制定与调整具有积极的推动作用。研究者通过研究教育现状、问题和趋势，可以为政策制定者提供科学依据，使教育政策更加符合实际需求，推动教育体系的发展和改进。例如，研究者在某地区开展了一项关于幼儿园及中小学课程改革的研究，调查和分析了学生、教师的需求，提出了一些建议，为当地教育部门制定相应的课程改革方案提供了支持，取得了显著的效果。

总体来说，基础教育研究对于推动教育教学的改革与发展至关重要。深入研究可以为教育实践提供科学依据，可以使教育更加适应时代的要求，促进学生全面发展。同时，基础教育研究也为政策制定者提供了重要的参考依据，从而推动教育体系的发展。

(二)大幅度提高幼儿园及中小学教师的业务素质

教育理论知识、教育教学能力、教师职业技能是教师素质中不可缺少的内容。参与基础教育研究是提高这些素质的一条重要的途径。许多优秀的幼儿园及中小学教师和教育专家都是在教育研究中成长起来的。

幼儿园及中小学的管理者、教师参与基础教育研究，可以进一步发展发现问题的能力、判断问题的价值（是否值得去解决）的能力、解决问题的能力，对前沿问题保持敏感度，提高关于语言与文字的严谨的表述能力。为解决某些问题，他们有时要向专家请教，有时要自学。同时，参与研究也是幼儿园及中小学的管理者、教师实现提高的有效的途径之一。因此，进行基础教育研究可以把提高教师素质和解决教育教学工作中的实际问题结合起来，达到一箭双雕的目的。

(三)提高学校的管理水平，大幅度提高教育教学质量

21世纪的教育亟待提高学校的管理水平。掌握教育科研的理论与方法是提高学校管理水平的重要条件。当前，我国中小学的管理少部分还停留在经验管理的水平上，管理的决策和措施缺乏实践检验与科学论证，管理效果不理想。教育改革呼唤具有研究意识、掌握教育理论、了解研究方法的"研究型校长"。开展基础教育科学研究是培养"研究型校长"的重要途径。

幼儿园及中小学的管理者、教师参与研究后，若使学校管理水平和教育教学质量上去了，无疑就会大幅度提高教育教学质量。这里说的质量提高，不是通过拼体力、拼时间来实现的，而是在研究的基础上，提高单位时间内的教育效率，调动教和学的积极性来扫除那些阻碍提高效率的因素。

(四)发展教育科学理论

幼儿园及中小学教师数以千万计，他们具有丰富的教育教学实践经验，是科研战线上的 支重要力量。许多具有重大理论价值的研究成果都出自他们之手，许多做出重大贡献的教育家都是从他们中成长起来的。例如，中国的孔子、陶行知，外国的马卡连柯、第斯多惠，都是教师出身。所以，不能忽视这支重要的研究力量。同时，开展基础教育研究还可以为专业科研人员开展宏观性、理论性、基础性研究工作提供素材和局部性的或阶段性的科研成果。因此，要建立系统的、科学的教育理论体系，没有幼儿园及中小学教师的贡献是不行的。

基础测试

一、名词解释

基础教育研究

二、简答题

1. 简述基础教育研究的目的。

2. 基础教育研究的意义是什么？

第二章　基础教育研究课题的选择

1. 了解基础教育研究课题选择的意义。
2. 明确基础教育研究课题的来源。
3. 明确基础教育研究课题选择的原则。
4. 熟悉并掌握基础教育研究课题选择的步骤。

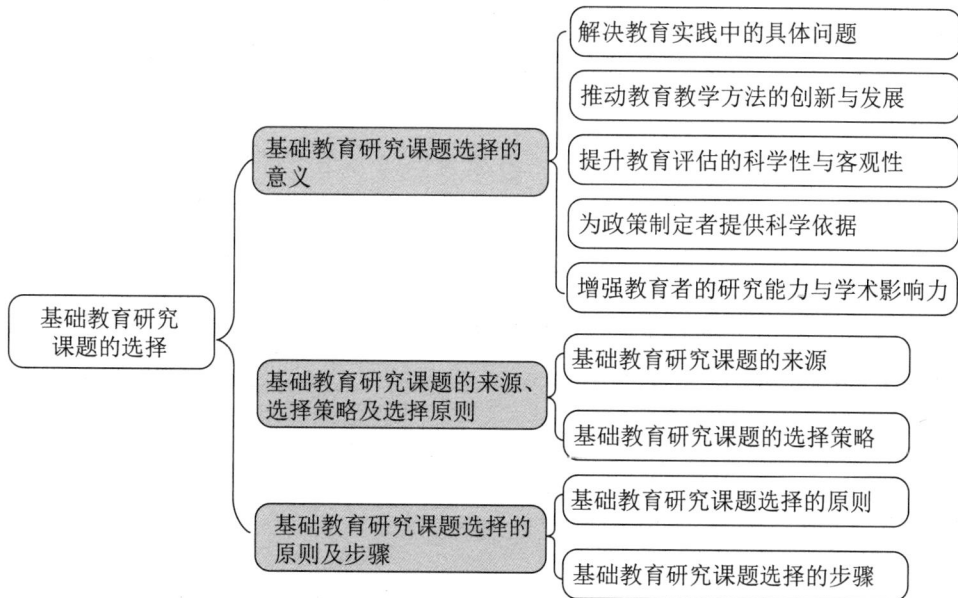

```
                                      ┌─ 解决教育实践中的具体问题
                                      │
                                      ├─ 推动教育教学方法的创新与发展
                 基础教育研究课题选择的│
                 意义                 ├─ 提升教育评估的科学性与客观性
                                      │
                                      ├─ 为政策制定者提供科学依据
                                      │
                                      └─ 增强教育者的研究能力与学术影响力
  基础教育研究
  课题的选择                          ┌─ 基础教育研究课题的来源
                 基础教育研究课题的来源、│
                 选择策略及选择原则    └─ 基础教育研究课题的选择策略

                                      ┌─ 基础教育研究课题选择的原则
                 基础教育研究课题选择的│
                 原则及步骤           └─ 基础教育研究课题选择的步骤
```

第一节　基础教育研究课题选择的意义

人类的活动大都始于目标。选择研究课题是开展教育科学研究的首要环节，是整个研究过程的起点。选择研究课题的实质是确定教育科学研究活动的目标，使研究活动具有方向性。

选择基础教育研究课题对于教育实践和教育体系的改进具有重要的意义。一个合适的研究课题能够引导研究者深入探讨教育领域的具体问题，提供科学依据和理论支持，为教育实践和政策制定提供参考。

一、解决教育实践中的具体问题

合适的研究课题可以帮助研究者解决教育实践中的具体问题。研究者针对实际情况展开深入研究，可以提出有效的教育改进策略，推动学校教育水平的提升。

例如，研究者开展了一项关于中小学生数学学习困难的研究，发现了一些学生数学学习的困难，然后提出了有针对性的教学方法，使得学生在数学学习中取得了明显的进步。

二、推动教育教学方法的创新与发展

合适的研究课题可以促使研究者在教育教学方法上进行探索与创新。研究者对教育领域的前沿问题进行研究后，可以提出新的教学理念、方法，丰富教育教学的手段和策略。

例如，一项研究课题关注了在初中阶段如何利用现代科技手段提升英语教学效果。研究者通过实验证明了在英语教学中引入多媒体教学资源的有效性，为教育教学提供了新的思路。

三、提升教育评估的科学性与客观性

合适的研究课题可以为教育评估提供科学依据，提供评估方法与指标体系，可使教育评估更加科学、客观，真实反映学生的学业水平和整体素质。

例如，研究者开展了一项关于中小学生综合素质评价的研究，深入分析了学生的学业表现、学科综合能力、综合素质表现等，设计了一套全面的学生评价体系，为学校和教师提供了科学的参考依据。

四、为政策制定者提供科学依据

合适的研究课题对于教育政策的制定与调整具有积极的推动作用。研究者对教育现状、问题和趋势的研究，可以为政策制定者提供科学的参考依据，使教育政策更具前瞻性和针对性。

例如，某地区在设计新的教育改革方案时，引入了一项关于中小学课程设置的研究成果，使新的课程设置更符合学生的需求和发展趋势，得到了社会各方面的积极评价。

五、增强教育者的研究能力与学术影响力

教育者参与课题研究，可以提升自己的研究能力，拓宽学术视野，增强在学术界的影响力。同时，可以在实践中更具创新精神，为教育事业的发展贡献自己的力量。

总体来说，选择合适的基础教育研究课题意义重大，这能够推动教育实践的改善，促进教育教学方法的创新，提升教育评估的科学性，为政策制定者提供科学依据，也有助于提升教育者的研究能力和学术影响力，从而为基础教育事业的发展和提升做出积极的贡献。

第二节　基础教育研究课题的来源、
选择策略及选择原则

一、基础教育研究课题的来源

基础教育研究课题的来源非常广泛。研究者可以从教育政策、学校教育需求、教育研究机构、教育者的实践经验、教育理论、国际教育经验、社会热点问题、教育技术等多方面挖掘基础教育研究课题。来源的多样性使得基础教育研究课题能从不同维度出发，为教育领域的发展和改革提供多元的研究方向与

内容。

(一)教育政策

教育政策是国家教育发展的总体方针和指导原则，也是确定基础教育研究课题的重要依据之一。各级教育部门会根据国家或地方的教育政策，提出一些需要研究并解决的具体问题，或者推动特定方向的教育改革。例如，我国提出的"素质教育""创新创业教育"等政策，这些都可以成为基础教育研究课题的来源。例如，以"素质教育"政策为导向，可选择"基于素质教育理念的小学语文课程设计研究"这一课题，探索如何通过课程设计来实现素质教育的目标。此外，党的二十大报告和中小学党组织领导下的校长负责制也为科研提供了重要的参考和指导。党的二十大报告强调了教育的重要性和发展方向，这为基础教育研究提供了指引。中小学党组织领导下的校长负责制要求校长在教育教学中发挥领导作用，这为校长的专业发展、领导力的提升等提供了研究课题。

(二)学校教育需求

学校在教育教学过程中会面临各种实际问题，为提升教育教学质量，学校会提出一些有针对性的研究课题。这些课题通常与学校内部的教学过程、学生发展等方面有关。

例如，一所学校在实施校本课程改革时，可能会提出"校本课程改革对学生的学业表现和学习动机的影响"这样的基础教育研究课题，以评估该改革的实际效果。

(三)教育研究机构

教育研究机构、大学教育学院、教育科学研究所等专业机构会根据其研究方向和学科特长提出一些教育研究课题，通过研究来推动教育领域的发展和改革。

例如，某教育研究院可能会提出"中小学课程改革的国际比较研究"这样的基础教育研究课题，旨在分析不同国家的课程改革经验，为我国的教育改革提供借鉴。

(四)教育者的实践体验

教育者在教学实践中会积累大量的经验。通过自身的实践体验，他们可以提出一些研究课题，从而解决在实际教育过程中遇到的问题。

例如，一位小学教师在教学中发现学生的阅读能力发展遇到了"瓶颈"，可能会提出"针对小学生阅读障碍的教学策略研究"这样的基础教育研究课题，旨在探索有效的阅读教学方法。

(五)教育理论

教育理论也是基础教育研究课题的重要来源。基于对教育理论的深入研究，研究者可以提出一些理论性的研究课题，探讨教育领域的基本原理和规律。

例如，一位研究教育学的学者可能会提出"社会认知理论在基础教育中的应用研究"这样的基础教育研究课题，旨在用理论研究来指导实际教育实践。

(六)国际教育经验

教育领域的国际交流与合作会促进一些基础教育研究课题的提出。借鉴其他国家或地区的教育经验，对于构建我国基础教育体系具有积极的意义。

例如，我国在素质教育方面可以借鉴芬兰的素质教育模式，由此可生发出一个基础教育研究课题——"芬兰的素质教育模式在我国基础教育中推广的可行性研究"。

(七)社会热点问题

社会上出现的一些热点问题可成为基础教育研究课题。当前，社会关注的教育公平、素质教育、教育技术应用等问题都是研究的焦点。

例如，当前社会对于在线教育的关注度较高，"在线教育对中小学生学业表现和学习习惯的影响研究"就是一个有关社会热点问题的基础教育研究课题。

(八)教育技术

随着信息技术的发展，教育技术领域越来越受研究者重视。研究者可以探讨如何有效地利用技术手段提升教育质量。

例如，"利用人工智能技术优化中小学在线教育平台的研究"这样的基础教育研究课题，旨在通过技术手段提升在线教育的效果。

通过以上的例子，我们可以看到基础教育研究课题的来源十分丰富。相关研究从不同的角度出发，为教育领域的发展和改革提供了丰富的研究方向和内容。这也反映出了教育研究的广度和深度，为基础教育的不断完善与提升提供了坚实的理论和实践基础。

二、基础教育研究课题的选择策略

选择基础教育研究课题是开展教育研究的起点，合理的课题能够有效地指引研究方向，推动教育领域的发展。基础教育研究课题选择的策略可分为宏观策略和微观策略两类。

(一)宏观策略

1. 循序渐进策略

循序渐进策略指的是研究者从简单到复杂、从基础到深入地选择研究课题，逐步拓展研究范围，在逐渐熟悉的基础上探究，形成一系列的研究成果。

例如，研究者可分阶段逐渐明确课题：小学生阅读习惯的调查研究—小学生阅读习惯与学业表现的相关性研究—针对小学生阅读习惯的干预措施与效果研究。

这个策略使研究者能够在一个相对熟悉的领域内逐步深入，形成一系列的研究成果，从而在该领域有所建树。

2. 边缘搜索策略

边缘搜索策略是指研究者从某一领域的边缘或多领域交叉处寻找研究课题，进而发现一些新的研究视角和问题。

例如，研究者将研究领域定为小学生数学教育，采用边缘搜索策略后，发现小学生数学教育中的游戏化教学方法在提升学生学习积极性方面有独特的优势，进而确定了与此有关的课题。

研究者利用边缘搜索策略能够发现一些被忽视或未被深入研究的领域，从而为教育研究注入活力。

3. 联想移植策略

联想移植策略包括类比、对立和组合三种，主要通过将其他领域的理论或方法引入教育研究领域等方式拓展研究视角。

(1) 类比

类比是指将其他领域的理论或方法应用于教育研究，寻找共通之处，从而产生新的研究视角。例如，将健康领域中的健康教育理论应用于基础教育领域，研究健康教育对学生身心健康的影响。

（2）对立

对立是指将矛盾的概念引入教育研究，从而寻找新的研究问题。例如，对比研究"个性化教育"与"大班教学"这两个对立概念，探讨个性化教育在大班教学中的实施效果。

（3）组合

组合是指将两个或多个领域的理论或方法结合起来，形成新的研究视角。例如，结合认知心理学和教育学的相关理论，研究如何通过优化教学设计来提升学生的学习效果。

联想移植策略可以拓展研究者的思维和研究领域，从而产生具有创新性的研究成果。

4. 转换思考策略

转换思考策略是指改变研究视角或思维方式，重新审视教育问题，从而产生新的研究课题。例如，从教师的角度出发，研究教师如何通过课程设计来引导学生发展创造力。转换思考策略可以打破传统的研究模式，使研究者发现被自己忽视的研究领域。

5. 厚积薄发策略

厚积薄发策略是指对一些小而具体的教育问题进行深入研究，逐渐积累研究经验，最终形成一系列的研究成果。例如，针对小学生的课外阅读活动，研究者通过多年的实地调查和研究，积累了丰富的实践经验和数据，最终形成了一系列与课外阅读相关的研究成果。通过厚积薄发策略，研究者可以在一个相对狭窄但深入的领域中收获研究成果，积累研究经验。

在选择基础教育研究课题时，研究者可以根据循序渐进策略、边缘搜索策略、联想移植策略、转换思考策略和厚积薄发策略等，结合自己的兴趣、专业背景和研究资源，选择合适的科研课题，从而开展有针对性的、有创新性的教育研究工作，为基础教育的发展和改善贡献力量。

(二)微观策略

选择一个合适的基础教育研究课题是开展教育研究工作的关键一步。科研课题的选择应该基于教育实践的需求、研究者的兴趣和专业背景、社会热点等因素进行综合考量。

1. 紧扣教育热点问题

教育领域经常会涌现出一些热点问题，这些问题通常直接关系到教育的改革和发展方向。选择与热点问题相关的研究课题，可以保证研究的前瞻性。

例如，近年来，关于在线教育的讨论越发热烈，研究者可对"在线教育对中小学生学业表现和学习习惯的影响"这一课题进行研究，通过深入研究在线教育的实施情况，为未来教育模式的发展提供参考依据。

2. 结合实际教育需求

教育实践中常常存在一些实际问题需要解决，因此选择与实际需求密切相关的研究课题，可使研究成果更具实用性。

例如，某校在课程设置方面遇到了困难，需要进行改革，研究者可对"基于学生需求的中小学课程设置优化研究"这一课题进行研究，通过对学生的学科需求和兴趣进行调查，为学校的课程设置提供合理化建议。

3. 借鉴国际经验

借鉴其他国家或地区的教育经验开展研究，可以为我国的基础教育提供有益的启示。

例如，芬兰的教育模式备受瞩目，值得我们借鉴和学习，研究者可对"芬兰教育模式在我国中小学教育中的可行性研究"这一课题进行研究，通过对芬兰教育模式的实施情况的研究，为我国教育改革提供宝贵的经验。

4. 以教育政策为导向

教育政策是教育发展的总体方针和指导原则，选择与教育政策相关的研究课题，可以保证研究的目标与国家的发展方向一致。

例如，政府提出了"素质教育"政策，研究课题可以是"基于素质教育理念的小学语文课程设计研究"，研究如何将素质教育理念融入具体的课程设计，从而为政府实施教育政策提供支持。

5. 结合个人专业背景和兴趣

研究者的个人专业背景和兴趣是他们选择研究课题的重要参考因素。研究者选择与自己专业背景相关的课题，可以充分发挥自己的优势。

例如，如果研究者在心理学领域有较强的专业背景，可以选择一个科研课题——"心理健康教育在中小学生心理发展中的作用研究"，通过心理学的理论和方法，来探讨心理健康教育对学生心理发展的影响。

6. 考虑研究条件和资源

在选择研究课题时，研究者需要考虑自己是否具备研究条件和相应的资源，包括实地调查的可能性、实验条件、数据收集等。

例如，如果一个研究课题需要大量的实地调查和数据收集工作支持，但研究者自身资源有限，可能需要重新考虑课题的选择或者寻求合作伙伴。

综上所述，在选择基础教育研究课题时，应当根据教育热点问题、实际教育需求、国际经验、教育政策、个人专业背景和兴趣、研究条件和资源等因素进行综合考量。同时，选择的研究课题应具有一定的前瞻性，以促进教育领域的发展和改革，为提升教育质量贡献力量。

第三节　基础教育研究课题选择的原则及步骤

一、基础教育研究课题选择的原则

研究课题的合理性和科学性将直接影响研究质量和成果的实际应用效果。

(一)实用性原则

实用性原则是研究课题选择的首要原则。研究课题应当紧密结合教育实际，解决实际中存在的问题，以发挥对教育实践的指导和促进作用。例如，研究者可以研究如何有效应对学生学习焦虑的问题，提出相关的干预策略和措施，以改善学生的学习效果和心理健康状况，这样的研究具有明显的实用价值。

实用性研究不仅关注问题的理论性分析，而且注重解决问题的实际操作性。例如，研究者可以研究游戏在小学英语课堂教学中的应用，通过游戏激发学生学习兴趣，提高教学效果。在研究时，研究者可以结合实地调研、问卷调查、实验研究等方法，获取全面、准确的数据，并针对问题提出可行的解决方案。此外，与实际教育环境的密切合作、交流也是重要的环节，以确保研究成果的有效应用和推广。

(二)前瞻性原则

前瞻性原则要求研究课题应具有前瞻性和远见性，能够引领教育发展方向。教育领域正面临着快速变化的形势和不断涌现的问题，因此，选择具有前瞻性的课题具有重要意义。例如，研究者可以研究智能教育技术的发展趋势及该技术在教学中的应用，以探索未来教育的发展方向。

前瞻性原则要求研究者关注教育改革的创新点，关注新技术、新课程、新教学模式等方面的发展趋势，探索教育创新的可能性。例如，研究移动互联网在线教育的应用，这属于较有前瞻性的课题。研究者可以参与相关学术会议、研讨会，与相关领域的专家、学者进行交流，了解最新的研究动态和理论成果，以保持研究的前瞻性。

(三)政策导向原则

政策导向原则要求选择研究课题要与当前的教育方针政策相契合，为政策提供决策依据。教育政策在不同的时期和背景下会发生变化，因此，研究者在选择研究课题时，需要具备良好的政策敏感性。例如，研究者可以研究以新课程标准为指导的教学策略，以支持课程改革和政策实施。

研究政策导向需要密切关注国家和地方的教育政策文件、规划和指导意见，深入了解政策的目标、要求和实施情况。例如，研究新高考制度下高中课程设置的策略，可以支持新高考改革。研究者可以与政策制定者、教育行政部门进行交流与合作，确保研究成果与政策需求相匹配，并为政策的制定与调整提供科学支持。

(四)学科交叉原则

学科交叉原则要求综合多学科进行研究，以获取新的视角和丰富的研究成果。教育问题往往是复杂的，涉及多个学科领域的知识和方法。研究者通过学科交叉研究，可以从不同的角度深入分析问题，并提供更全面的、多元化的解决方案。例如，研究者可分析在教育心理学理论指导下的课堂管理，达到学科交叉的效果。

研究者可以整合教育学、心理学、社会学、经济学、计算机科学等多个学科的理论和方法，拓展研究的广度和深度。例如，研究者可以研究创新型学习环境下的学生合作学习行为，将教育学的教学理论与社会学的群体行为理论相结合，以全面促进学生的合作学习能力的发展。

研究者需要具备跨学科知识，能够熟练运用不同学科的研究方法和工具。此外，与其他学科领域的研究者建立合作关系，促进学科交叉的交流与合作，也是学科交叉研究的重要方式。

(五)需求导向原则

需求导向原则要求研究课题要面向教育需求，关注真实需求是其核心。教育实践中存在着众多问题和挑战，研究课题应当紧密结合实际教育需求，以解决实际问题并改进实践。

研究者可通过调研、访谈、问卷调查等方式，了解教育实践中存在的问题、教师和学生的需求与期望。例如，研究者可针对幼儿园及中小学教师的专业发展需求进行研究，探索有效的专业发展模式和支持措施。

研究者需要与教育实践相结合，开展实证研究，验证研究成果的实用性和可行性。与教育实践的紧密联系可以促进研究成果的落地和推广，为教育实践提供有益的借鉴和指导。

(六)个人适切性原则

个人适切性原则要求研究者考量自身的兴趣和专业优势进行研究。每位研究者都有自己的研究兴趣和专业背景，选择与个人兴趣和专业优势相关的研究课题，有助于提高研究的质量。

考量个人因素可以使研究者更加专注和投入。研究者在自身专业领域开展深入研究，能提供更为细致和专业的方案。例如，具有教育技术领域背景的研究者可以选择研究在线课程的设计原则，以发挥自身在教育技术领域的专业优势。

考量个人因素还需要结合实际需求和前沿发展，避免个人兴趣与社会需求脱节。研究者可以通过参与学术讨论、阅读学术文献、关注研究前沿等方式，持续提升自身的知识水平和研究能力。

综上所述，选择研究课题是教育科研的重要环节。除了前文提到的几个原则之外，还有一些其他的考虑因素可以帮助研究者选择研究课题。

一是研究的可行性。研究者需要评估自身可利用的资源，包括时间、经费、设备、数据等，以确定所选择的课题是否在可行的范围内。如果研究所需资源过多或难以获得，可能就会影响研究的进度和效果。

二是研究的创新性。创新性是科学研究的重要特征，选择具有创新性的课题可以为学术界带来新的见解和突破。研究者可以通过文献综述和前沿调研，了解所关注领域的研究热点和尚未解决的问题，选择具有创新性的研究课题。

三是研究的可量化性。研究课题应当具备可量化的研究目标和研究内容，以便研究者收集和分析数据。研究者需要明确研究的变量和指标，并选择适当的研究方法与工具，以实现对研究问题的定量研究。

四是研究的伦理。在选择研究课题时，研究者需要关注研究的伦理，确保研究过程和结果符合伦理原则和法律法规。例如，研究涉及人体试验或敏感的个人信息的课题，需要经过伦理审查并取得相应的研究许可。

五是研究的可复制性和可推广性。在选择研究课题时，研究者需要考虑研究结果的可复制性和可推广性，以验证研究结论的稳定性。研究者可以借鉴其他相关研究的设计和方法，以确保研究结果的科学性和可靠性。

六是研究课题选择的过程应当是不断循环的，需要不断反思和调整。研究者可以与导师、同行和专家进行讨论与交流，获取他们的意见及建议，以进一步完善并细化研究课题。

总之，选择研究课题需要综合考虑多方面的因素。合理选择研究课题对推动教育科研的发展及提高教育实践的质量具有重要意义。

二、基础教育研究课题选择的步骤

选择一个合适的基础教育研究课题是进行科研工作的重要一步。下面将介绍一些选择基础教育研究课题的步骤，并结合具体的例子进行详细说明。

(一)明确研究目的和意义

在选择研究课题之前，先要明确研究的目的和意义。这一步可以帮助研究者明确研究的方向和重点，确保选择的课题能对基础教育领域有实质性的贡献。

例如，研究目的是探讨小学生的数学学业表现与家庭教育背景的关系；研究意义是通过深入研究小学生的数学学业表现与家庭教育背景的关系，为教育行政部门和学校提供有针对性的教学策略。

(二)了解研究现状

全面了解所关注的研究领域的现状非常必要，包括已经取得的研究成果、存在的问题及研究空白。这既可以避免重复研究，也可以发现可供深入探讨的方向。同时，关注国内外的研究前沿，有助于研究者选择具有创新意义的课题。

例如，研究者在了解研究现状时发现，已经有许多关于小学生学业表现和家庭教育背景的研究，但大多数研究侧重于城市地区，鲜有关于农村地区的研究。基于这个发现，研究者可以考虑选择一个针对农村地区的研究课题，以填补这一研究空白。

(三)确定研究对象和范围

在确定研究课题时，研究者需要明确研究的对象和范围。具体来说，需要确定研究的学段(如小学、初中、高中)和学科(如语文、数学、英语)等。

例如，研究者将研究对象定为小学阶段的学生，将研究点集中在语文学科上，以保证深入、具体地进行。

(四)关注教育热点和政策导向

研究者选择与当前教育热点和政策导向相关的课题，既可满足当下的研究需求，也更易获得资源支持。但也需要注意筛选热点和考虑其价值，不可随波逐流。这样既可以保证研究的实用性和前瞻性，也有利于研究成果的推广和应用。

例如，政策导向为"优质教育资源应下沉到农村地区"，研究者可以选择一个与此相关的课题——"优质教育资源下沉对农村小学生学业表现的影响研究"。

(五)考虑个人的专业

研究者个人的专业也是在选择研究课题时应考虑的重要因素。研究者选择与自己专业背景相关的课题，可以充分发挥自己的专业优势。

例如，研究者具有心理学专业的背景，可以考虑选择一个与心理健康教育相关的课题——"中小学生心理健康教育策略研究"。

(六)进行论证和评估

在最终确定课题前，研究者需要进行充分的论证和评估。研究者可以从理论价值、实践意义和可行性等方面进行论证，也可以请教专家，进一步评定和完善研究思路。

例如，研究者可以通过查阅相关的文献资料，了解目前关于家庭教育背景与小学生学业表现关系的研究情况，也可以向教育专家或领域内的同行征求意见，以确保选择的课题具有一定的研究价值。

选择基础教育研究课题需要慎重考虑。研究者若能从明确研究目的和意义、了解研究现状、确定研究对象和范围、关注教育热点和政策导向、考虑个人的背景、进行论证和评估等步骤出发，就能选择一个既符合实际需求又具有研究价值的课题，为基础教育的改进和发展提供有力的支持。

基础测试

一、单项选择题

1. 开展教育科学研究的首要环节是(　　)。

A. 选择研究课题　　　　　　　B. 确定研究方法

C. 制订研究计划　　　　　　　D. 预测研究结果

2. 一个好的研究课题本身要有研究价值，有一定的科学理论依据和事实依据，问题表述必须具体明确，另外还要有(　　)。

A. 可行性　　　B. 哲理性　　　C. 主观性　　　D. 形象性

二、简答题

1. 基础教育研究课题的来源有哪些?

2. 研究课题要有可行性具体指的是什么?

3. 基础教育研究课题选择的宏观策略有哪些?

第三章 文献的收集与整理

1. 了解文献的种类和文献在教育研究中的作用。
2. 了解教育文献的主要来源。
3. 掌握文献检索的过程和方法。
4. 掌握文献资料的整理和运用。

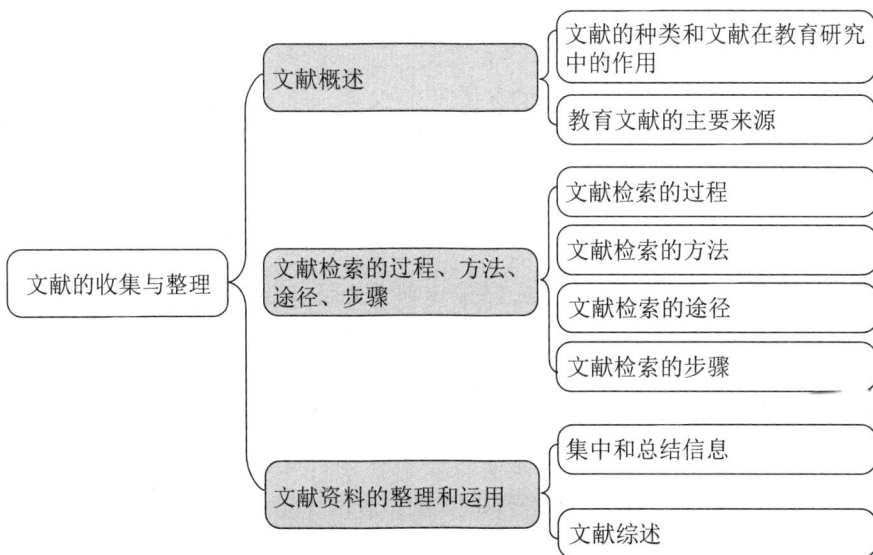

```
                                          ┌─────────────────────────┐
                          ┌──────────┐    │ 文献的种类和文献在教育研究 │
                          │ 文献概述 │────┤ 中的作用                 │
                          └──────────┘    └─────────────────────────┘
                                          ┌─────────────────────────┐
                                          │ 教育文献的主要来源         │
                                          └─────────────────────────┘
                                          ┌─────────────────────────┐
                                          │ 文献检索的过程            │
                                          └─────────────────────────┘
                          ┌──────────────┐ ┌─────────────────────────┐
              ┌───────────┤ 文献检索的过程、方法、│ 文献检索的方法            │
  文献的收集与整理 ────────┤ 途径、步骤          │ └─────────────────────────┘
              └───────────┤              │ ┌─────────────────────────┐
                          └──────────────┘ │ 文献检索的途径            │
                                          └─────────────────────────┘
                                          ┌─────────────────────────┐
                                          │ 文献检索的步骤            │
                                          └─────────────────────────┘
                          ┌──────────────┐ ┌─────────────────────────┐
                          │ 文献资料的整理和运用 │ 集中和总结信息           │
                          └──────────────┘ └─────────────────────────┘
                                          ┌─────────────────────────┐
                                          │ 文献综述                 │
                                          └─────────────────────────┘
```

　　研究者开展任何一项研究，不管其规模如何，都要考察他人在有关领域的研究成果。在基础教育研究中，收集与整理文献是不可缺少的一个组成部分，它是研究过程中的前期准备工作，因为研究往往需要文献的支持。文献为研究者提供了选题的依据，因为研究者在研究课题前后，必须围绕选题广泛地查阅文献。文献的收集与整理贯穿研究的全过程，有助于研究者了解相关研究的动态从而使研究更具实效。

文献查阅不是件轻松的工作，要从大量资料中获取有用的信息，这是一个需要周密计划并充分注意细节的系统阅读和整理过程。

第一节　文献概述

在研究教育时，研究者可以从多种途径获得教育信息，特别在今天这样的信息化社会中，获取信息的渠道越来越多，应当结合研究问题和具体的条件，选择和确定从什么地方及用什么方法得到有用的信息。收集与整理文献能帮助研究者获得所需的信息。

一、文献的种类和文献在教育研究中的作用

(一)文献的种类

文献承载的是人们在学习、工作、生活中积累的经验。文献是人类社会文化成果的总和。文献是人类社会进步的产物，它包含人们在长期实践中积累的各种知识和信息，对文化传承和社会发展有重要意义。

文献的种类如下。

第一，按载体分，文献可分为印刷文献（书籍、期刊、文件等）和电子文献（电子书、电子期刊、网络文献等）。

第二，按内容分，文献可分为文字文献（书籍、期刊等）和图像文献（图书、图集等）及声像文献（录音、录像资料等）。

第三，按学科分，文献可分为哲学文献、经济文献、科技文献、医学文献等。

第四，按形式分，文献可分为专著、论文、报告、文集、工具书、标准、规范、专利等。

第五，按发布对象分，文献可分为公开出版物、机密文献和半公开文献等。

第六，按语种分，文献可分为中文文献、英文文献等。

第七，按时间分，文献可分为古代文献、近代文献和现代文献等。

综上，文献的分类是多维度的，这考虑到的是知识载体、内容形式、学科与语言属性等方面的因素。了解不同的分类标准和划分维度、把握文献的不同特性，有助于我们进一步分析文献，这也能为学习、研究与工作提供便利。了解文献的各种分类方法，是文献检索与利用的基础。

文献按信息量的不同可分为三类。

第一，一次文献。

一次文献是指直接从原始来源获取信息的文献，通常是研究或记录事件的第一手材料。这类文献提供了最直接、最原始的信息，在研究中具有重要的地位，如研究报告、科研论文、采访记录、调查问卷等。例如，一位教育研究者进行了一项关于小学数学教学方法的实地调查，采访了多名教师，并观察了课堂教学，最终撰写了一篇关于新型数学教学方法的研究论文。这篇论文就是一次文献。

第二，二次文献。

二次文献是指基于一次文献进一步整理、分析、总结、评价或综述的文献。这类文献是在一次文献的基础上加工的，提供了对原始信息的解释和评价，具有汇编性和简明性。例如，一本教育心理学教科书对多项研究进行了综述，总结了有关中小学教育的有效的教学策略和心理学原理。这本教科书就是二次文献。

第三，三次文献。

三次文献是指基于二次文献进一步整理、分析、总结、评价或综述的文献。这类文献是在二次文献的基础上进行加工的，提供了更高层次的信息和评价，如研究评论、百科全书条目等。例如，一篇教育研究论文对近年来关于中小学生学习动机的研究进行了系统总结和评价，提出了一些未来研究的方向。这篇论文就是三次文献。

这三个结构等级的文献在研究中起到了不同的作用，研究者可以根据研究的目的和需要，灵活地选择使用不同等级的文献来支持自己的论述与研究。

(二)文献在教育研究中的作用

文献在教育研究中扮演着至关重要的角色，其作用主要体现在以下几个方面。

1. 为研究者提供理论支持

研究者通过文献可以了解已有理论和研究成果，为自己的研究提供理论基础与背景支持。这有助于研究者认识到研究的重要性，并将研究置于已有知识体系中。例如，一位中小学教育研究者在研究影响学生阅读兴趣的因素时，通过文献了解到了心理学中关于兴趣形成的理论，从而确定了研究的理论框架。

2. 引导研究者选择合适的研究方法

研究者通过文献可以了解到各种研究方法的优缺点，选择贴合研究目标的方法。此外，文献也会提供关于研究工具的设计和应用方面的建议。例如，一位教育心理学研究者在进行有关中小学生学习动机的调查时，通过文献了解到了不同量表的设计原则和使用方法，从而设计了合适的调查问卷。

3. 为研究者提供分析数据的方法和技巧

文献提供了分析数据的方法和技巧，使得研究者能够准确地处理和解释研究数据，从而得出科学合理的结论。例如，一位教育统计学家在分析影响学生数学学业表现的因素时，通过文献学习到了多元回归分析法，并运用它来探讨各种因素对数学学业表现的影响程度。

4. 为研究者提供可参考、比较的研究结果

文献提供了先前研究的结果，研究者可以将自己的研究结果与已有研究相比较，进一步理解自己的研究的意义和成果。例如，一项幼儿教育研究探讨了家庭阅读环境对中班幼儿阅读能力的影响，研究者通过文献发现，这与先前的类似的研究结果一致，从而增强了研究的可靠性和合理性。

5. 为政策制定和实施提供依据

文献包含了大量的教育实践和政策研究成果，这些成果可以为教育决策者提供依据，帮助他们制定更加科学和有效的教育政策。例如，决策者在制定一项中小学教育政策的过程中，参考了多项教育研究，特别是关于素质教育实施效果的研究成果，从而制定了更有针对性的政策。

总体来说，文献在教育研究中扮演着承前启后的重要角色，文献为教育研究提供了理论、方法、数据和背景支持，使得教育研究能够更加系统、科学、可靠地开展。

二、教育文献的主要来源

(一)学术期刊

学术期刊是教育研究的重要的信息源之一。学术期刊通常由学术机构出版，

教育领域的学术期刊包括教育心理学、教育技术、教育管理等内容。研究者通过学术期刊，可了解最新的研究成果。

(二)学术会议和研讨会

学术会议和研讨会是交流学术和分享知识的重要平台。教育领域的学术会议和研讨会会集了来自不同机构的学者和专家，研究者可通过学术会议了解学者和专家的研究成果、经验和观点。学术会议论文集和研讨会报告能帮助研究者获取最新的教育研究动态。

(三)学位论文

硕士学位论文和博士学位论文，往往包含深入的文献综述和原创的研究成果。学位论文是研究者了解特定研究领域的研究成果的重要来源。

(四)学术图书和专著

学术图书和专著提供了系统和全面的教育研究内容。这些书籍多由学者或专家撰写，包含丰富的教育研究课题和教育理论，能为研究者提供理论框架和实践指导。

(五)教育研究机构和教育政策机构发布的研究报告

教育研究机构和教育政策机构经常会发布研究报告，其中包含了对教育问题的研究成果和政策建议。这些研究报告通常可为研究者提供基于实证研究的教育政策和实践的参考。

(六)在线数据库和其他电子资源

许多学术机构、图书馆和在线平台都会提供教育领域的电子资源。这些资源包括学术期刊、会议论文、学位论文、图书和报告等，为研究者提供了丰富的教育文献资料。

综上所述，教育文献的主要来源包括学术期刊、学术会议和研讨会、学位论文、学术图书和专著、教育研究机构和教育政策机构发布的研究报告，以及在线数据库和其他电子资源。研究者可以通过多种渠道获取教育研究领域的最新信息和研究成果。

第二节　文献检索的过程、方法、途径、步骤

文献检索是科研工作中至关重要的一环。研究者系统地搜寻相关研究资料，可以为研究找到充分的理论和实证依据。研究者在做文献检索时，应确定检索的主题与范围、选择检索工具、制定检索策略，在检索文献后，还要评估文献的质量。下面将详细介绍文献检索的各个环节。

一、文献检索的过程

(一)界定研究概念

在进行文献检索之前，先要明确研究的主题和核心概念。这些主题和核心概念将成为检索的基础，它们应当具有明确的定义，以确保检索的精准性和有效性。例如，研究者需要界定课题"关于学校领导者的研究"中"领导"和"学校"这两个概念，根据这两个概念来确定检索的主题。

(二)列出可能与研究有关的概念

研究者可将研究主题拆解成一个个具体的概念，以便在检索过程中准确地匹配相关文献。例如，研究"学校领导的管理模式"，至少需要确定与领导和管理有关的内容。但在查找有关资料时，不能只限定在"学校领导"和"管理"这两个关键词上，与这两个词有关的同义词或近义词，都应该在查找的范围内(如图 3-1 所示)。

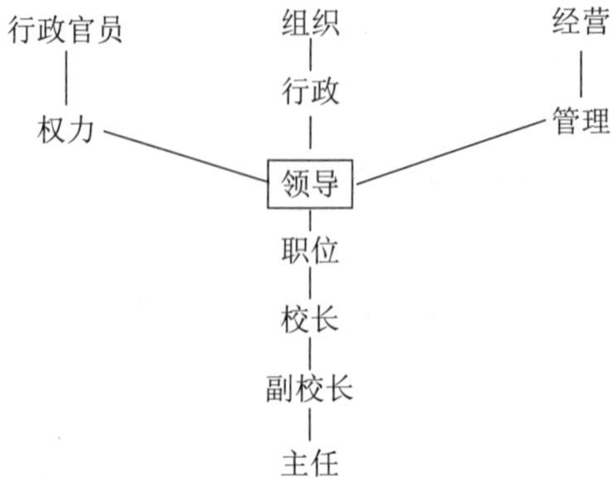

图 3-1　概念关系

(三)找出与文献有关的检索词

研究者可针对研究的主题，尝试找出与之相关的可能出现在文献标题、摘要中的关键词，这将有助于提高检索的敏感性。

(四)确定检索范围

研究者在确定了研究的主题和关键概念后，需要明确检索范围，包括时间范围、研究对象、地域等方面的限定条件，以便精准地定位所需文献。

(五)选择检索工具

选择合适的文献检索工具是确保检索有效性的关键一步。常用的文献检索工具包括学术搜索引擎、学术数据库以及图书馆的在线目录等。

二、文献检索的方法

文献检索是科研工作中的一项关键性任务，它涉及获取、筛选、整理各种相关的学术文献和研究资料，为研究工作提供理论和实证支持。文献检索的方法有多种，每种方法都有其特定的优势和适用场景，具体如下。

(一)直接法

直接法是最为基础和直接的一种文献检索方法，又称工具法。它指的是通过已知的文献检索工具，直接输入关键词或检索词来获取相关文献的信息。这种方法具有简单、直接的特点，适用于一般的研究情况。

在使用直接法时，研究者首先需要明确研究的主题和关键概念，然后选择合适的文献检索工具或数据库，输入相应的检索词，以获取相关文献信息。这种方法操作简便，适用于一些研究主题较为常规、检索需求相对简单的情况。

(二)顺查法

顺查法是一种按照一定的逻辑顺序依次查找文献的方法，指从已知的文献或其他资源出发，通过查找该文献的参考文献、引用文献，或者查找相关作者的其他研究成果逐步丰富研究资料。

顺查法的优点在于可以帮助研究者深入挖掘与研究主题相关的文献，从而拓宽研究视野，发现一些可能被忽视的重要研究成果。同时，顺查法也能够帮助研究者搭建起一个完整的研究网络，使研究成果更具系统性和全面性。

(三)倒查法

倒查法与顺查法相反,指从已知的文献或资源出发,通过查找引用该文献的资料,或者进一步查找与该文献相关的研究文献,以便深入挖掘相关文献。

倒查法的优点在于可以帮助研究者找到与研究主题相关的重要研究成果,使研究更具前瞻性和创新性。同时,倒查法也有助于研究者从不同角度和层面审视研究主题,发掘多样化的研究视角。

(四)抽查法

抽查法指在一定的检索范围内,随机抽取部分文献进行查找和阅读,以获取研究所需的信息。抽查法主要适用于文献数量较大或者检索结果较为复杂的情况。

抽查法的优点在于研究者可以通过抽样的方式获取具有代表性的文献样本,从而节省检索时间,同时能减轻在检索过程中的压力。抽查法要求研究者具备一定的抽样和筛选能力,从而保证抽取的文献具有代表性。

(五)追溯法

追溯法指通过查找一些历史性的重要文献或经典研究,以了解某一领域的研究历史和演变过程。追溯法适用于需要对研究领域进行全面了解的情况。

研究者通过追溯法可以了解到某一领域的经典研究成果,了解该领域的发展脉络和研究方向的演变。同时,追溯法也有助于研究者获取到一些具有深刻理论意义和重要实践价值的文献。

(六)综合法

综合法又称循环法、分段法或交替法,指根据研究的具体情况和需求,灵活选择和应用不同的检索方法。综合法要求研究者具备一定的检索和操作技能,从而保证检索的全面性和高效性。

三、文献检索的途径

文献检索的途径主要分为从内容特征出发和从外部特征出发两种,它们分别从文献的内部和外部进行分析,以帮助研究者准确地找到所需的文献信息。

(一)从内容特征出发

1. 分类途径

分类途径指根据文献的主题、内容或研究领域进行分类，以便将相关的文献归类到相应的类别中。这种途径可以帮助研究者在特定领域内获取更为精确的相关的文献信息。

2. 主体途径

主体途径指根据文献的主要研究对象或研究主体进行检索。研究者可以根据研究的具体内容和方向，选择相应的主题进行检索，以找到与研究主题相关的文献信息。

(二)从外部特征出发

1. 题名途径

题名途径指通过文献的标题或题名进行检索。研究者可以根据研究主题中的关键词或者与主题相关的特定名词，选择相应的关键词进行检索，以获取相关的文献信息。

2. 著者途径

著者途径指通过文献的作者信息进行检索。研究者可以根据作者的姓名或者作者的研究成果，选择相应的作者信息进行检索，以获取与特定作者相关的文献信息。

3. 号码途径

号码途径指通过文献的编号、索引号等信息进行检索。这些编号通常由文献检索工具或数据库自动生成，可以帮助研究者快速地定位到具体的文献信息。

4. 其他途径

除了以上列举的途径，还有一些其他特征途径，如根据出版机构、期刊名等信息进行检索。这些途径可以根据研究者的具体需求进行选择和应用。

四、文献检索的步骤

文献检索过程一般包括以下三个主要步骤，每个步骤都具有其特定的操作方法。

(一)分析课题、制定检索策略

研究者在进行文献检索之前，首先要对研究课题进行深入的分析，明确研究的主题和关键概念；然后要根据研究的具体情况，制定相应的检索策略，包括选择适当的检索途径、确定关键词、设定检索条件等。

(二)利用检索工具查找文献线索

在制定好检索策略后，研究者可以利用各种文献检索工具和数据库开始检索相关文献。研究者在检索过程中，要根据具体的检索途径和方法，灵活运用各种检索技巧，以尽可能地获取全面和准确的文献信息。

(三)根据文献出处获取原始文献

研究者在获取到检索结果后，需要根据文献的出处，获取原始的文献资料。这可能包括阅读全文、寻找纸质文献、查找相关的电子资源等步骤，以便获取所需的研究资料。

综上所述，掌握文献检索的途径和步骤是开展研究工作的关键环节。通过合理选择途径和灵活运用检索方法，研究者可以更为高效地获取与研究主题相关的文献信息，为研究工作提供强有力的支持和参考。

◇知识拓展◇

写论文时常用的文献检索方法和途径

电子期刊数据库检索：如中国知网、万方数据、维普网等，收录了大量论文，可以检索到最新的研究成果，是文献检索的重要平台。

学位论文数据库检索：如中国优秀硕士学位论文全文数据库，收录了海量学位论文，可检索到相关研究内容，能为研究提供理论基础和思路。

图书馆馆藏目录检索：各大图书馆馆藏目录检索系统收录了很多图书资源，包括专著、教材、工具书等，可获取理论资料和文献信息。

学术会议数据库检索：学术会议论文多被收录在会议征文系统和中国知网中，可在学术会议数据库中检索到最新的研究成果，获取研究动态。

网络全文检索：利用搜索引擎，采用关键词检索法，可以快速查询到相关论文、专著、报告等网络资源。

手工检索：利用图书目录、期刊目录检索和收藏的文献资料等，可筛选出相关文献资料。这种检索方式精准性高，但效率较低。

链式检索：在某篇文献的参考文献与引用文献中查找相关文献，可以找出该领域的核心文献和研究热点。

被引频次检索：在相关数据库数据中，被引频次高的文章通常具有较高的学术价值和影响力。

综上，在写论文时，应将多种方式和途径相结合来检索文献，既需要采用电子数据库检索提高效率，也需要手工检索确保精准。同时，还需要利用参考文献、分析被引频次等方式找到高质量的核心文献，以保证检索的准确性与全面性。

第三节　文献资料的整理和运用

文献资料的整理和运用是科研工作中至关重要的一环，它涉及对获取的各种相关学术文献和研究资料进行系统性的整理、总结和利用，以便为研究工作提供理论和实证依据。在整理文献资料时，有多种方法和形式可供选择，每种方法都有其特定的优势和适用场景。

一、集中和总结信息

在整理文献资料时，要先将获取到的信息集中起来，再进行系统性的总结和分类。这个过程可以帮助研究者建构一个清晰的研究框架，为后续的研究工作提供有力的支持。

（一）书刊登记

书刊登记是整理文献资料的重要环节之一。书刊登记需要按照标准格式进行，保证与检索工具所录信息一致。书刊登记格式通常包括主要责任者、文献题名、文献类型标识、出版地、出版者、出版年份等信息。

专著、论文集、学位论文、报告的登记格式如下。

［序号］主要责任者.文献题名［文献类型标识］.出版地：出版者，出版年.

例如，［1］裴娣娜.教育研究方法导论［M］.合肥：安徽教育出版社，1995.

期刊文章的登记格式如下。

［序号］主要责任者.文献题名［J］.刊名，年，卷(期)：起止页码.

例如，［1］成有信.我国民办教育的性质和主要办学领域［J］.教育研究，2000(5)：43-45，77.

［2］郭成，陈红.试论小学数学课堂教学中创设问题情境的有效策略［J］.课程·教材·教法，1999(9)：48-52.

书刊登记的规范性和完整性对于后续的文献整理和运用至关重要。书刊登记可以帮助研究者迅速地定位和获取所需的文献信息。

(二)资料记录

资料记录是对文献中的信息进行提取、总结和归纳的过程。研究者可以选择使用笔记本、活页纸或卡片等工具进行记录。不同的记录形式适用于不同的研究者和研究需求。

如果使用笔记本记录，建议留出较多的空白，以便将来可以插入同类内容。例如，卡片具有方便携带和不易损坏的优势，但一张卡片最好只记录一个观点，同时将主题词写在笔记和卡片的右上角，以便后续归类和整理。

记录资料可以采用提纲、摘录或摘要的形式。

1. 提纲

将信息按照一定的逻辑结构进行整理，建立起清晰的层次框架，便于后续研究。

2. 摘录

直接引用文献中的相关内容，以保留原文的信息，便于参考和引用。

3. 摘要

对文献内容进行归纳和概括，提炼出关键信息，以便于快速了解文献的主要观点和结论。

二、文献综述

文献综述是科研工作中不可或缺的一部分，它需要研究者梳理、总结和分析已有的相关文献，以便为自己的研究提供理论和实证基础。在进行文献综述时，需要特别注意以下几个方面。

(一)组织信息

在进行文献综述之前，研究者需要有序地组织和整理获取的各种文献信息。这包括将书目登记、资料记录等信息汇总，建立清晰的研究框架，以便后续的综述工作能够有条不紊地进行。

(二)整理内容

在整理内容时，研究者应该注意以下几个方面。

1. 有所取舍

在整理内容时，研究者应该根据研究的具体需求和主题，有所取舍地选择与研究目的最为相关和有价值的文献进行综述。不必追求包罗万象，而应重视那些对研究有直接贡献或者在理论、方法、实证方面有重要意义的文献。

2. 避免重复陈述

在整理内容时，研究者应该避免重复陈述已有的文献内容。研究者需要以清晰的语言和逻辑，准确而简洁地概括相关文献的研究内容和结论，以避免反复叙述相同的信息。

3. 保持客观的态度

在整理内容时，研究者应该保持客观的态度，对每一份文献都要批判地思考和评价。研究者需要注意分析相关文献的优点和局限性，避免一味陶醉于已有研究的成果，而忽略了可能存在的问题或争议。

4. 梳理研究脉络

在整理内容时，研究者不仅要总结相关文献的研究内容，而且要尝试梳理出清晰的研究脉络，以展现研究的发展历程、主要研究方向、存在的问题及留下的空白。

5. 注重引用和引证

在整理内容时，研究者应该注重引用和引证已有文献的来源，以保证文献综述的可信度和学术严谨性。需要强调的是，有计划地、系统地查阅文献能保证研究工作顺利进行。研究者应该事先制订查阅计划，明确查阅的目的、范围和重点，以便有针对性地获取所需的文献信息。

【案例】

新高考制度下普通高中"融入式"生涯教育的研究与实践

1.1　提出问题

2016 年,《湖北省深化考试招生制度改革实施方案》出台。根据改革方案,湖北新一轮高考综合改革方案针对 2018 年秋季入学的高一新生开始实施。2019 年,《国务院办公厅关于新时代推进普通高中育人方式改革的指导意见》印发。在当下我国教育运行的现实背景下,如何使该意见的精神和要旨在普通高中教育教学工作中落地生根,并使之产生实效是学者应着力研究的。对普通高中学生实施生涯教育,契合了新高考的要求。我省 2018 年入学的高中学生面对的是新高考,学生、家长、学校都迫切需要了解如何做选择。因此,怎样在新高考背景下进行生涯教育,成为推动深化考试招生制度改革、推进普通高中育人方式改革的重大命题。

1.2　研究界定

本研究从新高考对高中学生规划生涯的积极意义出发,以培养全面成长、健康幸福的人为目标,将生命教育、心理健康教育整合到生涯教育体系中,并将生涯教育的思想融入学科教学,学校管理,家、校、社合作,建构我国高中学生生涯教育体系,探索高中学生生涯教育实施的路径与策略。

1.3　国内外相关研究的现状和趋势

1.3.1　国外研究现状

从国际层面上来看,各国都在努力把教育与社会生活联系起来,发展以培养人的职业规划能力为主要目的的生涯教育,在教育改革实践中显示了强大的生命力。一些发达国家在近百年的教育发展历程中,构建了较为完善的职业生涯教育理论框架,丰富了职业教育的实践,在职业生涯教育的实施过程中发挥了不可替代的作用。例如,美国的"生计教育"、英国的"少年学徒计划"、日本的"进路指导"、瑞典的"职业指导教育"等。

1.3.2　国内研究现状

在国内,台湾较早地就将生涯规划教育融入了"日常教学七大学习领域",

把"生涯规划和终身学习"的能力确定为"十大基本能力之一"。

国内外先进的生涯规划理念与实践，为我国高中开展相关教育提供了丰富的资料与宝贵的经验。

目前来看，我国的生涯教育还处于探索期。当前，关于生涯教育的研究成果多集中在高等教育阶段，以整个基础教育阶段为对象的研究也有若干，聚焦于高中阶段生涯教育的研究则相对较少，而关于普通高中生涯教育课程的探讨却是寥寥无几。我国面临着普通高中对生涯教育重视不够，学生缺乏生涯规划能力，学校师资结构不合理，学校、家庭和社会缺乏有效的沟通与合作这样的问题。另外，部分普通高中即使是较早地开展了生涯教育，也存在教育内容不够系统化、实践活动不够体系化等情况。关于我国普通高中生涯教育的教育目标、教育内容体系、教学组织模式、教育实施途径的研究还有待深入。研究者需要做进一步的理论研究及实践探索。

1.3.3 "融入式"生涯教育

面对新高考，普通高中尽早地对学生进行生涯教育，这非常必要。生涯教育的内涵比较广，涉及的内容十分宽泛，因此，需要各科教师结合专业背景通力合作对学生进行生涯教育。目前，普通高中开展的生命教育、心理健康教育以及生涯教育内容重叠交叉，体系不完整，教育效果不理想。将生命教育、心理健康教育融入生涯规划教育，是对教育资源的整合利用，也是教育改革不偏轨道且与形势紧密结合的必然趋势。因为"融入式"生涯教育不是一种单纯的知识传授活动，而是一种关于人生的探索与实践活动。它是在人们对生命的高质量追求过程中生发而来的活动，旨在通过教育帮助高中生进一步了解社会，探索自我，关爱生命，进行有效、有序、有力的生涯规划，逐渐通过体验学习完善人格，获得生涯智慧、生存技能，发展自我成长的调节机制，学会在充满机遇、挑战、选择和变化的社会中把握方向、发挥潜能并实现自我。开展生涯教育是教育理论工作者、教育实践工作者的共同使命和历史责任。

分析如何整合生命教育、心理健康教育与生涯教育的内容，合理分配心理课与主题班会课的内容，综合应用测评、社会实践活动、课程教学与专题讲座，构建有机整合的融入式生涯教育体系，调动全体教师的力量，强化教育合力，从而将生涯教育落到实处，是研究发展"融入式"生涯教育的必然趋势。

1.4 选题意义与研究价值

1.4.1 理论价值

本研究以国外的生涯教育理论与国内关于人的发展理论为基础，以多视角分析生涯教育的内涵、理论与体系，是构建适合我国普通高中的生涯教育体系的一次系统化的尝试。本研究将生命教育、心理健康教育与生涯教育相联系，深入挖掘中华优秀传统文化中关于生涯发展的思想，整合各课程体系，发展本土化的生涯发展与教育理论，使之对我国普通高中的生涯教育更具有理论指导意义，为我国普通高中的生涯教育课程的建设与发展提供更广阔的思路。

1.4.2 实践价值

本研究试图将生涯教育与学科教学、学校管理、家校合作相联系。本研究建议普通高中以学校心理健康教育与主题班会课为核心讲授生涯教育的相关理论，根据学科特点将不同的生涯教育内容与生涯发展的思想相联系，并辅以家长论坛、校友论坛、社会见习、社区参观等方式开展生涯教育，为解决学校各学科教育各自为政，内容既相互重叠，又有疏漏的问题提供新的解决模式。

············

参考文献

[1] 赵静. 高中生职业生涯规划论析[J]. 中学政治教学参考，2021(19)：103.

[2] 罗友. 高中生涯规划教育创新的知与行[J]. 中小学管理，2021(4)：56-58.

[3] 庞春敏. 高中生生涯规划素养及其培养体系构建[J]. 教育理论与实践，2021，41(8)：10-13.

[4] 陈菡. 普通高中生涯规划团体辅导课程化探索[J]. 教学与管理，2020(34)：37-39.

[5] 缪仁票. 新高考下高中生涯规划方法的建构[J]. 教学与管理，2020(34)：28-31.

[6] 吕妙娜，罗文明. 生涯规划培养的行动研究[J]. 思想政治课教学，2020(9)：21-23.

[7] 毛德明. 生涯规划教育提升学习动机的作用机理与策略[J]. 教学与管理，2020(25)：23-25.

[8] 樊荧荧. 生涯规划视域下高中生物学课堂的教学实践[J]. 生物学教学，2020，45(8)：29-31.

[9] 王红艺，姚斌. 高中思想政治课教学引领生涯规划教育的实施策略[J]. 中学政治教学参考，2020(19)：70-71.

[10] 缪仁票. 普通高中生涯规划课程标准的建构[J]. 教学与管理，2020(19)：34-38.

[11] 张伟林，戴雪娥. 高中生内职业生涯规划能力的提升[J]. 教学与管理，2020(16)：48-50.

[12] 欧阳玲. 提升高中生生涯规划能力的有效路径[J]. 人民教育，2020(10)：56-59.

[13] 王红艺. 生涯规划教育三策[J]. 思想政治课教学，2020(3)：53-54.

[14] 姜茗超，王永胜. 例谈高中生物学教学与生涯规划教育的渗透与融合[J]. 生物学教学，2020，45(3)：15-17.

[15] 张成尧，任家高. 学生职业生涯规划能力培育探索[J]. 中学政治教学参考，2020(4)：53-54.

[16] 樊亚峤，徐海. 高中学生综合素质评价与生涯规划教育的整合策略[J]. 中国考试，2020(1)：59-64.

[17] 郝建海，刘颖群，雷晓乐. 普通高中生涯规划教育探索[J]. 教育理论与实践，2019，39(26)：18-20.

[18] 王国华，邓飞，彭陈莲. 生涯规划教育要知己知彼知未来[J]. 中学政治教学参考，2019(19)：48-50.

[19] 薛海平，宋海生. 新高考改革与中学学业生涯规划师[J]. 教育科学研究，2019(7)：19-25.

基础测试

一、单项选择题

1. 以下哪项不属于文献的主要分类方式？（　　　）

A. 按载体分　　　　　　　　　　　B. 按出版时间分

C. 按学科分　　　　　　　　　　　D. 按语种分

2. 二次文献的特征是什么?（　　）

A. 汇编性和简明性　　　　　　　　　B. 创造性和可参考性

C. 系统性和全面性　　　　　　　　　D. 综合性和浓缩性

3. 下列哪项不属于文献在教育研究中的主要作用?（　　）

A. 告诉研究者本领域内已经做了哪些工作

B. 为研究提供资金支持

C. 确定和限制研究课题与假设

D. 为解读研究成果提供背景材料

4. 学术会议论文集属于教育文献的以下哪个主要来源?（　　）

A. 学术图书和专著　　　　　　　　　B. 学术会议和研讨会

C. 学位论文　　　　　　　　　　　　D. 学术期刊

5. 从内容特征出发的文献检索途径是什么?（　　）

A. 题名途径和著者途径

B. 著者途径和号码途径

C. 分类途径和主体途径

D. 号码途径和其他途径

6. 与文献检索相关的直接法又称为什么?（　　）

A. 工具法　　　　　　　　　　　　　B. 追溯法

C. 抽查法　　　　　　　　　　　　　D. 顺查法

7. 顺查法的优点是什么?（　　）

A. 节省检索时间　　　　　　　　　　B. 帮助获取前沿研究成果

C. 帮助建立研究脉络　　　　　　　　D. 提高检索效率

8. 文献资料整理的环节不包括什么?（　　）

A. 书刊登记　　　　　　　　　　　　B. 数据分析

C. 资料记录　　　　　　　　　　　　D. 文献综述

9. 在做文献综述时应避免什么?（　　）

A. 有所取舍　　　　　　　　　　　　B. 重复陈述

C. 保持客观和批判　　　　　　　　　D. 梳理研究脉络

10. 以下哪项不属于做文献综述时应注意的方面？（　　）

A. 组织信息　　　　　　　　　　B. 注重引用和引证

C. 进行统计分析　　　　　　　　D. 分析各文献的贡献和局限性

二、简答题

1. 请简述文献按信息量的不同可分为哪三类以及文献在教育研究中的作用。

2. 请简述文献检索的过程，并说明每个环节的主要内容。

3. 请举例说明文献检索可以采用的两种不同方法，并分析每种方法的优点。

4. 请概述在做文献综述时应注意哪些问题。

第四章 教育研究设计

1. 了解如何根据研究课题的目的和内容要求选择研究方法。

2. 明确如何选择研究对象。

3. 认识假设与变量。

4. 掌握如何制订研究计划。

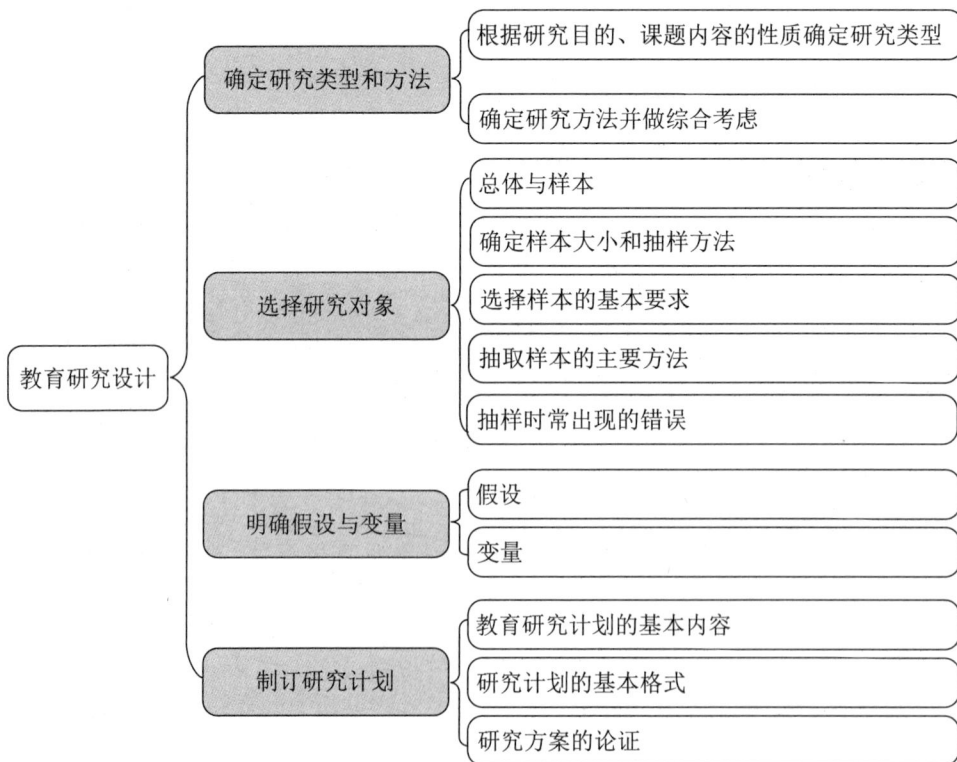

教育研究设计是开展研究工作的重要一步。它决定了如何选择研究方法、确定研究对象、明确研究变量以及制订具体的研究计划。研究设计不仅关系到研究目标的实现、研究工作的效率，而且关系到研究结果的科学性和可靠性。因此，为了让研究达到预期效果，研究者必须在开展研究前仔细地进行设计与计划。

教育研究设计是指研究者在进行教育领域的研究时，所采用的系统性的安排和组织方法。它包括研究问题的选择、研究方法的确定、数据的收集与分析，以及结果的解释和呈现等一系列步骤，旨在确保研究科学、系统地进行，以获得准确、可靠的研究结果。

具体来说，教育研究设计包括以下几个要素。

第一，明确研究问题。确定研究的焦点能指导后续的研究过程。

第二，选择研究方法。考虑研究的可行性和资源的可用性，选择符合研究目标的研究方法，如实验、调查、观察等。

第三，选择样本。确定研究对象，包括人群、样本的规模和选择方式，以保证研究结果具有代表性和可靠性。

第四，收集与处理数据。采用合适的工具和程序收集研究所需的数据，同时确保数据的准确性、完整性，并对数据进行整理和清理。

第五，应用数据分析方法。根据研究问题和数据的特性，选择适当的统计或分析方法，处理和解释数据，以得出科学、可信的结论。

第六，呈现与解释研究结果。将研究结果以清晰、准确的方式呈现，如列图表、统计指标等，同时对结果进行解释，阐明研究发现及其意义。

第七，考虑研究的伦理。确保研究过程符合伦理原则，保护研究对象的权益，避免对研究对象造成伤害或侵犯其隐私。

第八，注意研究的可复制性。提供足够的细节和信息，使得其他研究者能够根据相同的设计重复研究，从而验证研究结果的可靠性。

教育研究设计的质量和科学性直接影响着研究的可信度和有效性。一项合理设计的研究可以确保研究者准确地回答研究问题，从而为教育实践和政策制定提供有力的支持。

当涉及基础教育研究时，进行合理的教育研究设计至关重要。以下用一个例子来说明教育研究设计的各个要素。

明确研究问题：假设研究者想要探讨在初中数学教学中采用个性化教学方法对学生学业表现的影响。

选择研究方法：研究者决定采用实验研究法，将学生分为实验组和对照组，实验组接受个性化教学，对照组接受传统教学。

选择样本：研究者在两所初中分别招募了 100 名学生，然后随机分配到实验组和对照组。

收集与处理数据：在研究开始前，研究者设计了一份包括学生的学习方式、偏好等信息的调查问卷，在实验进行期间，记录学生的学习进度和学业表现。

应用数据分析方法：研究者比较了实验组和对照组的学生的学业表现，用相关性分析法来探讨个性化教学方法与学生的学习方式、偏好之间的关系。

呈现与解释研究结果：研究者通过表格和图表展示了实验组和对照组的学生的学业表现差异，并通过文字描述和统计数据解释了研究结果。

考虑研究的伦理：在研究过程中，研究者保证了学生的隐私权，所有数据仅用于研究，并经过了学校和家长的同意。

注意研究的可复制性：研究者提供了足够的细节，包括研究设计、数据收集和分析方法等，使得其他研究者可以根据相同的设计来进行类似的研究。

通过这个例子，可以看出在基础教育领域中做教育研究设计应明确研究问题、选择研究方法、选择样本、收集与处理数据、应用数据分析方法、呈现与解释研究结果、考虑研究的伦理、注意研究的可复制性。这样的系统性安排和组织方法可以确保研究的科学性、可靠性，为教育实践提供了有力的支持。

教育研究设计是一个系统工程，需要考虑各个环节的衔接与配合。首先，研究者要基于文献综述和实际需求，明确研究目的与问题。其次，根据研究问题选择合适的研究方法，可以采用定量研究、定性研究或混合研究等。明确变量和概念的操作性定义也很重要。在此基础上，确定研究对象及抽样方法，设计调查问卷或访谈提纲。数据收集和分析方法也需要设计妥当。最后，要注重对研究结果的解释和总结，提出研究结论与建议。在教育研究设计过程中，还需考虑研究伦理和质量监控，以保证科学性与可靠性。严谨、合理的教育研究设计，是获得可信研究结果的基础与保障。

第一节　确定研究类型和方法

不同类型的教育研究具有不同的研究目的和需求。基础研究侧重于理论探讨，旨在推动学科理论体系的发展；应用研究着眼于解决实际问题，为教育实践提供具体的解决方案。因此，在确定研究类型时，需要根据研究目的来选择合适的类型。例如，某项研究的研究目的是了解中小学生数学学习策略的实际应用情况，那么该项研究属于应用研究范畴，因为其目的是改善实际教学实践。

一、根据研究目的、课题内容的性质确定研究类型

（一）分析研究目的

研究者应先明确要做基础研究还是应用研究。基础研究侧重于探讨理论和推动学科知识发展，而应用研究则致力于解决实际教育问题和提供实用的教育策略。

（二）考虑课题内容的性质

研究者应了解研究课题的具体内容和性质，以确定是需要进行定量研究还是质性研究。定量研究以数值数据为基础，适用于测量变量和分析变量间的关系。质性研究更侧重于深入理解背后的意义和情境。

以基础教育领域的研究为例，研究者应考虑所从事的基础教育领域的特点和需求，以选择与领域相匹配的研究类型。例如，如果研究目的是改进课堂教学方法，应用研究可能会更适合。

二、确定研究方法并做综合考虑

量化研究以数据为基础，依靠统计分析来得出结论。质化研究适用于深度探讨。例如，若研究中小学生的学习态度和动机对学业表现的影响，可以使用调查问卷收集数据，也可以进行访谈或观察，从而深入了解学生的态度和动机背后的原因、情境。

(一)根据研究类型选择方法

研究者开展基础研究可能会采用理论研究、文献综述等方法，以深入理解教育理论。研究者开展应用研究可能会采用实地调查、实验、案例分析等方法，以解决实际教育问题。

(二)考虑研究问题和目的

具体的研究问题将直接影响方法的选择。例如，如果研究中小学生的学习动机对学业表现的影响，可以选择采用问卷调查法、统计法等。

(三)了解各种研究方法的优缺点

熟悉各种研究方法的特点、适用范围以及优缺点，有助于研究者根据具体研究需要进行选择。

(四)考虑资源和实施条件

研究者应确定所拥有的资源和实施条件，如时间、预算、实地调查的可行性等，以确保研究能够顺利实施。

(五)综合运用多种方法

在一些复杂的研究中，研究者可能需要综合运用多种方法，以获得更全面、深入的研究结果。

通过以上分析可以看出，确定研究类型和方法需要综合考虑研究目的、课题内容的性质。研究者做出合理选择能保证研究在深度、广度方面有所突破，从而获得准确、可靠的研究成果。

第二节　选择研究对象

选择研究对象涉及抽样方法与技术的运用，是制订研究计划的重要环节。科学地取样是科学研究的基本要求之一，这有助于确保研究结果的可靠性。

抽样指从所研究的全体对象中，按照一定规则抽取一部分个体或单位作为研究样本。在进行调查、观察或实验时，研究者往往无法对全体研究对象进行研究，只能选取其中的一部分进行研究。这部分被选取的对象即研究样本，将在一定程度上代表全体研究对象。

一、总体与样本

(一)确定研究总体

研究总体是指研究所关心的全部个体、事件或现象的集合。研究者在确定研究对象时，先要明确研究的总体范围，以便开展后续的样本选择和研究工作。

(二)选择样本

样本是从研究总体中选取的一部分个体或单位。选择样本应当坚持科学、合理的抽样原则，以确保研究结果的可靠性。

选择样本的目的是在保证研究结果具有一定代表性的前提下，以较低的成本和工作量获取足够的信息。

二、确定样本大小和抽样方法

确定样本大小和抽样方法是抽样过程中的关键步骤。

(一)样本大小

确定样本大小涉及研究方法的性质、统计分析方法的选择及研究者所具备的条件等因素。一般来说，样本大小应能保证研究结果的可信度和代表性，同时要考虑到实际的可行性和资源的限制。

(二)抽样方法

抽样方法指按照一定的规则从总体中选择样本的具体操作步骤。常用的抽样方法包括随机抽样、分层抽样、整群抽样等。研究者应根据研究的具体情况和目的选择适当的抽样方法，以确保样本具有代表性和可靠性。

总体来说，选择研究对象涉及合理运用抽样方法，需要考虑到样本大小、抽样方法以保证研究结果的可信度。通过科学、合理的抽样工作，研究者可以在较小的成本和工作量下获取到足够的信息，为后续的研究工作奠定坚实的基础。

三、选择样本的基本要求

为了保证抽样的科学性和可靠性，研究者在选择样本时应当遵循以下几个基本要求。

(一)明确规定总体

在选择样本前，研究者先要明确规定研究的总体。界定研究总体应从内涵和外延两个方面进行，即明确研究对象的范围和特征。研究目的和课题内容的性质决定总体的内涵，从某一总体中抽取的样本所得到的研究结果只能推广到这一总体中。

(二)保证抽样的随机性

抽样过程应具有随机性，即每个成员或单位被抽中的概率应相等，以避免主观偏向或不公平的情况发生。随机抽样可以有效地降低抽样误差率，保证研究结果的科学性。

(三)保证抽样的代表性

样本应当能够代表研究总体的特征和特点，即样本包括总体的各种类型和特征。只有这样，才能确保从样本中获得的研究结论能被进一步推广。

(四)选择合理的样本容量

样本大小的确定需要考虑到多个因素，包括研究目的、研究方法的性质、统计分析的方法以及研究者可用的资源等。选择合理的样本容量能够保证研究结果的可信度和可靠性。

样本容量的大小也受到抽样误差和置信水平的影响。通常情况下，样本容量越大，研究结果的置信度越高。

结合长期教育研究的实践经验，我们提供以下取样大小的参考值。

小样本研究：小于 30 个样本。

中等样本研究：30～300 个样本。

大样本研究：超过 300 个样本。

总体来说，抽样的基本要求包括明确规定总体、保证抽样的随机性、保证抽样的代表性、选择合理的样本容量。研究者遵循这些基本要求，可以保证样本选择的科学性和可靠性，为后续的研究工作提供有力的支持。

四、抽取样本的主要方法

样本抽取是开展研究的重要环节。合理的样本能够很好地代表总体，是研究者获得可靠研究结论的基础。

(一)简单随机抽样

简单随机抽样指随机抽取样本，使每个研究对象都有相同的机会被选为样本。它要求样本保持总体元素的代表性，是获得代表性样本的基本方法。例如，如果研究要调查某小学的学生的学习态度，首先可以从该校中随机抽取若干个班级，然后在这些班级中随机抽取学生作为样本。如果要研究某地区中小学语文教学的现状，可以随机选择几所中小学的语文教师进行调查。

两种常用的简单随机抽样法如下。

1. 抽签法

首先给总体中的每个个体分配一个唯一的编号，然后将这些编号写在相应数量的小纸片或球上，放在一个容器中，最后，从容器中随机抽取相应数量的小纸片或球，上面的编号就对应着抽取的样本。该方法的关键在于确保个体被选中的概率相同，因此在整个抽样过程中需要保证随机性。这种方法操作简单，易于实施，保证了抽样的公平性和随机性。在大样本调查中，使用抽签法可能会耗费较多的时间和资源。在使用抽签法时，需要注意在抽签的过程中避免人为干扰，以确保随机性。

2. 随机数表法

随机数表法指使用随机数表抽取样本的方法。随机数表是一种预先制作好的表格，其中包含了随机排列的数字，研究者可以按照表中的顺序来依次抽取样本。该方法的关键在于使用真正随机的数表，以确保样本的随机性。相对于抽签法，随机数表法可以更高效地进行大样本的抽样工作。使用随机数表法可以排除人为干扰，从而保证抽样的随机性。使用随机数表法需要预先准备和保管好随机数表，以免影响抽样的随机性，还需要研究者具备一定的统计知识。

总体来说，抽签法和随机数表法都是简单随机抽样的有效实施方法。研究者可以根据具体研究情况和资源条件选择合适的抽样方法。

(二)分层抽样

分层抽样指先按照某种特征将总体分割成若干层，再从各层中随机抽取样本。分层抽样可以保证样本代表总体的每个层次。例如，在研究不同年级学生的学习动机时，可以先按年级将学生分层，再从每层随机抽取样本。又如，在比较城市和农村中小学教师采用的教学方法时，可以先按地区类型分层，再从每层抽取样本。分层抽样可以提高各层的代表性，减少抽样误差。分层抽样需要明确总体的层次特征，分层不当会影响样本的代表性。

(三)整群抽样

整群抽样指首先将总体分割成若干群体，然后随机选取部分群体作为样本。整群抽样适用于总体内部存在明显的群体特征的情况。例如，在比较不同学校学生的体质状况时，可以学校为单位进行抽样。又如，要研究某地区教师培训效果，可以将参培教师所在的学校作为群体进行抽样。整群抽样减少了抽样误差，特别适用于研究中群体特征明显的情况，因为降低了数据收集的难度，可以一次性收集某一群体的数据。但是整群抽样可能会忽略群体内部的差异，特别是在群体内部差异较大的情况下。

(四)系统抽样

系统抽样指按照固定间隔，从总体中随机选择一个起始点，按照相同的间隔选取样本。例如，研究者要了解中小学生的课外活动参与情况，可以按照学生名单，每隔一定间隔选取一名学生作为样本。

系统抽样操作相对简单，适用于大规模样本的抽取，保证了样本的随机性。但是系统抽样依赖于起始点的随机性，如果起始点选择得不合适，可能会产生抽样误差。

教育研究者在选择抽样方法时，应根据研究目的、资源条件等因素，采用适宜的抽样策略，以获得具有代表性的样本。

五、抽样时常出现的错误

正确地运用上面介绍的抽样方法，有助于在研究中抽到合适的样本。但有时由于种种原因，在抽样时会出现一些错误。常见的抽样错误如下。

(一)确定的总体不正确

这种错误指研究者未能准确地界定研究的总体范围。例如，在研究小学教师的工作量问题时，只将城市的小学教师作为抽样总体，在这部分人中抽取样本进行调查，就会导致总体界定错误。

(二)选取过小的样本

若样本容量过小，无法提供足够的数据支持进行统计分析，就会影响研究的可靠性和代表性。

(三)自愿参与研究的个体与非自愿参与研究的个体有明显的差异

在某些情况下，研究者可能选择自愿参与研究的个体作为样本。然而，参与研究的个体可能在某些方面与非自愿参与研究的个体存在明显差异，从而可能影响研究结果的可靠性。在选择时，研究者需要事先进行分析，确保自愿与非自愿参与研究的个体没有明显的差异。

(四)采用不恰当的抽样方法

在研究时选择不适用于研究问题的抽样方法就会出现错误。例如，在具有分层特征的总体中使用简单随机抽样方法，或者在没有明确层次结构的总体中使用分层抽样方法。

第三节　明确假设与变量

假设和变量是研究的关键要素。本节将重点阐述假设的意义、特征、来源和检验，以及变量的类型和度量等内容。

一、假设

(一)假设的意义

假设也叫假说，是对研究对象的某些属性或行为做出的解释性推论。它是研究者对研究问题的回答，需要通过实证研究加以证实或否定。假设指导着整个研究的进行，是组织和开展实证研究的中心环节。如果没有假设，研究就会失去方向和目标。

(二)假设的特征

1. 假设应与研究问题相关

研究问题和假设之间应该具有直接的内在联系，假设应该是对研究问题的直接回答。

2. 假设要用明确的语言表述出来

研究者应避免使用模糊、抽象的术语，应用简明扼要的语句表述假设的主要内容。

3. 假设所表明的内容应是可以检验的

假设必须能够通过实证研究的验证，否则就失去意义了。

(三)假设的来源

假设的主要来源有以下三个方面。

一是源于某种理论。理论对客观事物的关系做了描述和解释，研究者可以在理论指导下提出假设。例如，根据皮亚杰的认知发展理论，研究者可以假设不同年龄段的学生在对数学概念的理解方面存在差异。

二是源于教育改革实践。通过观察教学实践，研究者可以发现某些有价值的经验，并以此构建假设。例如，发现某种教学法能提高学生的学习兴趣后，研究者可以假设该方法能增强学生的学习动机。

三是借鉴国外的教育研究经验。国外先进的教育研究经验可为假设提供线索。例如，我国的研究者可以在相关国外教育研究经验的基础上提出相应的假设进行验证。

(四)假设的检验

检验假设是实证研究的核心环节。它通过对数据的统计分析，判断假设成立与否，以确定研究结论。

在检验一个假设时，要经过以下三个步骤。

一是建立一个零假设。零假设即在给定的显著性水平上，样本统计量与总体参数之间没有显著性差异。它是为了否定而提出的。

二是进行统计量的计算。研究者应根据收集到的样本数据计算出适当的统计量。

三是根据统计结果进行判断。研究者可将计算所得的统计量与临界值相比较，若统计量在拒绝域中，则拒绝零假设；若不在拒绝域中，则接受零假设。

例如，为了检验"提高教师工资能提高教学质量"这个假设，首先提出零假设，即"提高教师工资对教学质量没有影响"，然后收集两组教师的数据（一组提高了工资，一组没有）。通过统计分析两组教师的教学质量得分，计算出样本统计量。如果样本统计量大于临界值，则拒绝零假设，接受原假设成立；如果小于临界值，则接受零假设，原假设不成立。

教育研究假设的示例如下。

假设采用小组合作学习对初中生的数学学习有积极影响。

理论基础为基于社会学习理论，小组合作学习可以促进学生的互动和知识共享，有助于提升学习效果。

研究方法为实验法，将学生分为实验组和对照组，实验组采用小组合作的方式学习，对照组接受传统教学法的教学。

收集两组学生的数学学业表现，利用统计分析方法比较两组学生的学业表现差异。

如果实验组学生的学业表现显著高于对照组，就可以拒绝零假设，从而支持研究假设。

二、变量

(一)变量的类型

变量是指研究中会发生变化或受到测量的特征或属性。依据变量在研究中所起的作用，可以将变量分为自变量、因变量和控制变量三类。

1. 自变量

自变量是研究者有意操纵或选择，以观察因变量影响的变量。自变量是引起因变量变化的原因变量。例如，在研究教学方法对学业表现的影响时，教学方法是自变量，学业表现是因变量。

2. 因变量

因变量是因操纵或选择自变量而引起变化的变量。例如，在前述对比实验组和对照组学生的学业表现的例子中，学业表现是因变量。

3. 控制变量

控制变量是除自变量和因变量外，可能对研究结果产生影响的变量。为了消除控制变量的影响，研究者会通过匹配、随机化等方法控制这些变量。例如，在比较两种教学方法的效果时，学生的基础知识水平可能会影响结果，这时需将基础知识水平作为控制变量进行控制。

(二)变量的度量

变量的度量指对变量进行观察和记录的过程。

1. 定量与定性变量

根据变量的属性，可以将变量区分为定量变量和定性变量。定量变量可以进行数值的计量，定性变量则描述变量的类别属性。

例如，学生的学业表现是定量变量，可以用具体的数字来描述；而学生的性别是定性变量，只能用"男"或"女"来描述。

2. 变量的操作性定义

操作性定义指对变量的度量方法和过程进行明确具体的描述。操作性定义应具有以下特征。

第一，明确指出所要度量的变量。

第二，明确变量的度量单位或类别。

第三，说明使用何种工具或方法对变量进行测量。

第四，说明变量在何种条件下进行测量。

第五，描述测量的步骤。

例如，如果要测量"语文学习兴趣"，可以给出如下操作性定义：使用自编的语文学习兴趣量表对小学三年级的学生进行调查，该量表包含 10 个题目，采用李克特 5 点计分方法，1 表示完全不感兴趣，5 表示非常感兴趣，在学生正常上完语文课后立即进行调查，学生根据自己的实际情况选择相应的选项，之后计算每个学生的总分并进行统计分析。

一个科学、合理的操作性定义，要求研究者清晰、具体地描述变量的度量，这有助于其他研究者依照相同的方法测量同一变量，从而保证研究的可重复性。

3. 变量的验证

变量验证是指验证量表或测量工具是否真正测量了研究者想要测量的变量，主要的验证方法有效度分析和信度分析两种。

(1)效度分析

效度是指量表或测量工具测量变量的准确性和合理性。效度一般可分为内容效度、准则相关效度和构建效度。

内容效度：通过专家判断等方式评定量表内容能否代表变量的全部内容。

准则相关效度：计算量表结果与其他相关变量的相关程度。

构建效度：通过统计方法判断量表结构是否符合变量的理论构造。

(2)信度分析

信度指量表或测量工具的稳定性和一致性。信度一般可分为重测信度、分半信度和 Cronbach's α 系数。

重测信度：在一段时间后重新测量同一样本，分析两次结果的相关性。

分半信度：将量表划分等份，分析奇数项目与偶数项目的相关性。

Cronbach's α 系数：分析量表中所有项目的内部一致性。

通过效度和信度分析，研究者可以检查量表或测量工具的质量，为变量的准确测量奠定基础。

综上所述，假设和变量是科学研究的主要组成部分。研究者应明确假设并选择合适的变量，通过可靠有效的测量方法收集数据，以进行假设检验，最终得出科学、合理的研究结论。假设的提出和变量的处理直接关系到研究质量，研究者应该结合研究内容与目的，呈现出严谨的学术态度和科学的严密逻辑。

第四节　制订研究计划

为保证一个研究课题的顺利进行，在确定课题之后就要制订研究计划。一方面，研究者通过制订计划做到对研究过程心中有数；另一方面，如果课题需要有关部门提供经费或接受有关领导和专家的检查论证，制订一个科学的、完善的计划更是十分必要的。

一、教育研究计划的基本内容

教育研究计划是为解决特定教育问题或探索教育领域的某一方面而制订的系统性计划，包括明确定义研究问题、设定研究目的、收集数据、分析结果等步骤，以期获得对教育实践和理论的深入认识。一般来说，一个完整的研究计划应该包括以下几个部分的内容。

(一)研究问题的表述

研究问题的表述指明确定义研究关注的核心议题，通常包括研究的主题、对象、范围和预期结果。它是整个研究的基石，指导着研究的方向，能为研究提供明确的框架和目标。例如，《少年亲子关系诊断与调适的实验研究》对研究课题的表述如下："亲子关系……直接影响少年儿童的身心发展，并将影响他们以后形成的各层次的人际关系。……少年期是人生中最关键而又有特色的时期……当前我国城市少年亲子关系存在的主要问题倾向，首先是对子女怀有不必要的不安，期望值过高，其次为过多干涉和溺爱。……亲子关系对少年问题行为及人格特征具有极为重要的影响……国内外对亲子关系对少年社会化影响的研究相对较少，提醒人们重视的问题较多，而通过实验研究如何诊断与调适少年期亲子关系的很少见。本课题研究，目的在于探索少年期亲子关系诊断与调适的方法，以促进少年健康发展。"[①]

该文从研究的意义、研究的出发点、研究的目的等方面对研究的基本思路做了比较清楚的阐述。

在具体表述一个研究课题时，应该注意以下几个问题。

1. 确定研究主题的重要性

在介绍研究主题时，研究者的首要任务是明确此研究的重要性，为何有必要深入探究此主题。这包含了主题的理论意义和实践价值，不仅体现了研究者

---

① 孟育群：《少年亲子关系诊断与调适的实验研究》，载《教育研究》，1997(11)。

对主题的思考，而且能为他人理解该主题提供重要线索。

【案例】

中学数学自学辅导教学实验 81 届扩大研究结果

教学改革的心理学问题，主要是教学内容和方法的改革如何更好地符合学生认识过程和认识能力发展的规律问题。自学辅导教学根据九条心理学规律改革了教材，根据自学辅导教学特有的七条教学原则改变了教法和学法。学生在老师画龙点睛的指导下以视觉为主动手动脑地进行自学、自练、自改作业，独立阅读、独立思考、独立解决问题。学生是在原有的基础上进行学习的，学习的进程可以自我调节，符合循序渐进的教学原则，符合以自学为主原则，能启发学生学习的动机和形成浓厚的学习兴趣，能加速形成自学习惯，有利于自学能力成长及其迁移。

前后经过二十年多次反复试验，这种教学方式不仅调动了教师的积极性，使他们能有的放矢地去辅导学生，减轻了批改作业的低效劳动，有时间去学习教育学和心理学，促使自己工作智力化，而且能调动学生学习的积极主动性，减轻了课外作业的负担，培养了自学能力和自学习惯并促使其迁移。从智力开发角度来看这是有很高社会效益的。

【资料来源】卢仲衡：《中学数学自学辅导教学实验 81 届扩大研究结果》，载《教育研究》，1985(6)。

2. 问题的叙述应该清楚明了

叙述问题要尽量使用简洁确切的语言，避免表述得含糊不清。例如，使用术语应给出明确的定义，以使普通的读者也能看得懂。如在《小学生主体性发展实验与指标体系的建立测评研究》中，研究者将研究问题明确表述为："什么是小学生的主体性？小学生主体性的行为表现及基本特征是什么？如何发展小学生的主体性?"①研究者还对主体性及主体性三维结构中的独立性、主动性和创造性给出了明确的定义，使得研究问题一目了然、切实可行。

3. 明确课题研究的范围

问题的表述应严格地限制在可操作的范围之内，不能随意扩大，任意发挥。例如，在前述少年亲子关系的诊断和调适研究的例子中，所研究的问题就是如何对少年亲子关系进行诊断和调适，研究者在此范围内进行阐述和研究。当然，问题的性质不同，研究的范围也不同，如整体研究所涉及的范围就比较广。

4. 问题要有一定的理论依据，避免随意猜想

研究者应找到所研究问题的理论依据，所提出的假设应当有一定的理论基础。在表述问题时，要把这方面的内容说清楚，如上海师大教科所和上海市实验学校的《中小学教育整体改革实验方案》，其研究主题是"早期开发儿童的智慧潜力，让智力水平中上的常态儿童获得较为全面、充分、自由的发展"，其理论依据之一就是"人脑具有巨大潜力，存在被开发的可能性"。②

(二)总结和概括有关研究成果

在确定研究课题时，研究人员常常要深入查阅相关研究文献，仔细审视这些成果。这一准备阶段的任务是弄清楚当前已取得的研究进展，明确哪些问题已得到解决，哪些问题仍待解决。在制订研究计划时，研究者应该将这方面的工作纳入考虑范围。研究者有必要对当前研究主题的现状进行介绍，列举典型研究成果，呈现主要观点。此基础上，应阐明如何在现有研究基础上取得新的突破，解决尚未研究的问题。这类内容应具备概括性，有时可以与研究课题的陈述融为一体，形成有机的说明。如在上面提到的《少年亲子关系诊断与调适的实验研究》中，研究者回顾了国内外有关亲子关系的研究成果，在此基础上，研究者提出，该课题研究致力于探索少年期亲子关系诊断与调适的方法。

---

① 北京师范大学教育系、河南安阳人民大道小学联合实验组：《小学生主体性发展实验与指标体系的建立测评研究》，载《教育研究》，1994(12)。

② 上海师大教科所、上海市实验学校：《中小学教育整体改革实验方案》，载《课程·教材·教法》，1989(Z2)。

(三)说明研究方法和策略

研究方法和策略是研究计划的核心要素。研究者必须详尽地描述所采用的方法和策略,其中涵盖了研究对象的选取方式、研究的设计方法,以及研究过程的排布等。例如,首先要明确研究对象是从何种总体中抽取的,采用了哪种抽样方法,采用的是调查、观察、个案分析法还是实验法;其次要具体说明采用的设计方案;最后要清晰地呈现研究的主要步骤和措施。在随后的相关章节中,我们将对以上问题进行详细阐述和探讨。

(四)制定研究时间表

为了确保研究工作有序进行,提高效率,并保证研究按计划开展,制定详细的研究时间表是必要的。时间表应该合理安排实验的主要步骤,明确每一步在何时完成,以使研究人员的脑中有清晰的时间线。具体的时间由研究周期的长短所决定。研究者在面对较长周期的研究课题时,需要分阶段制定时间表。研究者在制定时间表时,应该考虑研究的各个关键节点,确保研究的不同阶段在时间上相互衔接。这样,研究者可以更好地掌握进度,避免遇到时间压力。在制定时间表时,研究者还需要综合考虑实验的具体步骤、所需资源、参与人员的可用时间等因素。总之,制定详细的研究时间表有助于保持研究工作的有序性,确保研究的顺利进行,以及更好地管理研究进度。

例如,新高考制度下普通高中"融入式"生涯教育的研究与实践的研究计划(如表 4-1 所示)。

表 4-1　新高考制度下普通高中"融入式"生涯教育的研究与实践研究计划

阶段	时间	方法	内容
确定生涯教育内容体系	2022 年 9 月—2023 年 1 月	文献法	①分析新高考政策 ②分析国内外的生涯教育理论 ③分析职业生涯教育的课程目标、内容与特点
	2022 年 9 月—2022 年 12 月	调查法	①调查 300 名在校生的生涯教育需求 ②调查 300 名毕业生对他们认为的高中阶段的最重要的教育内容与教育方式的看法

续表

阶段	时间	方法	内容
构建"融入式"生涯教育体系	2023年1月—2023年3月	讨论法	①讨论分析各学科的课程目标、内容与特点 ②梳理分析学校各部门的工作及其关系
	2023年1月—2023年3月	调查法	①调查家长的生涯教育水平、参与生涯教育的意愿及参加方式 ②调查校友的生涯教育水平、参与生涯教育的意愿及参加方式
	2023年4月—2023年5月	头脑风暴法	讨论生涯理论融入学科教学，学校工作，家、校、社区的教育体系以及可行的方案
	2023年6月—2023年8月	德尔菲法	将"融入式"生涯教育体系及方案交给8～10位专家评价其可行性，以背对背的方式独立完成，直到意见一致
开展教育实验	2023年8月—2024年1月	实验法	①从平行班中抽取5～8个班进行"融入式"生涯教育，其他班为对照组，进行传统生涯教育、生命教育与心理健康教育 ②从教育水平一致的教师中抽取部分教师参加实验，在实验之前进行"融入式"生涯教育的培训，但不进行教育能力的培训 ③对照组的教师不进行培训
		心理测量法	①对教育效果进行评估 ②测量指标：学业表现、价值观、生涯发展能力、专业与职业认知能力
总结和推广	2024年8月—2024年12月	研讨法	总结经验，整理成果并发表及展示

二、研究计划的基本格式

教育研究可以分为不同的类型，因为每一种类型的研究计划的适用范围不同，其实际目的也有一定差别，所以在书写格式上也不尽相同。

(一)专题研究计划

专题研究计划一般包括以下几个方面的内容：研究的目的与意义；研究的主要内容；国内外的研究现状，预计有哪些突破；完成研究的条件分析，包括人员结构、资料准备和科研手段等；课题组分工情况；主要研究阶段及研究成果形式；经费预算。

(二)实验研究计划

实验研究以论证某种因果关系为目的，其研究计划应反映实验研究的特点，特别是研究收集数据所用的方法，以及如何论证所提出的假设。实验研究计划一般包括以下几个方面的内容：问题的提出与假设，包括研究问题及研究假设、已有研究状况的综述、研究的基本理论框架、实验变量的陈述等；研究的具体方法，包括研究设计、研究对象的选取等；实验研究实施过程；数据分析方法与技术；时间安排；实验研究所具备的条件；预算，包括人力、物力、设备及各种费用。

三、研究方案的论证

在启动一项正式的、有一定规模和价值的研究项目之前，通常需要邀请相关领域的专家进行论证。论证的目的有两方面：一方面，对研究课题的各个方面进行评价，指出可能存在的不完善或不准确之处；另一方面，请专家论证，判断研究课题的价值、科学性和可行性，以便获得相关机构的认可，争取研究经费的支持。因此，在正式着手研究之前进行课题论证至关重要。论证的主要内容包括以下几个方面。

第一，课题的意义。深入分析研究课题的理论意义和实践意义，论证研究课题能否推动相关学科领域的发展，能否提出新的理念，以及在实际应用中能否解决当下的教育改革问题等。

第二，课题的科学性。对研究方案中的理论基础、研究假设、研究方法和实际内容进行论证，评估这些方面的科学性，检查是否符合教育研究的规范要求。

第三，课题的可行性。评估研究方法和措施的实际可行性，是否与实际情况相符。考虑研究人员是否具备必要的研究条件，包括研究者的资质、研究环境、设备等，以及是否有足够的研究经费保障。

一般的论证程序如下：提供材料，课题主持人向专家组提供与研究课题相关的材料，必要时可能需要现场考察；专家评价，由专家对研究方案进行研究和评价，从多个角度审视课题的各个方面。论证意见，专家提出口头或书面的论证意见，指出课题的优点、不足之处，以及需要改进的地方；修改完善，根据专家意见，修改和完善研究方案；最终审定，将修改后的方案再次提交给专家审定，确保课题的方案经过充分论证和改进。

基础测试

一、单项选择题

1. 下列哪项不属于教育研究中的自变量？（　　）

A. 教学方法　　　　　　　　　B. 教学内容

C. 学生的年龄　　　　　　　　D. 考试方式

2. 为确保结论有可推广性，抽样应遵循哪个基本要求？（　　）

A. 选择合理的样本容量　　　　B. 明确规定总体

C. 保证代表性　　　　　　　　D. 保证抽样的随机性

3. 以下哪项不属于教育研究计划的基本内容？（　　）

A. 研究方法和步骤　　　　　　B. 对研究结果的预测

C. 研究时间表　　　　　　　　D. 研究的组织与领导

4. 在教育研究中，明确研究的假设有助于完成下列哪项任务？（　　）

A. 定义研究问题　　　　　　　B. 解释研究结果

C. 引导研究方向　　　　　　　D. 总结研究意义

5. 在实验研究中，下列哪项属于控制变量？（　　）

A. 研究对象的年龄　　　　　　B. 教学方法

C. 学业表现　　　　　　　　　D. 教学内容

6. 文献综述在教育研究报告中起着什么作用？（　　）

A. 概括研究过程　　　　　　　B. 阐明研究出发点

C. 预示研究结果　　　　　　　D. 总结研究意义

7. 在教育研究中，自变量的一个重要特征是（　　）。

A. 由研究者观察记录　　　　　B. 取决于因变量

C. 代表研究的结果　　　　　　D. 由研究者选择和操纵

8. 研究方案论证的目的是（　　）。

A. 提出修改意见　　　　　　　B. 争取研究资助

C. 评价课题质量　　　　　　　D. 指导研究实施

9. 专题研究计划不包括( )。

A. 研究的目的与意义　　　　　　　B. 研究的主要内容

C. 研究结果　　　　　　　　　　　D. 研究现状

10. 在教育研究中,因变量具有以下哪个特征?( )

A. 代表自变量　　　　　　　　　　B. 不受自变量影响

C. 由研究者选择　　　　　　　　　D. 反映研究结果

二、简答题

1. 简述教育研究中自变量、因变量和控制变量的含义。

2. 简述假设的作用及假设的特征。

3. 简述教育研究计划应包括哪些基本内容。

4. 简述教育研究中对变量进行操作定义的目的和要求。

第五章 教育观察法

>>> **学习目标**

1. 了解教育观察法的有关概念，包括教育观察法的含义、基本类型、主要特点、作用等。

2. 掌握教育观察法的实施步骤。

3. 了解有关教育观察的记录方法和观察记录代码系统。

4. 重点掌握两种教育观察法：定性观察法和定量观察法。

第一节　教育观察法概述

一、教育观察法的含义

教育观察法是一种研究方法，其主要目的是通过直接观察教育活动或者教育环境收集数据和信息，从而深入了解教育现象、过程和影响因素。这种方法通常用于教育领域的实地研究，以了解真实的教育情境和行为，能为教育改进、政策制定等提供有力的依据。

教育观察法包括以下几个方面。

第一，直接观察。研究者以旁观者的身份，通过自己的感知和观察，记录下教育现场中的各种情况，如教学过程、学生行为、教师互动等。

第二，参与观察。研究者以参与者的身份与教师和学生共同参与教学活动，以便更深入地了解教育过程。

第三，记录和记录分析。在观察过程中，研究者会通过记笔记、拍照、录音等方式收集教育活动中的数据和信息，以便对这些内容进行分析，提取研究所需的信息。

第四，情境分析。研究者在分析教育现场的情境、环境、互动等因素后，可以深入理解教育活动的特点和影响因素。

第五，问题探讨。教育观察法也可以通过提出特定的问题或假设，来引导观察的方向和内容，从而更有针对性地获取需要的信息。

总体来说，教育观察法是一种具有实地性和实践性的研究方法，能够为研究者提供真实、直观的数据，帮助他们全面地了解教育活动的实际情况，从而为教育改进、政策制定等提供有力的支持。

【案例】

初中数学课堂教学观察

背景：

在一所城市中学中观察初中数学教学，旨在了解教师的教学方式、学生的参与情况以及教室环境，从而为改进教学提供参考。

方法：

1. 研究者确定自身的角色

研究者以旁观者的身份参与课堂教学，保持客观中立的态度，全程记录观察内容。

2. 观察内容

教师的教学方法：记录教师在课堂中所采用的教学策略，如讲解、示范、互动等。

学生的参与情况：观察学生的注意力集中程度、课堂参与度及对教师提问的反馈情况。

教室环境：记录教室布置情况、课件使用情况、学生座位分布等环境因素。

3. 记录方式

使用记笔记、拍照、录音等方式，将观察到的情况详细记录下来。

观察结果：

1. 教师的教学方法

教师采用了多种教学方式，包括板书讲解、举例说明和小组讨论等，使得教学内容更加生动有趣。

2. 学生的参与情况

大部分学生保持了良好的注意力，积极参与课堂讨论，对教师的提问也有积极的回应。

3. 教室环境

教室布置整洁有序，有黑板等，讲台和学生桌椅布局合理。

分析与反馈：

基于观察结果，可以得出以下结论。

教师的教学方法丰富多样，能够吸引学生的注意力，还应更多地使用互动式教学方式，提高学生的参与度。

学生表现出了积极的学习态度，还需要注意关注每个学生的个性，确保每个学生都能够参与教学。

教室环境整洁有序，有利于营造良好的学习氛围，还可以考虑增加一些营造教育氛围的装饰，如学习展示墙等。

这次教育观察可以为学校提供有针对性的建议和改进方案，进一步优化教学质量。同时，可以为研究者提供实地观察的数据支持，为后续的教育研究提供参考。

◇实战训练◇

单项选择题

人们最早采用的也是最基本的教育研究方法是（　　）。

A. 教育调查法　　B. 历史研究法　　C. 教育观察法　　D. 教育实验法

【答案】C

【解析】教育观察法是教育研究中最基本、最常用的方法，是一种在教学教育活动中发现问题并进行研究的方法，要求研究者时时处处以研究的眼光看待身边发生的教育现象和教育问题，故选 C。

二、教育观察法的基本类型

教育观察法指一类有共同特征的研究方法，它包含具体的方法。研究者在运用教育观察法开展教育科学研究时，需要运用具体的观察方法，因此不能不了解教育观察法的具体类型。

(一)理论建构观察与理论证明观察

理论建构观察和理论证明观察是在研究过程中的不同阶段所使用的观察方法。

1. 理论建构观察

在研究初期，研究者可能会进行理论建构观察，主要目的是以实地观察和收集数据的方式确立理论框架，或者验证先前提出的理论是否适用于具体的情境。这种观察更侧重于通过现象和数据寻找理论构建的线索与依据。

例如，研究者对中小学生的课堂互动进行研究，初期可能会进行理论建构观察。研究者会进入课堂，观察教师与学生的互动情况、学生与学生的互动情况，记录下各种情况和现象。这些观察结果将为后续的理论构建提供数据方面的支持。

2. 理论证明观察

研究者形成了初步的理论框架或假设后，接下来就需要进行理论证明观察。这一阶段的目的是收集更多的数据，以验证或者反驳先前提出的理论，从而得出科学、可靠的结论。

例如，在开展关于中小学生的课堂参与度的研究时，研究者做了初步的理论建构观察后，提出了一个假设——采用小组合作学习可以提升中小学生的课堂参与度。接下来，研究者会进行理论证明观察，对一部分课堂采用小组合作学习，对另一部分采用传统教学方法，然后比较两组学生的参与情况，通过分析数据来验证这个假设是否成立。

总体来说，理论建构观察和理论证明观察是研究过程中的两个重要阶段，它们相互补充、相互支持，共同为研究提供了可靠的理论基础和科学的结论。

(二)定性观察与定量观察

定性观察和定量观察是两种不同类型的观察方法，它们在数据收集和分析的过程中有着不同的侧重点和特点。

1. 定性观察

定性观察是一种以描述、解释、理解为主要目的的观察方法。研究者详细记录和分析所观察到的现象。

定性观察的特点如下：重点在于收集描述性的信息，而非具体的数据；适用于需要深入研究行为、情境、背景等的情况。

例如，在一项研究中，研究者以定性观察法来了解学生的学习动机。研究者会记录学生在课堂上的言行举止、表情、态度等，以及他们在学习中表现出的动机，然后对这些描述性信息进行整理和分析，以了解学生的学习动机的特点。

2. 定量观察

定量观察是一种以量化的方式收集数据的观察方法。研究者通过事先设计好的测量工具，对特定现象或行为进行量化记录，可得到具体的数值数据，从而进行统计分析。

定量观察的特点如下：可收集可量化的、具体的数据；适用于需要进行数量分析和统计的情况。

例如，在一项关于中小学教育的研究中，研究者通过观察学生参与课堂讨论的次数、课堂互动的时间、学生完成作业的准时率等指标，以数字形式记录这些数据，从而利用这些数据进行统计分析，比较不同班级或教学方法的差异。

总体来说，定性观察和定量观察各自有着不同的数据收集和分析方式，适用于不同类型的研究问题和目的。这两种方法是常用的教育观察法，我们会在本章分节重点介绍。

(三)直接观察和间接观察

直接观察和间接观察是两种观察方法，它们在研究中的应用取决于研究者的研究目的和研究对象的特性。

1. 直接观察

直接观察指研究者前往研究现场进行感知和观察。

直接观察的特点如下：研究者在现场进行观察，直接感知和记录研究对象的行为或情况；观察结果直接来自研究者的感知和记录，具有较高的可靠性。

例如，在一项关于中小学课堂教学的研究中，研究者前往学校观察教师的教学方式、学生的参与情况、教室环境等，通过自己的感知和记录了解实际的教学情况。

2. 间接观察

间接观察指研究者通过已有的信息或者其他渠道来了解研究对象的行为或情况，而非亲自前往现场。

间接观察的特点如下：研究者不直接前往现场，而是依赖于已有的信息或记录来了解研究对象的情况；可能会受到信息来源的限制，但也可以节省时间和成本。

例如，在一项关于学校教育评估的研究中，研究者需要了解学校的师资情况。研究者可以通过学校的教师花名册、教育局的数据报告等已有的信息来了解教师的数量、学历背景等情况，而无须亲自到学校进行观察。

总体来说，直接观察和间接观察都是重要的观察方法，适用于不同类型的研究问题和场景。研究者可以根据研究目的和研究对象选择合适的观察方法，或者在研究中结合使用这两种方法，以获得全面的研究结果。

(四)结构观察、准结构观察和非结构观察

结构观察、准结构观察和非结构观察是教育研究中常用的观察方法，它们在研究设计和数据收集的过程中有着不同的特点和应用场景。

1. 结构观察

结构观察是一种以预先设计好的标准和指导性框架为基础的观察方法，研究者在观察过程中可根据这些标准和框架来记录、分类、评估事物或行为。

结构观察的特点如下：观察过程受预先设定的框架和标准的引导；相对严谨和可量化，有明确的研究目的和观察目标。

例如，研究者在课堂中使用结构观察方法，以了解教师的课堂管理技能。研究者预先设定的标准包括教师对学生的指导方式、对学生参与的鼓励程度等，通过这些标准来观察、记录教师的行为。

2. 准结构观察

准结构观察介于结构观察和非结构观察之间，它相对于结构观察而言，对观察过程的指导程度更为灵活，研究者可以根据研究目的和需要，选择关注某些特定方面。

准结构观察的特点如下：在观察过程中，研究者可以灵活选择关注的方面，不受严格的预先设定的标准的约束；可以根据研究目的进行重点关注，也可以在观察过程中灵活调整关注点。

例如，研究者在一所学校进行准结构观察，旨在了解学校的教育氛围。研究者并没有预先设定具体的观察标准，而是根据学校的特点和自己的研究目的，灵活选择观察学校环境、教师与学生的互动、学生与学生的交流等方面。

3. 非结构观察

非结构观察是一种相对自由、开放的观察方法，研究者在观察过程中不受预先设定的标准或框架的限制，可以自由地记录、描述所观察到的情况。

非结构观察的特点如下：在观察过程中研究者没有受到预先设定的框架或标准的限制，具有较高的灵活性；可以全面、深入地了解研究对象的行为、情况，但也可能因过于自由而缺乏一定的定量依据。

例如，研究者在校园中进行非结构观察，旨在探索学生之间的关系。研究者没有预先设定具体的观察框架，而是自由地观察学生的交往方式、互动情况、

言行举止等，以获取对其关系的深入理解。

总体来说，结构观察、准结构观察和非结构观察各具特点，适用于不同的研究目的和场景。研究者可以根据自己的研究问题和需要选择合适的观察方法。

（五）参与观察和非参与观察

参与观察和非参与观察是两种不同的观察方法，它们在研究者与研究对象的互动程度上有所区别。

1. 参与观察

参与观察是指研究者以参与者的身份进入研究场景，与研究对象共同参与活动，以便更深入地了解情况。

参与观察的特点如下：研究者以参与者的身份积极参与活动，与研究对象共同体验活动；能使研究者获得更深入、真实的体验，但可能会影响研究对象的行为。

例如，在一项关于幼儿园教育的研究中，研究者以教师的身份参与幼儿园的日常教学活动，与幼儿共同参与游戏和教学活动，以便深入了解幼儿的学习行为和需求。

2. 非参与观察

非参与观察指研究者以旁观者的身份进行观察，从旁观者的角度记录和收集信息。

非参与观察的特点如下：研究者以旁观者的身份观察研究对象，不主动参与活动；能够保持客观中立的态度，但可能无法获得与研究对象相同的体验。

例如，在一项关于中小学课堂教学的研究中，研究者以旁观者的身份进入课堂，记录教师的教学方式、学生的参与情况等信息，但并不直接参与课堂活动。

总体来说，参与观察和非参与观察各自有着不同的优势和应用场景，适用于不同类型的研究问题和研究对象。研究者可以根据自己的研究目的和研究对象的特性选择合适的观察方法，或者在研究中结合使用这两种方法，以获得全面的研究结果。

三、教育观察法的主要特点

教育观察法是教育研究中一种重要而基本的实证研究方法。它以研究者的感官为工具,通过对教育活动和教育过程的直接观察获取数据和信息。教育观察法具有直接性、情感性、重复性、自然性和易行性等特点。

(一)直接性

直接性是教育观察法的首要特点。研究者通过自己的视觉、听觉直接观察教育活动,获得第一手的原始信息。研究者采用直接接触观察的方式,能够亲身体会教育活动的全部过程,摆脱主观猜测,获取真实和可靠的教育事实。直接观察能使研究者及时发现教育活动中的新情况、新问题,不受预设框架的限制。

例如,研究者可以进入课堂直接观察学生的学习状态,获得第一手的直接信息,如学生的注意力集中情况、对课程的理解情况等,不需要经过他人的描述或自我报告。这种直接观察可以让研究者对学生的学习状况有更真实和全面的了解。

(二)情感性

教育观察法强调研究者的亲身体验,以研究者的情感体验作为观察的着力点。研究者要投入自身的情感,设身处地感受教育过程,并以情感体验为线索进行思考。教育观察的情感性要求研究者对研究对象保持热情。

例如,在观察学生的上课状态时,研究者不仅要注意学生的表情和动作,还要设想自己处在学生的位置,体会学生的内心感受,这种情感体验有助于研究者深入了解学生的学习状况。

(三)重复性

教育观察要重复进行,以获取更丰富和准确的信息。一次观察往往不能代表教育活动的全部情况,需要选择不同的时间和环境进行多次观察,以便获取更全面和准确的资料。

例如,要研究一个班级的课堂氛围,仅观察一次是不够的,需要选择上午、下午等时间段。研究者只有多次进入课堂观察,才能全面了解该班级的课堂氛围。

(四)自然性

教育观察应该在自然状态下进行，所观察的教育活动不应被特意安排或随意变更。研究者要确保教育活动按照本来的面貌进行，不影响教育活动的正常进行。研究者只有在自然状况下进行观察，才能了解教育活动的真实情况。

例如，在研究课堂教学效果时，教师不应特意准备一节展示课，而应该让研究者进入平时的自然课堂观察，这样收集的数据才能真正反映该教师的教学效果。

(五)易行性

教育观察法操作简单，研究者只需依靠感官和记录工具即可开展观察。它不需要复杂的设备设施，也不需要高深的统计知识，普通教师都可以掌握。这种易行性使教育观察法非常实用，是许多教育工作者进行日常研究时首选的方法。

综上所述，教育观察法以其独特的直接性、情感性、重复性、自然性和易行性，使研究者可以直接观察教育的本真面貌，获取丰富而真实的第一手资料。它是教育研究中一种基本而重要的实证研究方法，对于解决教育实际问题，改进教学实践具有重要作用。教育研究工作者应该熟练掌握并大量应用这一研究方法，以提高研究的科学性和实效性。

四、教育观察法的作用

教育观察法是教育研究中一种常用的方法。研究者可通过它对教育活动和教育过程进行直接观察，收集具有代表性和真实性的第一手资料。教育观察法在教育研究中有着重要的作用。

(一)教育观察法有助于研究课题的选择和形成

1. 发现教育现象，确定研究课题

教育观察法可以让研究者直接参与各种教育活动的过程，发现教育工作中存在的问题或值得研究的新现象。这能为研究者确定研究课题和方向提供依据。用教育观察法收集到的第一手资料，可以显示出某些教育问题或现象，能使研究者产生研究兴趣并选择相关课题。

2. 明确研究对象，精确研究问题

观察可以使研究者具体地了解研究对象，明确需要研究的关键对象。同时，观察可以帮助研究者聚焦核心问题，提出符合实际需求的精确的研究问题。

3. 认识变量关系，构建假设

通过观察不同的教育活动和过程，研究者可以发现变量之间的关系，这能为研究者构建科学假设和设计研究提供依据。观察获得的资料反映了变量之间的实际关联情况，有助于研究者提出假设。

(二)教育观察法有助于教育科学理论的提出和验证

1. 总结规律，建立理论

通过观察，研究者可以积累大量具体的第一手事实材料。通过对这些事实材料的归纳整理，研究者可以发现某些规律性特征，在此基础上研究教育科学理论。

2. 检验理论，扩展应用

研究者可以运用教育观察法对已有的教育科学理论进行验证，检验理论是否符合教育实际；通过观察结果可以拓展理论的适用范围，扩展其应用领域。

3. 提出问题，完善理论

研究者在教育观察过程中发现的新情况、新问题，可以推动研究者对已有理论进行修改或补充，使理论变得更加完善和科学。

综上所述，教育观察法通过直接观察提供第一手的教育事实材料，这为研究课题的选择与形成、教育科学理论的提出和验证提供了可靠的依据。教育观察法有助于提高教育研究的科学性。研究者应积极采用教育观察法，探索教育科学研究新领域，为教育实践提供科学指导。

五、对教育观察法的评价

对教育观察法进行全面评价，可以从教育观察法的优点和教育观察法的局限性两个方面展开。

(一)教育观察法的优点

1. 真实性强

教育观察法收集的是第一手资料，研究者通过直接观察获得教育活动的原始信息，不存在处理和修饰信息的可能，因此具有很强的真实性。这些真实可靠的观察资料是研究者开展教育研究的重要依据。

2. 具体性强

教育观察法要求研究者记录具体的教育过程，掌握大量真实的具体事实。这些具体事实有助于研究者深入分析问题，避免空洞。

3. 覆盖面广

通过多次观察，研究者可以获取广泛而全面的资料，覆盖教育活动的不同方面，为研究提供充分的信息支持。

(二)教育观察法的局限性

1. 主观性较强

教育观察容易受到研究者主观因素的影响，不同研究者的观察取向和记录方式存在差异，这影响了观察结果的客观性和可靠性。

2. 系统性不足

个别教育观察可能存在片面性，无法反映教育活动的全部内容，研究者需要通过大量观察才能构成一个系统、完整的资料体系。

3. 代表性有限

观察的时间和场所有限，收集到的个别资料不一定能代表更广泛的教育情况。这降低了观察资料的代表性。

4. 缺乏深入分析

教育观察法仅提供教育事实，而对这些事实的内在机制及其意义缺乏深入解读和科学推断。

5. 适用范围有限

教育观察法只适合用于研究可以直接观察的教育活动和过程，不适合研究难以观察的内在心理特征等。

综上所述，教育观察法具有获取第一手资料、内容具体丰富等优点，但也存在主观性较强和系统性不足等局限性。研究者应充分认识教育观察法的特点，发挥其优势，规避其局限性，与其他研究方法结合使用，以取得更科学和可靠的研究结论。教育观察法的科学运用，对于推进教育科研、促进教育改革具有重要意义。

六、使用教育观察法应遵循的原则

运用教育观察法，根本目的在于提高研究效率，保证观察结果的可靠性，使观察得到的经验事实材料与研究对象的客观事实尽量保持一致。

(一)目的性原则

科学观察与日常观察的区别在于前者是有目的、有计划地进行的。研究者要想在使用科学的观察方法——教育观察法时确保观察的有效性和科学性，就必须遵循观察的目的性原则。研究者必须按照研究目的设计出完整细致的观察方案，按照研究目的认真选择并确定观察范围、研究对象、环境条件、观察工具等，以使研究对象及研究过程全面、充分地暴露，从而获得大量真实、客观的资料。

例如，研究者要观察学生的学习态度和学习精神的现状，根据观察目的，可选择反映学生的学习态度和学习精神的主要指标进行研究，如求知欲、创造力、自强性、意志力、学习习惯等；还可选择能见度较高的典型指标进行研究，如时效性及主要的二级指标，并确定观察的时间与地点等。

(二)客观性原则

作为一种人所从事的科学研究活动，教育观察研究不可避免地会受到研究者的先入为主的偏见、无意过失和错觉等主观因素的干扰，从而影响观察的客观性和可靠性。因此，在教育观察研究中，研究者应坚持观察的客观性原则，要尽可能地从多方面观察事物，把握与客观对象有关的各种因素、各种关系和各种规定，如实反映现实客观情况，尽量避免带着主观感情色彩观察。只有这样，观察到的材料才能如实地反映客观事实。具体说来，坚持观察的客观性原则要求研究者注意以下几点。

第一，坚持在自然状态下进行观察。

当研究对象意识到自己被人观察时，容易产生"观察反应性"现象，即有可能改变自己的行为，做出某种不正常、不自在的反应。因此，只有在自然条件下，才能观察到研究对象真实的行为表现。最好是让研究对象不知道有人在观察他们。

第二，研究者要客观描述观察到的事实，避免产生偏见。

研究者应避免对研究对象的某一方面的好的或不好的印象进行主观评价，也不能只收集某些似乎能证明自己研究假设的观察材料，或利用自己的假设、已有的知识经验等去修正、补充观察结果。

第三，研究者要认清假象，有时要反复、细致地观察。

(三)全面性原则

教育是人类社会活动中较复杂的活动，教育活动的复杂性在于教育中各种因素有着千丝万缕的联系，要获得对教育问题全面、深入的认识、把握和理解，就必须坚持观察的全面性原则。只有全面观察事物，才能克服观察的片面性，如实反映客观事物的全貌，透过现象把握事物的本质。研究者要坚持观察的全面性原则，就要在实际的教育观察研究中做到如下几点。

第一，周密地、全面地观察和分析研究对象，把握与客观事物有关的各种因素、各种关系和各种规定。

第二，注重观察的系统性、连续性、完整性，不能随意中断。

第三，尽可能详细地记录观察资料，避免事后因没有记录而影响整体研究。

◇实战训练◇

单项选择题

　　下列不属于使用教育观察法应遵循的原则的是(　　　　)。

A. 目的性原则　　　　　　B. 客观性原则

C. 全面性原则　　　　　　D. 自觉性原则

【答案】D

【解析】使用教育观察法应遵循的原则中包括目的性原则、客观性原则和全面性原则，因此排除自觉性原则，故选 D。

七、使用教育观察法应遵循的基本要求

(一)观察要有客观性和典型性

研究者必须坚持观察的客观性，一定要采取实事求是的科学态度，不掺杂个人的偏见，只有这样，观察到的材料才可能是真实、可靠的。另外，所选择

的研究对象要有典型性，即在数量、层次等方面都要有代表性，避免以偏概全。

(二)掌握观察技术

研究者在观察之前要拟好提纲，设定观察的标准，准备记录表格，掌握速写符号。研究者在观察过程中要随时做好观察记录，及时处理观察的记录材料，将观察到的现象数量化、系统化和本质化，提高观察的信度和效度。

(三)记录的格式

记录的原则是清楚且有条理，便于以后查找。通常的做法是首先在笔记本的第二页上方写上研究者的姓名、观察的标题、地点、时间，然后在笔记本的每一页标上页码。笔记的段落不宜过长，每当一件新的事情发生、不同的人出现在现场、一个新的话题被提出来后，都应该另起一个段落。

(四)记录的语言

观察记录的语言要求尽可能具体、清楚、实在。这三个标准是相互关联的关系，做到了其一，便会影响到其二和其三。具体的语言会使记录的内容显得比较翔实；清楚的语言会使记录显得比较切实；实在的语言也会使记录的内容显得比较真实。

综上，调查研究中的观察要求达到如下几条标准。

第一，准确。得到的资料应符合研究对象的实际情况。

第二，全面。研究者要对观察项目有整体了解。

第三，具体。研究者要了解研究对象的细节。从某种程度上讲，细节决定成败。

第四，持久。因为得出观察结果要经历一个较长的过程，所以观察应是持久的。

第五，灵活。观察虽然有计划，但实际过程中可以根据情况予以调整。

第六，反思。在观察过程中，研究者要根据观察情况进行反思。

第二节　教育观察法的实施步骤

研究者运用观察法获取研究对象的资料，需经历一个复杂的操作过程。一般来说，做准备工作、实际观察、整理与分析观察资料是教育观察法的三大实施步骤。

一、做准备工作

(一)明确观察目的，确定研究对象和观察内容

研究者先要解决为什么观察和观察什么的问题，这一般是由研究课题决定的。例如，课题是"如何帮助学业表现不理想的学生"，要想研究该课题就需要对学业表现不理想的学生的学习状况进行观察。观察目的很明确，即先通过观察找到这些学生学业表现不理想的原因，再采取适当的措施帮助他们。

明确了观察目的，不等于就能开始具体操作，研究者还需要围绕观察目的确定具体的研究对象和观察内容。在这个例子中，研究对象是具体的人，研究者要弄清到底什么样的学生是学业表现不理想的学生；如果不能观察所有学业表现不理想的学生，那么要选多少学生；选哪些学生更有代表性。也就是说，研究者要解决选取什么样的观察样本的问题。

观察内容是研究对象一系列行为表现。在这个例子中，是哪些行为导致了学生的学业表现不理想呢？根据有关的教育教学理论，我们可以把决定学业表现的因素总结为学习动机、学习态度、学习能力、学习方法等，把这些作为观察的项目。每个项目还可以细化，如学习态度可以细化为学生的预习态度、听课态度、作业态度、复习态度、考试态度等。研究者想要知道学业表现不理想的学生的考试态度，可以从宣布准备考试开始，详细观察他们在备考、考试一系列过程中的行为反应。

总之，从课题研究的需要出发，明确观察目的，确定研究对象，细化观察内容项目，这一切在整个观察活动中起着定向作用。

(二)选择观察类型和途径

研究者应根据研究目的、研究对象和观察内容、观察条件等，选择适宜的观察类型和途径。例如，研究目的是建构理论，那么观察目的就多为获得定性资料，选择的观察类型就多为定性的、非结构的、开放的；研究目的是证明理论，那么观察目的就多为获得定量资料，选择的观察类型就多为定量的、结构

化的、封闭的。有条件与研究对象打成一片的研究者可采用参与观察法，没有这种条件的可采用非参与观察法等。

选择观察途径主要由研究者的情况决定。例如，研究者是教师，就可以选择上课、听课、参加学生各项活动及有意注意等途径进行观察。如果研究者是专职研究人员，就可以选择听课、有意组织某些活动、列席学校会议或召开座谈会、参观和检查等途径进行观察。

(三)设计实施方案

观察实施方案没有固定不变的模式，一般包括以下几方面的内容：研究课题，观察目的、任务，研究对象、范围(观察谁)，观察内容(要收集哪些资料)，观察地点(在什么地方观察)，观察方法、手段(选用什么观察方法，采用什么仪器设备；如何保持研究对象和情景的常态等)，观察步骤与时间安排(观察如何进行，包括观察的次数、程序、间隔时间及每次观察要持续的时间等)，以及其他(包括组织、分工和有关要求)。

设计观察实施方案总的要求是符合实际情况，考虑周密，条理清楚，明确具体，有指导性和可行性。如果研究者对观察活动不太熟悉，还必须先进行调查研究，甚至先进行预观察，在取得初步经验之后再设计实施方案。一份好的实施方案是观察活动获得成功的必要条件。参与观察的人员只有了解了观察活动的目的、意义、对象、方法后，才能照着方案去做，进而完成观察任务。当然，方案在执行过程中也不是绝对不变的，有时在实际观察中发现了新情况、新问题，或原定的观察方案不符合实际，也可以根据需要对原方案做适当的补充与调整。

(四)做好观察前的准备

从广义上说，进入现场实施观察之前的一切工作，包括制订观察计划都属于观察前的准备。下面所说的主要指实施观察前的一些技术准备。

第一，查阅有关资料，熟悉研究对象的有关情况。

第二，备好观察所需的仪器，如摄像机、照相机、录音机等，有的还需要提前检查和安装仪器。

第三，设计并印制好记录表格等。

第四，对观察人员进行培训，让他们掌握观察全过程的技术要领，以保证观察活动顺利进行。

二、实际观察

实际观察是指研究者前往研究现场，通过自己的感知和观察，记录下研究对象的行为、情况。研究者前往选定的场景实地观察，应注意保持客观、中立的态度，不要对情境进行干预；在观察过程中，及时记录研究对象的行为、情况，可以使用记录表或工具进行分类和记录。

研究者在实际观察中要注意以下几点要求。第一，在观察过程中，不要受到主观偏见的影响。第二，避免干扰研究对象，即尽量避免干扰研究对象的正常活动，让他们保持自然状态。第三，保护隐私和权益，即注意保护研究对象的隐私权，不要记录敏感信息或暴露个人隐私。第四，注意时间和地点，观察时选择合适的时间和地点，确保它们对研究对象的行为产生最典型的影响。第五，记录时要准确详细，包括行为的细节、情境、背景等，以确保所获得的数据有足够的信息量。第六，反思和审视，观察后及时反思，检查观察记录的准确性和完整性，必要时可以进行补充或修正。

三、整理与分析观察资料

整理与分析观察资料是研究过程中至关重要的一环，这可以帮助研究者从大量的原始数据中提炼出有意义的信息和结论。以下是整理与分析观察资料的步骤。

(一)收集观察资料

研究者需要根据研究目的和课题进行实地观察，记录下研究对象的行为、情况等原始数据。

(二)整理观察资料

整理观察资料的工作包括对数据进行分类，将相似的数据归在一起，便于后续的分析；检查数据的完整性，确保没有遗漏或缺失的数据，保证数据的准确性和完整性；写下观察记录摘要，以便于撰写报告。

(三)数据编码与分类

为了便于分析，研究者可对观察数据进行编码，将观察数据转化为可量化的形式。同时，可根据研究问题进一步分类和分组。

(四)建立分析框架

研究者可根据研究问题，建立一个适当的分析框架，明确需要关注的变量和维度。

(五)数据统计与描述

研究者可利用统计方法对数据进行描述性统计，包括平均数、频次、分布情况等，以便了解数据的基本特征。

(六)进行比较与关联分析

研究者可根据研究问题，比较不同组别或变量，寻找它们之间的关联或差异。

(七)提取主要发现

研究者可根据分析结果，提取主要的发现和结论，回答研究问题。

(八)编写研究报告

研究者可将观察资料整理和分析的结果以清晰、准确的方式呈现在研究报告中，包括文字描述、图表、统计指标等。

【案例】

研究题目：中小学教师课堂互动方式的观察研究。

研究目的：本研究旨在深入了解中小学教师在课堂教学中采用的互动方式，以及这些互动方式在不同教学环境下的应用情况，为提升中小学教学质量提供参考。

1. 整理观察资料

在一所九年一贯制学校中，我进行了一周的实地观察，记录了教师在课堂上的互动行为。观察表格包括了以下信息：日期和时间、互动内容(提问、回答、鼓励等)、参与学生的姓名、互动持续时间。

2. 数据编码与分类

将互动内容进行编码，提问的编码为 QA，回答的编码为 AR，鼓励的编码为 EC。按照互动内容进行分类，以便于分析。

3. 建立分析框架

设定以下应关注的变量：教师互动的频率和类型、不同学科教师的互动方式的差异、不同年级教师的互动方式的差异、教学环境对互动方式的影响。

4. 数据统计与描述

对观察数据进行描述性统计：教师总共进行了几次提问，平均每次持续几分钟；教师总共进行了几次回答，平均每次持续几分钟；教师总共进行了几次鼓励，平均每次持续几分钟。

5. 比较与关联分析

比较不同学科教师互动的频率和类型，比较不同年级教师的互动方式，分析教学环境（大班课、小班课）对教师互动方式的影响。

6. 提取主要发现

数学教师更倾向于提问，语文教师更注重回答环节；初中阶段教师的提问频率高于小学阶段；在大班课环境下，教师更倾向于进行集体性互动。

7. 编写研究报告

根据分析结果撰写研究报告，结合图表和统计数据进行详细阐述。

第三节　记录方法与观察记录代码系统

一、记录方法

记录是教育观察中至关重要的一环，能够帮助研究者准确地捕捉研究对象的行为、反应，为后续的分析提供可靠的数据基础。

(一)描述记录法

描述记录法是教育观察中常用的记录方法，它具体表现为以下三种形式。

1. 日记描述法

日记描述法又称儿童传记法。研究者可通过日记的形式记录研究对象的行为、情感、活动等信息。日记可以分为以下两种类型。

第一种类型是客观性日记，强调以具有客观性、事实性的语言描述研究对象的行为和情况，避免主观评价和解释。

第二种类型是主观性日记，研究者可以在描述的基础上加入自己的理解、评价和感受，但需要注意保持客观性。

2. 逸事记录法

逸事记录法主要记录特定事件或情境下的具体行为、言语或互动，从而获取对研究对象特质、态度或行为模式等方面的了解。这种方法通常关注事件的具体细节和背景。

3. 连续记录法

连续记录法指在一段时间内持续不断地记录研究对象的行为和情况。与间断记录相比，连续记录能够提供更为细致和全面的数据，需要投入更多的时间和精力。

(二)取样记录法

取样记录法是一种常用的数据收集方法，它是通过在特定的时间、事件或活动发生时进行观察和记录，以获取有关研究对象的行为、情况或特征的信息。取样记录法可以帮助研究者系统地捕捉研究对象的行为模式，从而为后续的数据分析和研究结论提供可靠的基础。这种方法适用于需要对研究对象的行为进行全面、深入观察的情况，研究者可记录特定的时间点、事件或活动。取样记录法包括时间取样法、事件取样法、活动取样法等不同的记录方式，每种方式都有其适用的场景、优点、局限性。

1. 时间取样法

时间取样法是一种按照事先设定的时间间隔进行观察和记录的方法。假设研究者希望研究学生在一周内参与体育活动的情况，可以使用时间取样法来进行观察，在一周内的特定时刻记录学生参与体育活动的情况，如观察学生是否在课间参与了体育活动。通过一周内的多次观察，研究者可以得到关于学生参与体育活动情况的详细数据，从而进行后续的分析。

(1)优点

客观记录：时间取样法可以提供客观的记录，不受研究者的主观偏好的影响。

全面了解：通过合适的时间间隔，可以全面了解研究对象的变化情况。

（2）局限性

如果选择的时间点不恰当，时间取样法可能会漏掉一些重要的活动或事件。

（3）注意事项

确定合适的时间间隔：确保所选择的时间间隔能够覆盖到研究对象活动的关键时刻。

保持客观性：在记录时，保持理性，避免受到个人主观偏好的影响。

保持一致的记录方式：在观察过程中，保持一致的时间间隔，以保证数据的准确性和可比性。

2. 事件取样法

事件取样法是一种在特定事件发生时进行观察和记录的方法。假设研究者希望研究中小学生在校外活动时的社交互动情况，就可以使用事件取样法来进行观察。研究者可以选择学生参与校外活动的特定事件，如集体游览、户外运动等，记录他们在这些事件中的社交互动情况，通过多次观察不同事件，得到丰富的数据，从而进行后续的分析。

（1）优点

深入了解特定事件：可以深入了解特定事件的细节和背景，包括参与者、情境和互动方式。

抓住重要行为：可以抓住特定事件对研究对象行为的影响，得到有关社交互动的具体信息。

（2）局限性

事件取样法可能会忽略掉在特定事件发生时以外的重要活动。

（3）注意事项

明确定义特定事件：确保对所研究的特定事件有一个清晰的定义，以便在实际观察中准确地识别和记录。

选择适当的观察时机：确保在特定事件发生时有足够的时间和机会进行观察，以获取全面的信息。

保持客观记录：在记录时，保持中立，避免个人主观评价和解释。

3. 活动取样法

活动取样法是一种以活动为选择标准的记录方法。假设研究者希望研究中小学生在课堂教学活动中的互动情况，可以使用活动取样法来进行观察。研究者可将学生在课堂中的不同活动作为观察的对象，如个人阅读、小组讨论、全班合作等，记录每种活动的出现次数和持续时间，通过多次观察不同活动，获得关于学生参与课堂教学活动的详细数据，为后续的分析和研究结论提供基础。

（1）优点

聚焦于特定活动：能使研究者从特定活动入手，深入了解研究对象在这些活动中的参与情况。

提供详细信息：可以获取每种活动的出现次数和持续时间，为后续的分析提供详细的数据。

（2）局限性

活动取样法可能会忽略掉在所选择的活动之外发生的重要活动。

（3）注意事项

明确定义不同活动类型：确保对于所研究的不同活动类型有一个明确的定义，以便在实际观察中准确地识别和记录。

保持客观记录：在记录时，保持公正，避免个人主观评价和解释。

◇**实战训练**◇

单项选择题

下列不属于取样记录法的是（　　）。

A. 时间取样法　　B. 事件取样法　　C. 活动取样法　　D. 性别取样法

【答案】D

【解析】取样记录法主要关注时间、事件、活动，故选 D。

(三)行为检核法

行为检核法是一种通过编制行为检核表，以明确的标准和判定规则记录研究对象的行为的方法。假设研究者希望研究中小学生在课堂教学中的听讲行为，可以使用行为检核法来进行观察。研究者可以列出一些与听讲行为相关的具体项目，如坐姿端正、专心听讲等，然后在课堂教学中进行观察，根据标准对学生的听讲行为进行记录。通过多次观察，研究者可以得到关于学生听讲行为的详细数据，为后续的分析和研究结论提供基础。

行为检核法的优点如下。

标准化记录：行为检核法可以提供标准化的记录方式，使研究者能够根据明确的标准进行记录，减少主观偏好的影响。

便于比较：通过行为检核表，研究者可以方便地比较不同研究对象在不同时间段或不同情境下的行为。

行为检核法的局限性如下。

行为检核法可能会忽略一些细节，因为它通常只能记录预先设定的行为项目。

使用行为检核法的注意事项如下。

明确定义行为项目：在编制行为检核表时，应确保对于所研究的行为有一个清晰的定义，以便在实际观察中准确地识别和记录。

接受训练：为了保证记录的准确性，研究者要接受充分的训练，从而能够根据行为检核表进行记录。

(四)频率计数图示法

频率计数图示法能用图示方式展示频率分布的情况。它通常用于展示某一事件或行为在不同条件下发生的次数或频率，以便研究者直观地比较各个条件之间的差异，具体步骤如下。

第一，确定要观察的事件或行为，即明确研究对象及所要比较的条件。

第二，设定记录时段或条件，如在特定的时间段内或在特定的情境下进行观察。

第三，记录频率，在设定的时段内或条件下，记录每个事件或行为发生的次数。

第四，绘制示意图，将在各种条件下产生的事件或行为用图的方式(如柱状图或折线图等)呈现出来。

第五，添加标签和注释，以便清晰地展示数据的情况和比较结果。

通过频率计数图示法，研究者可以直观地看到不同条件下事件或行为的发生情况，从而更容易进行比较和分析。这种方法特别适用于需要对事件或行为发生的频率进行展示和比较的情况，如教育研究中的课堂行为观察、学生参与情况等。

(五)清单法

清单法能记录和描述研究对象的行为或事件。它通常用于详细描述和记录一系列特定的行为或事件的情况，以便后续分析和研究，具体步骤如下。

第一，确定要观察的行为或事件，明确要观察和记录的具体行为或事件，以及所关注的方面。

第二，设计清单，根据所确定的行为或事件设计清单，列出需要记录的每个具体行为或事件项目。

第三，进行观察和记录，在实际观察过程中，逐一记录每个具体行为或事件的发生情况，包括时间、地点、参与者等相关信息。

第四，整理和分析数据，对记录的数据进行整理和分析，可以通过统计频次、时长等方式，得到有关行为或事件的详细信息。

清单法适用于需要详细描述和记录特定行为或事件的情况，如在教育研究中观察学生的课堂行为、评估特定活动的效果等。通过清单法，研究者可以获得丰富的数据，为后续的分析和研究提供基础。

二、观察记录代码系统

(一)观察记录代码系统的概念

观察记录代码系统是一套用于标记、分类和记录研究对象行为或事件的符号、数字或文字体系，能使研究者准确、快速地记录所关注的信息。

(二) 观察记录代码系统的功能

第一，标准化记录。通过代码系统，研究者可以实现对研究对象行为或事件的标准化记录，减少主观评价的影响。

第二，便于比较。通过代码系统，研究者可以方便地比较不同时间段内或不同情境下的行为或事件。

第三，方便数据分析。代码系统可以为研究者后续的数据整理、统计和分析提供基础，使得观察数据更易于处理。

(三) 观察记录代码系统设计的原则

第一，明确。代码的含义和使用方法应该清晰明了，避免歧义和混淆。

第二，全面。代码系统应该覆盖所有需要记录的行为或事件，保证全面性和完整性。

第三，简洁。代码应该简洁易记，避免过于烦琐的设计。

（四）观察记录代码系统设计的方法步骤

首先，明确需要记录的行为或事件的种类和范围。

其次，为每种行为或事件分配一个唯一的代码或符号。

最后，设计一个清晰的代码说明手册，以便研究者能够准确地使用代码系统。

总体来说，设计观察记录代码系统有两方面的工作：确定记录对象和行为，确立清晰的代码系统。

（五）常用的观察记录代码系统

常用的观察记录代码系统有如下两种类型。

1. 数字型代码系统

优点：具有明确的顺序和层次，便于数据整理和分析。

缺点：可能受限于数字的数量和范围。

2. 符号型代码系统

优点：可以使用符号、字母等更灵活的方式进行编码。

缺点：可能需要更多的学习和记忆成本。

第四节　定性观察法

在了解了观察法的一般概念和观察研究的一般过程之后，研究者就可以尝试着使用观察法开展研究工作了。因为不同的研究目的会形成不同的观察目的，所以在实际使用观察法进行教育研究时，运用的具体方法也有所不同。如果研究者所要收集的资料不是限定在预定的观察范畴或类别里的，那么就要对研究对象做全面的了解，并且力图从当事人的视角来获得资料，即应当选择定性观察法。

一、定性观察法的概念

定性观察法是一种常用的研究方法，其主要目的在于对研究对象的行为、所处情境、交往活动等进行详细的描述和解释，以了解其内在的含义、特征和模式。与定量研究侧重于数值分析不同，定性研究更注重对现象的深入理解和解释。

在做定性观察时，研究者通常以自然环境为研究场景，利用直接观察和记录来获取数据。定性观察法的要点在于描述和理解研究对象的行为、态度、言语等，以形成丰富的文字材料。

二、定性观察法的基本类型

(一)日记观察法

日记观察法指研究者要求研究对象在一段时间内，根据指定的内容或主题自行记录相关的信息、感受，形成日记或记录，反映其内在感受和真实的个体体验。例如，假设研究者对一名小学生的学习动机进行研究，要求该生在每天回家后，记录下自己当天的学习心情、学业表现等信息，以便了解该生的学习动机和学习情感。

日记观察法可以获得一段时间内的连续记录，具有较强的时序性；可以减少研究者的干预，保持研究对象的自然状态。但是，日记观察法依赖于研究对象的记录能力和主动性，可能会存在遗漏或不完整的情况，需要研究者花费一定的时间来整理和分析大量的数据。由于记录内容受个体主观影响，因此可能存在主观评价的倾向。

(二)逸事观察法

逸事观察法指研究者通过对个别事件进行深入观察和描述，了解事件的背景、参与者的行为等。例如，研究者用逸事观察法对一名教师进行观察，记录下了课堂上教师与学生进行讨论的情景，包括教师提出问题的方式、学生回答问题的情况等。又如，研究者选择了几个典型的社交事件(小组活动、课间交流等)，对学生的行为、态度、互动方式进行深入观察和描述。

逸事观察法可以深入了解特定事件的细节，有助于研究者把握事件的背景和情境，掌握具体案例。但是，逸事观察法受到观察主题的限制，可能会忽略其他重要信息。在研究一些复杂事件时，使用逸事观察法难以全面记录所有参与者的行为和互动情况。

(三)事件翔实观察法

事件翔实观察法就是研究者针对特定事件进行详细观察和记录，包括事件的发生时间、地点、参与者的行为和情境等细节。例如，研究者对一所学校发生的某一事件进行观察，详细记录了事件的发生经过、参与者的行为以及校园环境等方面的情况。

这种方法可以提供事件的详细信息，有助于研究者全面了解事件的各个方面，通过翔实的描述，研究者可以还原事件的发生情景。但是可能会因为过于关注该事件，而忽略了其他可能重要的信息。对于一些涉及多方参与的事件，整理和分析数据可能会较为烦琐。

这三种定性观察法都要求研究者对事件和行为进行详细的观察和记录，但它们又有所不同，各种方法所强调的着重点不同。日记观察法是在较长时间内，对行为事件做详细记录，有相关背景和情节。逸事观察法是对研究者认为的典型的有价值的事件进行记录的方法。事件翔实观察法则是在一段时间内对某一事件或行为做连续的、完整的记录，强调事件或行为的前因后果。

三、定性观察法的运用

(一)日记观察法的运用

1. 研究者必须时时做有心人

从日记观察法的运用条件来看，在教育实践中似乎人人都可以成为研究者，都可以借助于此类方法在研究上获得成功，但是事实并非如此。其原因就在于，并非人人都是有心人，可能一些人借助于日记观察法取得了教育研究上的发现，而另一些人面对近在咫尺的材料却一无所获。有时，即使研究者知道自己在运用日记观察法进行观察研究，也不能保证获得科学研究上的发现。这是因为粗心的研究者往往会忽略有用的资料。

2. 研究者必须持之以恒

运用日记观察法需要韧性。在实际的教育研究活动中，有一些教育研究者想运用日记观察法做观察研究。他们在进入教育工作岗位之后，开始写教育日记，但最终没有成功，原因就在于没能坚持下去。

3. 在运用日记观察法进行观察时，要有明确的目的

研究者若有了明确的目的，决心做个有心人，坚持不放过任何一个机会，就可能得到某些重要的资料。

4. 运用日记观察法记录应"同步记录"与"事后记录"并重

"同步记录"就是在观察的同时进行记录。"事后记录"就是事后根据印象把观察的情况记录下来，以防丢失有价值的资料。

5. 观察所获资料的类型

观察所获资料有两种类型：一是用感官所感受到的东西，二是对所观察到的客观事实意义的理解或解释。

6. 分析处理日记观察法所获资料

分析处理日记观察法所获资料有两种方式：如果研究是没有先例的，那么就要对前人尚未获得的资料进行类推、归纳、概括，从而揭示有关研究对象的具有普遍性的理论，如皮亚杰的关于儿童认知发展模式的发现；如果研究是依据已有的理论模式进行验证的，那么就可以将研究结果与已有的理论模式加以对照，从而找出是否有新的发现，是否可以修正或补充已有的理论模式。

7. 运用日记观察法进行观察的建议

运用日记观察法进行观察需要较长的时间，但是究竟需要多长时间并没有一个确定的说法。实际上就个体研究来说，只要满足了一个生活周期的要求，就可以运用日记观察法来进行观察。因此，研究者可以拟一个以一个月为生活周期的研究课题，运用日记观察法进行观察研究。譬如，学校的新生入学后的第一个月是熟悉新生活的阶段，研究者可以选择一个对象，做一个月的观察研究，开展资料的收集工作。

(二)逸事记录法的运用

运用逸事记录法，需要研究者有敏感性，能及时发现日常生活中所看到的

有研究价值的资料并进行记录。研究者的敏感性源于愿望。一个有着发现问题这类愿望的研究者，可能会及时抓住"转瞬即逝"的资料。研究者在记录逸事时，可运用逸事记录表（如表 5-1 所示）。

表 5-1　逸事记录表

研究对象	小红
研究时间	××××年 3 月 15 日
研究者	王老师
观察到的情况	在数学课上，小红一直专心致志地做着课堂练习，动作迅速，没有任何分心的迹象。她不时会抬头看一下黑板，然后迅速定睛在自己的作业本上。当我走近她的座位询问她的进度时，她展示给我一个完全正确的答案，显示了她对课堂内容的深刻理解和掌握程度。
解释	小红在数学课上展现了极好的学习态度和极高的专注力，她能迅速地理解并应用所学的知识。这次观察让我更加了解了小红的学习。

因为逸事记录法的步骤和要求不那么严格，所以所获资料不够深入全面，不足以作为充分支撑某种理论模式的论据。另外，究竟哪些行为是有价值的，哪些行为意义不大可以不记，记录时用什么词语描述，是否带有主观成见等，都由研究者自己决定，因此，采用逸事记录法进行观察活动对研究者自身的素质要求较高。

（三）事件翔实观察法的运用

研究者要做到客观、翔实，就必须真正全面地获得有关研究对象的资料。要做到这一点，研究者就需要与他人合作，需要借助一定的观察手段来记录资料。

采用事件翔实观察法观察需要做好计划。在一段时间里怎样进行观察，分哪几个步骤进行，均应做好计划。

在运用事件翔实观察法时，研究者要对研究对象做连续不断的记录，尽可能地把各种能够观察到的材料记录下来。若用文字记录，可用事件翔实观察记录表。事件翔实观察记录表可分背景性信息和主体内容两部分。背景性信息主要包括研究对象、观察时间、观察地点和观察事件等。主体内容包括对观察到的事实的描述和对事实的解释（如表 5-2 所示）。

表 5-2 事件翔实观察记录表

研究对象	姓名		性别		年龄		年级	
观察时间								
观察地点								
观察事件								

对观察到的事实的描述	对事实的解释

事件翔实观察法所获资料比较丰富完整,因此研究者可据此获得有价值的发现,其资料处理方式与日记观察法相同:第一,深入揭示观察材料所蕴含的意义,做出理论性解释;第二,根据一定的理论假设,用观察资料进行验证。定性观察记录中非常重要的部分是解释,即根据有关研究对象的材料做出科学的解释,这是定性观察的核心。在定性观察记录中做恰当的解释,是研究获得可靠结论的基础。解释需要注意两点:第一,解释需要有理论眼光,否则很难做出科学的解释;第二,解释要紧扣描述的事实情况,不能不着边际,否则解释就是毫无意义的。

第五节 定量观察法

在西方实证的教育研究传统中,量化研究长期以来占了主要的地位。20 世纪 80 年代以来，教育研究中的定性研究方法逐步在教育学术研究中得到广泛应用并成为教育研究中的一类重要方法。但我们仍需注意，量化研究依然能体现出实证研究的精神和本质。例如，定量观察法可观察和记录学生的学习行为、学习动机、学业表现等。通过定量观察，研究者可以研究教学方法、教育政策对学生学习成果的影响。

定量观察和定性观察对应着不同的研究过程。定量观察有其实证研究的基础。与定性观察相比，定量观察的研究设计更倾向于结构化和规范化。定量观察的结果通常是由大量的数据来表示的，观察设计是为了促使研究者比较和分析数据进而做出有效的解释。

一、定量观察法的概念

定量观察法指运用事先设计好的定量的、结构化的记录方式进行观察的方法。研究者要确定需要观察的行为或事件的类别、观察的对象、观察的时间单位等。定量观察在西方多被称为结构观察或者系统观察。定量观察法具有以下基本特征。

(一)所获资料是数据

所谓定量观察，即观察所获资料是可以进行定量分析的。通常，只有有了数据才能进行定量分析。因此，进行定量观察，所获资料必须是数据。这是定量分析与定性分析在所获资料方面的不同之处。

(二)具有结构性或封闭性

所谓结构的观察，指这种观察的实施遵循比较严格的系统和规范，采取一定的抽样方法，能够对所属的总体做出推断。所谓封闭的观察，指观察所要获得的信息是事先预定的或选定的。

(三)研究对象是变量

"变量"本是自然科学研究中使用的一个术语，指可以取不同数值的量，如物体运动所经过的距离是一个变量。在社会科学研究中，研究者也会使用"变量"这个术语，通常是在用定量的方法进行研究或者说采取数学的方式来揭示事物的规律时使用。社会科学研究(包括教育科学研究)中的"变量"的含义与自然科学中的基本相同，也是指数量的变化。但社会科学中的变量与自然科学中的变量又有所不同，其主要区别在于：自然科学中的变量，往往是可以直接观察的；而社会科学，包括教育科学研究中的变量往往不能直接观察到，具有抽象性和间接性。例如，研究者要研究学生的学习能力，学习能力是一个变量，但这个变量不能直接被人看到，是人的一种内在品质，具有抽象性，研究者只能通过了解学生的学业表现间接获得。因此，在做定量研究时，把握变量是比较困难的。

(四)以理论假设为前提

定量观察总是以一定的理论假设为前提，它是一种验证性的研究。这是因为观察、记录的是对象变化的"量"，所以在观察前，必须清楚要观察什么、怎样进行观察、怎样做观察记录等。所有这些，都是在对研究对象做某种理论分析的基础上形成的。这不同于定性观察，定性观察可以以一定的理论假设为前提进行验证性的研究，也可以没有理论上的假设，直接从观察所获得的资料中形成某种理论假设，取得研究成果。

(五)可用于较大样本的研究

定量观察法可用于较大样本的研究主要表现在以下两方面。一是定量观察本身注意的往往不是个体，而是一定总体的普遍特征，有可能同时关注较多的样本。它不同于定性观察，定性观察的对象往往是个体，要对个体做详细的观察，不可能关注较多的样本。二是定量观察往往运用统计的方式处理资料，通过样本的情况来推断样本所属总体的情况，这就要求样本必须具有一定的代表性。因为样本的容量越大，其代表性就越强，所以，在定量观察中，研究对象的数量往往比较多。

二、定量观察法的基本类型

研究者利用定量观察法可对研究对象进行系统观察和记录，进而收集和分析数量化的数据。常用的定量观察法包括检核表法、时间取样法和事件取样法。

(一)检核表法

检核表法是一种通过设计检核表，根据预先设定的指标对研究对象进行观察和记录的方法。研究者根据检核表中的项目，判断研究对象是否满足指定的条件，并将结果进行记录和统计。

1. 特点

系统性：研究者利用具体的检核表，能使观察过程有条不紊、有组织地进行。

标准化：研究者利用事先设计的检核表，能对研究对象进行标准化的观察和记录，从而提高观察的客观性和可比性。

定量化：研究者可利用检核表将观察结果转化为数量化的数据，便于统计和分析。

2. 优点

可重复性：检核表法的观察过程具有一定的可重复性，不同研究者在相同条件下可以得出相似的观察结果。

易于分析：观察结果经过数量化处理，便于进行统计和分析，能揭示研究对象的特征和规律。

相对客观：通过标准化的观察和记录，可以减少主观因素对观察结果的影响，提高观察的客观性。

3. 局限性

主体性限制：研究者对指标的理解和判断可能存在差异，影响观察结果的一致性。

信息的片面性：检核表法只能观察指定的项目和指标，可能会忽略研究对象的其他重要信息。

时间和工作量的限制：设计和使用检核表需要一定的时间，对大样本或长期观察的研究可能不太适用。例如，使用检核表法观察幼儿在幼儿园教室中的行为表现。在设计检核表时，应注意安静程度、合作表现、注意力集中等指标，研究者还应根据实际情况对每个指标进行判断并记录。

(二)时间取样法

时间取样法是一种在设定时间点对研究对象进行观察和记录的方法。研究者可在设定的时间点对研究对象的状态、行为等进行观察，并将结果进行记录和统计。

1. 特点

定时观察：在设定的时间点进行观察，可以获得研究对象在不同时间点的状态和行为。

全面性：通过多个时间点的观察，可以全面了解研究对象的变化和发展趋势。

相对简便：相比于连续观察，时间取样法的观察时间较短，研究者的工作量相对较小。

2. 优点

经济高效：利用时间取样法，在相对较短的时间内可以观察到多个时间点的情况，具有较高的经济性和效率。

全面性：通过在不同时间点的观察，可以获取研究对象在不同情况下的信息，有助于全面了解研究对象的特征和变化。

3. 局限性

代表性限制：研究对象在不同时间点的状态可能存在差异，利用时间取样法所获的信息可能无法完全代表研究对象的整体情况。

时间因素的影响：时间取样法只能观察到设定的时间点的情况，无法获取研究对象在其他时间点的变化情况。

研究者的选择：研究者在选择观察时间点时可能会受到主观因素的影响，可能存在观察偏差。

示例：使用时间取样法观察学生在一天中不同时间点的学习动力。研究者在早晨、中午和下午各选取一段固定时间进行观察，记录学生的学习态度、专注程度和参与度。

(三)事件取样法

事件取样法是一种观察和记录特定事件发生的次数和情况的方法。研究者根据预定的事件定义，在观察期间记录特定事件的发生次数和相关特征。

1. 特点

事件关注：研究者可关注特定事件的发生，通过观察事件的频率和特征来了解研究对象的行为和情况。

重点观察：研究者将注意力集中在特定事件上，可以深入观察、记录事件的细节和变化。

相对灵活：根据研究需求设定特定事件，研究者可以根据实际情况进行观察和记录。

2. 优点

重点关注：可以集中观察特定事件，有助于深入了解该事件的发生规律和特征。

灵活性：研究者可以从研究需求出发设定特定事件，根据实际情况灵活调整观察和记录的方式。

3. 局限性

事件定义的主观性：用事件取样法获得的观察结果可能受到事件定义的主观因素影响，定义的不准确性可能导致观察结果的偏差。

事件选择的局限性：用事件取样法只能观察和记录预定的特定事件，可能忽略其他重要的事件或行为。

研究者的主观判断：研究者对事件的判断和记录可能受主观因素影响，观察结果的一致性可能受到影响。例如，使用事件取样法观察公园中的垃圾丢弃行为。研究者设定"将垃圾丢弃在垃圾桶内"为特定事件，记录特定事件发生的次数和垃圾丢弃的情况（如是否分拣、是否随地丢弃等）。

三、定量观察法的实施

(一)检核表法的实施

根据前面的定义可知，检核表法的实施，关键在于设计检核表。因此，运用这种观察方法，应在观察之前设计检核表。

设计检核表，一般有如下三个步骤。

第一，列出主要项目，即确定所研究的问题包括哪些内容，每项内容有哪些方面的表现。

第二，根据主要项目分解出具体项目，即从每项主要项目中分解出更具体的项目——各类行为的详细表现。例如，研究者可具体解释"学生对几何图形的认识"这一主要项目：当教师说出圆形、三角形、正方形、长方形等几何图形的名称时，学生能否正确指出。

第三，制表，即把经过细化的行为表现根据观察的需要并按一定的逻辑顺序进行排列，然后编制表格。例如，可按照难易程度或字母顺序编制表格。

◇实战训练◇

单项选择题

用于核对某些重要行为是否得以呈现的方法是(　　)。

A. 日记观察法　　B. 逸事观察法　　C. 事件翔实观察法　　D. 检核表法

【答案】D

【解析】题干强调的是定量观察，故选 D。

(二)时间取样法的实施

第一，明确观察目的，确定研究对象。

第二，选择目标行为并进行分类，且严格规定操作性定义，即对需要观察的行为做详细的说明、规定，确定每个行为或现象的测量和观察记录的客观标准。

第三，设计和编制适当的记录表格。

第四，制订观察实施计划，包括确定总的观察时间，如持续观察 2 周；确定观察时段，如每天上午定时对每名学生观察 10 分钟；人员安排及如何记录等。

第五，观察并做好记录。

第六，对记录资料进行整理，根据观察时段出现预先确定的行为表现的次数和情况去推测研究对象的一般行为表现。

使用时间取样法的关键在于预先给所要观察行为或现象下操作性定义，以及给各种行为或现象编制记录代号，并精心设计好记录表格。

采用时间取样法进行观察时，研究者对于预先确定的行为表现必须熟记于心，以便观察时操作，避免记了多余的行为表现或漏记了该记的行为表现。由于这种行为是预先确定的，因此在记录时也可以不记录行为表现的具体过程，只记录行为表现出现的次数等,简化观察过程,同时也便于分析处理资料。因为这种方法省时、简便、科学性强,所以是目前使用得较多的方法。此法的不足之处是仅适用于观察那些经常发生且时间又比较短的行为。因为不经常发生的行为可能在一些时段内不出现,所以时间较长的行为可能在一个时段观察不完,如内隐行为中的心理活动等就不易观察。

(三)事件取样法的实施

运用事件取样法,研究者需要等待所选行为、事件的出现,然后及时做记录。因此,在运用时要注意两点。

第一,观察前,确定所要研究的行为或事件,确定记录哪些事件的发生发展过程,并确定所需记录的资料种类与记录形式,绘制出相应的记录表格,如学生争执事件记录表(如表 5-3[①] 所示)。

表 5-3　学生争执事件记录表

学生	年龄	性别	争执持续时间	发生背景	行为性质	做什么、说什么	结果	影响

第二,观察时,只要预定的行为或事件一出现,就要立即记录,并可以伴随事件的发展持续记录。

四、定量观察法的基本要求

从上面的分析中我们可看到,不同的定量观察法在操作时既有相同之处又

---

①　陶保平:《学前教育科研方法》,100 页,上海,华东师范大学出版社,1999。

有不同之处，为了更好地使用这类方法，我们把在使用时要共同遵循的基本要求再做简要说明。

(一)确立假设

定量观察以一定的理论假设为前提。在进行定量观察之前，研究对象已经被研究者置于一定的理论框架之中，研究对象的属性已经为理论的概念或范畴所把握。如观察学生的"攻击性行为"，这一概念是儿童社会性发展理论中的问题。因为定量观察以一定的理论假设为前提，所以定量观察的数量化处理，才能抽象出社会行为的数量化模式。

(二)给概念下操作性定义

操作性定义就是用具体的、可感知的或可度量的事物、事件、现象详细说明和规定所研究的行为或活动，使之容易被识别、测量和描述。下操作性定义的目的是使不同研究者的记录趋于一致。例如，一项观察"学生课堂问题行为"的研究，将学生的问题行为分为外显性行为(极易被教师和学生发现并造成一定影响的行为，主要表现为大声说话或制造噪声打断教学，与同学在教室内争吵、打架，在课桌周围过度活动等)和内隐性问题行为(不易被教师和学生及时发现，目前尚未对他人造成明显影响的行为，如上课不认真听讲、看课外书、吃零食、做其他学科作业等)。

研究者要正确、科学、全面地定义行为并不容易。首先要查找有关资料，准确理解研究对象的内涵。其次要分析可以从哪些方面加以研究，要描述外显行为的具体表现，并且要将初步确定的操作性定义运用到实践中，检验是否合理可行。

(三)设计观察清单

观察清单是一种系统化的工具，用于记录研究者在实地观察中所关注的特定项目或行为。它通常包括一系列可勾选或填写的项目，以便研究者能够有针对性地记录研究对象的行为、特征或情况，如中学生课堂行为记录表(如表5-4① 所示)。

---

① 杨晓萍：《教育科学研究方法》，75 页，重庆，西南师范大学出版社，2006。

表 5-4　中学生课堂行为记录表

学校＿＿＿＿＿＿　　　年级＿＿＿＿班＿＿　学生姓名＿＿＿＿

教学科目＿＿＿＿＿　教师＿＿＿＿＿　　　记录者＿＿＿＿＿

日期＿＿＿＿＿＿

行为类型		记　录		
		出现秩序	持续时间	出现频率
学习行为	听讲			
	举手回答问题			
	举手提出问题			
	到讲台前示范			
	做课堂练习			
	做操作实验			
	其他			
非学习行为	与邻座讲话			
	看课外书			
	做小动作			
	看别人或别处			
	擅自离开座位			
	和别人打闹			
	其他			

注：出现秩序以 1，2，3，4 等序数字表示。

研究者应该从实际出发，依据不同的研究目的和观察类型，编制出科学的观察记录表。例如，若采用时间取样观察法，则应对特定时间内的研究对象可能出现的行为事件做尽可能全面的预计，并设计在记录表内。

(四)遵循一定的抽样原则

定量观察要通过建立数学模型来揭示事物的规律。既然要揭示规律，那么就应当反映事物的普遍性。这就要求观察样本具有普遍意义上的代表性。要想样本具有代表性，就必须以科学抽样的方式从总体中抽取样本。

(五)撰写定量研究观察报告

定量研究观察报告往往有一定的格式。它的基本格式同一切定量研究报告的基本相同，其基本组成部分有：问题的提出、对象与方法、结果与分析、结论。

◇知识拓展◇

观察信度

观察信度是指观察所得事实、数据的一致性和稳定性程度，是检验观察稳定性和可靠性的指标。它通常从以下两方面进行分析。一是研究者之间的信度，是指在同一个研究中，两个或两个以上的研究者对同一个行为或现象同时观察所得事实或数据的一致性程度。二是研究者内部信度，是指同一研究者能否在相似或相同的背景下重复同样的观察，如果能的话，那么结果是否总能够保持一致。如果研究者在相同方法、相同条件下可以多次得到与先前观察相同的结果，则该观察是可信的。

在观察研究中，影响观察信度的因素是多方面的，如观察记录工具的问题、研究者方面的因素(不按规定程序实施观察、制造紧张气氛、给予特别关注、评判主观、观察遗漏等)、观察实施方面的因素(研究环境中的各种难以控制的变化条件等)。要提高观察研究的信度，就必须注意对上述各种因素的控制。

基础测试

一、单项选择题

1. 我国著名的幼儿教育家陈鹤琴以自己的孩子为研究对象研究儿童的一般发展，主要采用的观察记录方法是(　　)。

A. 描述记录法　　　B. 日记描述法　　　C. 逸事记录法　　　D. 连续记录法

2. 以行为为样本的记录方法是(　　)。

A. 描述记录法　　　B. 日记描述法　　　C. 逸事记录法　　　D. 取样记录法

二、简答题

1. 简述教育观察法的分类依据和基本类型。

2. 简述定量观察的特点。

第六章 教育调查法

>>> **学习目标**

1. 了解教育调查法的含义、特点、类型。

2. 了解教育调查法的实施步骤。

3. 了解教育调查法的主要方法。

4. 能根据要求设计基本的问卷或访谈提纲。

第一节　教育调查法概述

一、教育调查法的含义和特点

(一)含义

教育调查法是社会调查研究方法在教育领域中的具体应用。教育调查法作为教育科学研究最基本的方法，主要包括发放问卷、访谈、开调查会等手段。利用教育调查法，研究者可有目的、有计划地去收集与研究对象有关的资料，分析和研究教育事实，着力解决教育中的现实问题。也就是说，研究者从一定的研究目的出发，深入教育实际，有计划、系统地向有关人员收集关于研究对象的资料，从而了解事实、发现问题，并揭示有关现象的发展趋势或提出解决问题的措施。教育调查法主要包括问卷调查法和访谈调查法。

使用问卷调查法可以获得大样本数据，时间和经济成本比较低廉。访谈调查是面对面进行的，使用访谈调查法不可能访谈多位研究对象，但可以了解得比较深入。

◇知识拓展◇

使用教育调查法要注意的问题

第一，样本选择的代表性。由于难以对研究所涉及的每一个对象进行调查，学界习惯的做法是在全体中抽取样本，将样本调查的结果推及全体。这样，样本选择的代表性就直接制约了结论的可靠性，故在取样时务必遵循科学抽样的规则。

第二，问题表述的恰当性。语言表达模糊、太过专业或存在歧义时，就会导致研究对象难以回答或随意回答。

第三，问题本身的敏感性。涉及个人隐私或个人试图回避的问题，研究对象可能会虚伪作答；涉及道德评价的问题，研究对象可能会按社会所赞许的行为作答。故在调查时，应通过保密等承诺，打消研究对象的顾虑，这是十分必要的。

(二)特点

教育调查法具有如下特点。

1. 广泛性

一方面，研究对象广泛，较少受样本容量大小和地理空间的限制；另一方面，教育调查研究是以活动形态或现实存在的教育问题和教育现状为研究内容的，这些教育现象广泛存在于教育的各个领域之中，从理论上说，一切教育现象都可作为教育调查研究的对象。

2. 多样性

做教育调查研究时可以采用多种多样的调查手段和方法，如问卷调查、访谈调查、测量调查等。在具体运用时，可根据课题的大小、性质及样本的大小等选择具体的调查方法。

3. 实用性

在进行教育调查研究时，要设计出详细的、具体的、具有较强的可操作性的调查方案。教育调查法对设备条件和环境控制没有太多要求，能在短时间内收集到大量的数据，因而具有较强的实用性。

4. 延时性

利用教育调查法获得的结果一般是通过书面或口头语言等形式表达出来的关于事实的报告，这些报告被反映出来后，需要经过信度、效度等方面的检验，所以，教育调查法具有延时性。

5. 现实性

调查重点在于了解教育现状而不是教育史实，主要目的是了解现实问题、描述当前发生的事件。

6. 自然性

教育调查一般是在自然状态中收集资料，不干涉研究对象的正常活动，不人为地改变教育状态，在此前提下，获取真实和详尽的研究资料。

7. 间接性

教育调查不是研究者通过直接观察研究对象来了解情况，而是通过问卷、访谈等方式获取信息，进而间接地了解研究对象的情况，是一种间接观察。

8. 灵活性

教育调查法受时间、空间的限制较小，方式灵活多样，可问卷调查，可访谈调查，也可座谈调查；可借助现代科技手段与工具调查，运用范围广泛，可大可小，可集可散。

二、教育调查法的类型

(一)根据研究对象的选择范围划分

1. 教育普及调查

教育普及调查是对特定地区或整个国家的教育普及情况进行的调查，旨在了解人口受教育程度的分布情况。

教育普及调查的特点是涉及的样本较大，通常需要统计机构的支持完成收集数据的工作。

教育普及调查的优点是能够反映教育普及程度的整体情况，为政策制定和资源分配提供依据。

教育普及调查的局限性是数据收集相对复杂，需要大规模调查和统计分析，可能存在数据收集和报告延迟等问题。

例如，假设一个国家希望评估其教育系统的情况，特别是学生的入学率和学生完成教育阶段的情况。相关研究者进行了一项教育普及调查，采用了多种数据收集方法，包括问卷调查、访谈调查和数据分析，具体调查步骤如下。

(1)问卷调查

例如，研究者设计了一份问卷，其中包括以下问题。

学生的入学率：请填写您所在地区的学生入学率(按年龄段分别填写)。

学生完成教育阶段的情况：请填写您所在地区学生完成各个教育阶段的比例(如小学、初中、高中等)。

教育资源：请评估您所在地区教育资源的充足程度(如教室设施、教材、教师配备等)。

(2)访谈调查

组织人员对一定数量的学校和家庭进行面访，了解学生入学和完成教育阶段的实际情况。通过面访，研究者可以获取更详细和具体的信息，如家庭背景、学校条件和学生受教育的障碍等。

（3）数据分析

收集和整理问卷调查和面访调查的数据，进行统计分析，分析不同地区和人口群体之间的差异。同时，结合其他教育指标，如师生比例、教育经费投入等，进行综合评估。

通过教育普及调查，该国可以了解学生入学和完成教育阶段的整体情况，并了解教育资源的分布和利用情况。这些数据和信息可以帮助政府和教育机构制订计划，提出有针对性的教育改革措施，以促进教育的普及和提高教育质量，确保更多学生获得公平地接受教育的机会。

2. 教育抽样调查

教育抽样调查通过从总体中选择代表性样本，对教育问题进行调查和分析。

教育抽样调查的特点是通过抽样方法获取代表性样本，以降低调查成本和提高调查效率。

教育抽样调查的优点是具有代表性，能够得出总体的推断性结论，相对于教育普及调查更加经济、高效。

教育抽样调查的局限性是样本的选择可能存在一定的偏差，需注意抽样方法的合理性和样本的代表性。

例如，假设一个研究团队想要了解某个地区中学生的学习习惯和学业压力。受资源和时间的限制，此研究团队决定进行一项教育抽样调查，以获取有代表性的样本数据，具体调查步骤如下。

（1）定义目标总体

研究团队先要明确调查的目标总体，即他们希望了解的地区的中学生的学习习惯和学业压力。

（2）确定抽样框架

根据目标总体，研究团队需要设计一个与中学生有关的抽样框架，例如，学校名单、学生注册信息或者学区辖区范围内的学生名单等。

（3）选择抽样方法

研究团队可以使用不同的抽样方法，如简单随机抽样、分层抽样或整群抽样等。他们需要根据研究目的和资源来选择较为合适的抽样方法。

(4)抽取样本

根据选择的抽样方法，研究团队从抽样框架中抽取代表性样本。例如，他们可以使用随机数生成器来随机选取一定数量的学校或学生作为样本。

(5)数据收集

研究团队需进一步确定数据收集方法，如问卷调查或访谈调查等。他们可以向选定的研究对象发送问卷或进行访谈，收集关于学生的学习习惯和学业压力的数据。

(6)数据分析

此外，研究团队要收集和整理样本数据，并进行统计分析。他们需要分析各种学习习惯指标(如学习时间、学习方式等)和学业压力指标(如考试压力、课业负担等)，以及不同群体之间的差异。

通过教育抽样调查，研究团队可以获得有关地区的中学生的学习习惯和学业压力的代表性数据。这些数据可以反映学生群体的整体情况和特定问题，为制定相关政策、改进教学提供依据。同时，抽样调查也可以帮助研究团队利用有限的资源更高效地获取信息，并对目标总体进行推断。

3. 教育个案调查

教育个案调查指对个体或个别教育案例进行深入研究和分析。

教育个案调查的特点是着重于对个别个体或特定教育事件进行深入理解和解释。

教育个案调查的优点是能够提供详细的个案描述和深入的分析，有助于生成新的理论。

教育个案调查的局限性是调查结果的适用性有限，样本选择和个案选择的合理性影响研究的可靠性。

例如，假设研究者对某个教育项目的有效性和影响力进行研究。为了获得详细的信息和全面的理解，研究者决定进行教育个案调查，选择了一所学校作为研究对象，具体调查步骤如下。

(1)选择研究对象

研究者选择了一所学校作为研究对象。这所学校因其在教育领域的创新实践、优秀成果或特殊背景而引起了研究者的兴趣。

（2）收集背景信息

研究者开始收集有关该校的背景信息，包括学校定位、教学模式、学生群体、师资力量等。这些信息有助于研究者建立起对研究对象的整体认识，能为研究者后续的观察和分析提供参考。

（3）观察和记录

研究者进行实地观察并记录学校内部的教学实践和学习环境。研究者可以观察教师的教学方法、学生的参与程度、学校的管理制度等。观察包括课堂观察、访谈教师和学生、观察学生的学习成果等。

（4）访谈和采访

研究者可能进行访谈和采访，与学校管理者、教师、学生和家长进行深入交流。这些访谈可以提供关于教育目标、实施过程、成效评估等方面的信息，丰富研究的视角。

（5）数据分析和解释

研究者可以通过定性和定量分析方法整理、解释收集的数据。他们可以系统分析观察记录、访谈录音、文本数据等，提取关键信息和主题，并形成对教育项目有效性和影响力的综合理解。

通过教育个案调查，研究者可以深入研究具体的教育案例，从中获得丰富的信息。这种方法能够提供详细的描述和理解，揭示个别案例的特点、面对的挑战和成功的原因。个案调查的结果可以为教育政策制定者、学校管理者和教育从业者提供有针对性的建议，帮助他们改进教育实践，提高教育质量。

（二）根据调查目的划分

1. 教育现状调查

教育现状调查旨在了解当前教育系统的基本情况，包括学生人数、学校分布、教育资源等。

教育现状调查的特点是侧重于客观描述和统计分析教育现状。

教育现状调查的优点是能提供教育系统的基本信息，为教育改革和政策制定提供参考。

教育现状调查的局限性是可能会忽略教育过程和影响因素之间的复杂关系，需要结合其他调查方法进行分析。

例如，假设一个研究团队希望了解某个国家的教育现状，以便为政策制定者和教育从业者提供相关建议。该研究团队进行了一项教育现状调查，采用了多种数据收集方法，包括文献研究、数据分析和相关方面的专家访谈等，具体调查步骤如下。

（1）文献研究

研究团队对该国的教育政策文件、教育统计数据、学术研究论文等进行了文献研究。他们收集和阅读了相关文献，了解了该国教育系统的法律框架、政策目标、教育指标等。

（2）数据分析

研究团队收集和整理了该国的教育统计数据，如入学率、毕业率、师资情况、教育经费投入等。他们对这些数据进行了统计分析，如计算各个指标的平均值、趋势和分布情况，以及不同地区和人口群体之间的差异。

（3）专家访谈

研究团队与该国的教育专家、教育从业者、学校管理者等进行访谈。他们通过访谈了解了教育现场的实际情况、面临的挑战和产生的变化，获取了专家的观点和经验，并进一步分析了教育政策的实施情况和效果。

（4）跨国比较

研究团队可能会进行跨国比较，将该国的教育现状与其他国家的教育现状进行对比。通过比较不同国家的教育政策、实践和成果，研究团队可以获得更广泛的材料，发现该国教育系统的优势和待改进之处。

总体来说，通过教育现状调查，研究团队可以获得关于该国教育系统的全面情况和发展趋势。他们可以发现教育领域的挑战和问题，如教育资源不均衡、师资短缺、学生流失等，也可以发现教育的成功实践和创新案例。这些调查结果可以为政策制定者提供数据支持，帮助他们改进教育政策，并促进教育系统的发展。同时，教育现状调查的结果也可以为教育从业者提供参考，指导他们改进教学实践，提高教育质量。

2. 教育相关调查

教育相关调查指针对教育问题的具体方面进行的调查，如教学方法、学生评价、教育政策等。

教育相关调查的特点是关注特定问题或现象，通过定量或定性方法收集数据进行分析。

教育相关调查的优点是能够深入研究特定的教育问题，为解决问题和制定决策提供依据。

教育相关调查的局限性是在个别问题的研究上可能有片面性，需要综合考虑其他研究方法和数据来源的结果。

教育相关调查可分为如下几类。

(1)学生满意度调查

这种调查旨在评估学生对教育机构或特定教育项目的满意度和体验。通过问卷调查或面谈，学生可以提出他们对教学质量、教师表现、学校设施、课程设置等方面的意见和建议。

(2)教师评估调查

这种调查旨在评估教师的教学效果和学生的满意度。学生、同事或上级可以参与教师评估调查，提供对教师的评价和反馈，以帮助教师改进教学方法和提高教学质量。

3. 教育发展调查

教育发展调查旨在了解教育系统的发展趋势和变化，包括教育政策改革、教育技术应用等方面的调查。

教育发展调查的特点是关注教育发展的长期变化和趋势，需要跨时期数据的支持。

教育发展调查的优点是能够反映教育发展的整体情况和趋势，为教育规划和政策制定提供依据。

教育发展调查的局限性是需要长期的数据收集和比较分析，可能会受到历史数据的影响，同时，收集数据有一定的困难。

教育发展调查可分为如下几类。

(1)学校基础设施调查

这种调查旨在评估学校基础设施的状况和需求。研究者可以收集学校的基础设施数据，如有关教室、图书馆、实验室、运动场等的数据，以评估学校基础设施的充足性和质量，为改善学习环境提供建议。

（2）教师需求调查

这种调查旨在了解教师的需求。研究者可以调查教师的数量和专业发展需求等，以及教师参加培训的机会和得到具体支持的情况，为提高教师素质和满足教师需求提供建议。

（3）教育差距调查

这种调查旨在评估不同地区的学生的受教育水平。研究者可以收集和分析学生的学习成果、学校资源分配情况等数据，以评估教育机会的平等性和公平性，并提出相关策略和措施。

（4）教育创新调查

这种调查旨在研究教育领域的创新实践和趋势。研究者可以调查教育技术应用、个性化学习、跨学科教育等方面的创新实践，了解它们的效果和影响，并为教育改革和创新提供建议。

4. 教育预测调查

教育预测调查旨在通过对当前数据和趋势的分析，预测未来教育发展的可能情况。

教育预测调查的特点是基于现有数据和趋势，推测和预测未来教育发展的趋势。

教育预测调查的优点是为决策者提供关于未来教育发展的参考资料和预期，帮助他们制定相应的政策和规划。

教育预测调查的局限性是预测结果会受多种因素的影响，包括数据质量、模型选择等，预测的准确性不足。

教育预测调查可分为如下几类。

（1）技术应用和教育趋势调查

这种调查旨在预测技术应用对教育的影响和发展趋势。研究者可以收集关于教育技术创新、在线学习、人工智能等方面的数据，以预测未来的教育模式和学习方式。

（2）教育政策和改革调查

这种调查旨在预测教育政策和改革的发展方向和趋势。研究者可以收集和分析有关教育政策制定、教育改革实施和国际比较等方面的数据，以预测未来的政策优先事项和改革方向。

（3）人口和社会变化调查

这种调查旨在预测人口和社会变化对教育的影响。研究者可以分析人口统计数据、社会经济趋势和社会需求变化，以预测未来教育需求的变化和适应策略。

（4）教育技能和学习成果调查

这种调查旨在预测未来社会对教育技能和学习成果的需求。研究者可以分析未来工作市场的技能需求、社会发展趋势和学习成果评估方法，以预测未来教育的重点和目标。

(三)根据教育调查手段划分

1. 问卷调查

问卷调查指通过设计和分发问卷来收集教育调查数据的方法。

问卷调查的特点是通过标准化的问题和选项，收集大量数据，适用于大规模样本。

问卷调查的优点是数据收集相对简便、经济、高效，适用于所涉地域和受众较为广泛的调查。

问卷调查的局限性是研究对象的回答可能存在主观性，使研究者对复杂问题的深入了解度有限。

例如，在一项教育现状调查中，研究者设计了一份问卷，包括以下问题。

学校数量：请填写您所在地区的学校数量。

教师数量：请填写您所在学校的教师总人数。

学生数量：请填写您所在学校的学生总人数。

教育经费分配：请按照以下比例，将您所在学校的教育经费分配情况进行评估(选项：A. 教师工资 B. 教学设备购置 C. 学生活动经费 D. 校舍维护)。

研究者将问卷分发给该地区的 10 所学校，要求学校负责人或其他教职员工填写并返回。研究者可统计分析收集到的问卷数据，计算平均学校数量、教师数量、学生数量，并了解教育经费在各项分配中的比例。这些结果可以反映该地区教育现状的整体情况，为政府制定教育政策和进行资源分配提供依据。

2. 访谈调查

访谈调查指与受访者进行面对面交流或电话交流，从而获取详细信息和观点的调查方法。

访谈调查的特点是强调与研究对象的直接互动，可以深入了解研究对象的观点和经验。

访谈调查的优点是能够获取丰富的信息和深入的理解，适用于探索性研究和个案调查。

访谈调查的局限性是数据收集和分析的工作量较大，研究对象的回答可能受到回忆偏差等的影响。

访谈调查可分为如下几类。

(1)学生访谈调查

研究者可以与学生进行访谈，了解他们对学校环境、教学方法、课程内容、学业压力等方面的看法。这些访谈可为研究者提供有关学生需求、学习动机、教育体验等方面的资料。

(2)教师访谈调查

研究者可以与教师进行访谈，探讨他们对教学策略、教材使用、学生评估、专业发展等方面的看法和经验。教师访谈可以揭示教师的需求、面临挑战和实践经验，为教师培训和支持提供指导。

(3)家长访谈调查

研究者可以与家长进行访谈，了解他们对学校、教育政策、家庭教育、家校合作等方面的看法和期望。家长访谈可以反映家长对家庭教育的需求、家长的参与程度和期望等方面的情况，为家校合作和家庭支持提供指导。

(4)教育专家访谈调查

研究者可以与教育领域的专家、学者、政策制定者进行访谈，了解他们对教育问题、政策和创新的看法和经验。这些人可以提供相对权威的意见和建议，为教育改革和政策制定提供参考。

(5)校长或教育机构的领导访谈调查

研究者可以与校长或教育机构的领导进行访谈，了解他们对学校管理、教师发展、学生支持、教育改革等方面的看法。这些访谈可使研究者对领导者的角色、面临的挑战、制定的管理策略和发展方向有所了解。

(四)根据调查收集资料的方法划分

1.书面调查

书面调查就是将要调查的内容通过书面问题的形式呈现出来(如问卷、调查表、测验卷等),由研究对象自行填写,从而收集研究所需信息的方法。书面调查的优点是省时省力,可以在同一时间内对大量的研究对象进行调查。

2.口头调查

口头调查是以谈话为主要形式,通过研究者与研究对象的一问一答来收集相关信息的一种调查研究方法。口头调查往往先由研究者将所要了解的问题呈现给研究对象,研究对象根据实际情况做出回答,研究者必须对研究对象的回答做好记录并进行论点分析,进而得出调查结论。

(五)根据调查内容的性质划分

1.事实调查

事实调查要求被研究者提供与研究相关的具体事实或数据,如"中西部欠发达地区高中阶段教育的入学率""农村中小学教师的学历水平"等。

2.征询意见调查

征询意见调查,即要求被调查者陈述自己对某一特定教育现象或问题的看法和意见,如"对适当减轻中小学生学习负担的看法""对初中生免试就近入学的看法"等均属于此类。

◇实战训练◇

单项选择题

在教育调查中,为获取相关资料而对一所学校或一个学生进行的专门调查属于(　　)。

　　A.全面调查　　　B.重点调查　　　C.抽样调查　　　D.个案调查

【答案】D

【解析】个案调查法是对一个人、一个群体、一件事或一个社会集团进行的深入全面的调查。

三、教育调查法的实施步骤

教育调查法包括问卷法、观察法、访谈法、测验法等，程序上虽各有所侧重，但不论哪种调查法都有着一套严谨的工作程序，研究者应当仔细设计和操作。教育调查法的实施步骤如下。

(一)明确课题

研究者所选择的调查的课题应当具有一定的理论研究价值和实践指导意义。研究者在选定课题之后，还应进一步明确课题的性质、目的任务、主要概念及概念之间的相互关系、该课题的相关研究状况等，从而进一步确定研究该课题所应选择的调查类型和调查方式。

(二)确定研究对象

研究者应根据总体范畴和样本多少的需要，根据课题选择研究对象并科学抽样，以保证样本的代表性。简单来说，就是确定样本在哪里选，选多少。

(三)设计调查手段

研究者应根据调查课题的具体内容和实施条件，选择主要的调查方式，并做好相应的准备工作，如设计调查表格、观察记录表、问卷、访谈提纲以及测验题目等。

(四)制订调查计划

制订调查计划，即将教育调查的初步设想系统化和操作化，对调查研究的目的、意义、对象、内容、实施时间、地点、资料获取和整理方式等做出具体阐明。一般而言，研究者在确定调查提纲和安排调查工作程序时，要考虑三方面的问题：一是调查项目能否有效地反映所要研究的问题，项目的构成是否合理；二是对项目如何进行比较科学的分类，大项目如何分解为若干具体的小项目并形成较为完整的可操作的调查提纲；三是如何设计与分类标准相适应的评价标准，以便统计处理获得的资料。除了以上的工作需要周密考虑之外，还要做好技术和组织准备，如培训调查组成员、准备资料和有关调查器材等。

(五)设计调查问卷或编制访谈提纲

研究者应根据计划中选择的调查方式做相应的准备工作，如设计问卷或编制访谈提纲。

(六)准备性调查

研究者应将编制的问卷或提纲进行预调查，以发现并纠正设计中存在的问题，保证设计的完美性。准备性调查可以是一次性的，有时也要经过一段时间的调整才能完成，尽可能使设计趋于完美。准备性调查也称试探性调查，即得到有关研究对象的一般认识，然后及时修改调查提纲和工作方案。

(七)进行正式调查

在准备性调查的基础上，研究者应运用修订好的调查材料和方案，实际实施正式调查，从而获得所需要的信息资料。正式调查有时也需要多次才能完成，并非所有的调查都是一次性的。

(八)处理调查资料

研究者应对调查所获得的资料进行整理分析，分析调查结果，从中发现某些具有倾向性的问题，为得出结论提供依据。

(九)撰写教育调查研究报告

研究者应对教育调查报告的过程与结果加以详尽介绍和仔细分析，按照调查报告的形式和要求，撰写出教育调查研究报告，形成教育调查研究的成果。

四、教育调查法的优缺点

方式简便灵活，较少受限制，这是教育调查法最大的优点。

但该方法也有自身的缺点，具体如下。

第一，可信度受研究对象的态度和作风影响，主观性较强。

研究对象所反映事情的客观和真实程度，决定了研究者获得资料的可靠程度。如果研究对象所反映的事情主观植入成分太多，研究者所获得的资料的可靠性就低，自然调查的信度就差。因此，教育调查法常常与其他科学研究方法结合使用。

第二，难以确定现象之间的因果关系。

由于教育调查法是在自然状态下收集资料，而不是通过实验去主动操纵、改变变量，因此，同一时间内，可能会产生多种现象，难以辨别其先后顺序，即使当研究者通过调查发现某些现象之间有密切关系时，也难以确定谁是因谁是果，因为这些现象之间可能存在多种关系。

第二节　访谈调查法

访谈调查法在实际运用过程中，又分为书面的问卷调查和实地的访谈、座谈等具体方法。这些具体方法共同体现了访谈调查法的特点和要求。在实际调查中，研究者不能单靠其中的某一方法，而应综合运用。

一、访谈调查法的含义

访谈调查法是研究者通过口头交谈的方式，向研究对象提出问题，让研究对象做口头回答，以收集研究对象对教育问题或现象的态度和看法的调查研究方法，又称访谈法、谈话法或访问法。访谈是一种研究性交谈，研究者主要根据研究对象的答复来收集客观的、不带偏见的事实材料，从而准确地说明样本所要代表的总体。

研究者在用访谈调查法研究比较复杂的问题时，需要向不同类型的人了解不同类型的材料。该法通过研究者与研究对象面对面直接交谈收集信息，具有较好的灵活性和适应性。访谈调查法被广泛应用于教育调查、求职、心理咨询等，既有事实的调查，也有意见的征求，较多被应用于个性化的研究。

在教育调查中所用的访谈和一般的谈话不同，前者是研究性的谈话。研究性的谈话与一般的谈话最本质的区别如下：研究性的谈话是一种有目的、有计划、有准备的谈话，其针对性很强，谈话的过程紧紧围绕研究的主题展开；而一般的谈话，是一种非正式的谈话，它没有明确的目的，随意性较强。

访谈一般以面对面的个别访谈为主，也可采用小型座谈会、调查会等形式进行团体访谈，还可通过电话进行访谈。它既可以作为一种独立的研究方法，也可以作为其他研究方法中收集资料的辅助方法。访谈调查法常被用于教育调查、心理咨询等领域，它适用于了解研究对象的心理体验、情感，以及对某一事物的意见、态度、评价等方面的信息。访谈调查的内容，既有事实的调查，又有意见的征询。

访谈可以是有结构的，即要求研究对象按预定的题目、预定的回答方式回答问题；也可以是无结构的，即要求研究对象自由回答问题，甚至讨论。无论采用哪种访谈方式，都需要在一种自然的、无压力的、人际关系融洽的气氛中进行。但访谈不同于日常生活的聊天，应确定访谈的目的及问题范围，应避免脱离调查目的及主题漫无边际地谈。

从本质上说，访谈和问卷都是沟通的工具，目的在于获取研究所需的第一手资料。所不同的是访谈是以口头语言的问答来收集信息，研究对象是先听后说；问卷则以书面语言的问答来收集信息，研究对象是先读后写。访谈通常是面对面的直接言语接触；问卷则是纸与笔的间接言语接触。

二、访谈调查法的适用范围

访谈调查法适用于那些需要深入了解个体、群体内在体验、观点和情感，以及探索复杂社会现象的研究情境。它提供了一种有效的方式来获取丰富的定性数据，支持对研究问题的深入剖析和理解。访谈可以让研究者深入了解个体的经历、观点、态度、信念等，从而揭示出个体在特定情境下的真实感受。当研究主题相对复杂或层次较多时，访谈可以帮助研究者深入挖掘各个层面的信息，理解信息内在的关系。访谈可在一个私密、受控的环境中进行，研究者可与研究对象探讨一些敏感或隐私性强的话题。

访谈调查法被广泛用于教育调查、心理咨询、征求意见等领域，更多被用于个性化、个别化的研究中。它适用于调查的问题比较深入、调查的对象差别较大、调查的样本较小，或者调查的场所不易接近等情况。

三、访谈调查法的类型

按照不同的分类标准，可将访谈调查法分为不同的类型。

(一)按访谈结构的控制程度划分

按访谈结构的控制程度，可分为结构式访谈和非结构式访谈。

1. 结构式访谈

结构式访谈指事先将问题进行标准化处理，是具有固定结构的访谈。在这种访谈中，选择研究对象的标准和方法、所提的问题、提问题的顺序、记录回答的方式都已经标准化了，研究者可按访谈要求以同样的程序问同样的问题，并做好访谈记录。结构式访谈有利于统一收集数据，也有利于数据的统计分析；但灵活性不强，不利于了解研究对象关心的问题，也不利于研究对象提出自己的问题。

2. 非结构式访谈

非结构式访谈指事先只拟定一个访谈题目，或只提供一些开放性问题，有粗线条的访谈提纲，研究者在提问的同时鼓励研究对象提出问题，并且根据访谈的实际情况对访谈程序、内容、题目等做灵活调整。这种访谈的优势是可做灵活调整，研究者的问和研究对象的答都有调整的空间。研究对象有提出问题的机会，研究者可就访谈中出现的重要问题、新的问题或者尚存疑问的问题进行追问，使研究更加深入地进行，但非结构式访谈不利于数据的量化统计分析。

(二)按访谈正式的程度划分

按正式的程度，可分为正式访谈和非正式访谈。

1. 正式访谈

正式访谈指研究者和研究对象约定好时间、地点、参加人员，正式就研究的问题进行交谈。

2. 非正式访谈

非正式访谈指研究者根据研究对象日常的工作、时间安排，以便利为原则，就研究的问题进行交谈。例如，在开会前或共同参加活动时，根据当时的实际情况就研究的问题进行简短交谈。

(三)按接触的方式划分

按接触的方式，可分为直接访谈和间接访谈。

1. 直接访谈

直接访谈指研究者和研究对象坐下来面对面交谈。直接访谈的优势是双方除了语言交流之外，可以通过表情、动作对对方的情绪波动、精神状态等非语言的信息有全面的了解和把握。

2. 间接访谈

间接访谈指研究者和研究对象可以通过网络、电话等媒介就研究的问题进行交谈。间接访谈可以突破地域的限制和时间的限制，使访谈更方便地进行；因为不直接见面交谈，所以研究对象在不愿意让人看到自己时或者谈一些尴尬的话题时就会轻松些。间接访谈的不足之处就是双方不见面，研究者无法通过研究对象的表情、动作等判断对方的情绪、态度等。

(四)根据受访的人数划分

根据受访的人数，可分为个人访谈和集体访谈。

1. 个人访谈

顾名思义，研究者只有一名研究对象，双方就研究的问题进行交谈。在个人访谈中，研究对象是一个人，可以受到研究者较多的个人关注，彼此交流的机会也多，有些问题可以根据实际情况进行深层挖掘，研究对象在交谈过程中也比较放松。个人访谈的不足之处是不能就研究问题集思广益，比较费时间。

2. 集体访谈

集体访谈的研究者和研究对象可以是多人，其中以一名研究者为主，其他研究者为参与者，一般为1~3人，可与6~10名研究对象就研究的问题进行交谈。集体访谈的优势是大家对研究的问题进行集体性建构，甚至可以进行争论，为研究提供丰富的资料。不足之处是由于每位研究对象的个性不同，他们在独自受访和在集体受访中的表现可能有所不同，每位研究对象受关注度的程度和积极发言的程度也会有所不同。

综上所述，访谈的类型多样，研究者可以根据研究的性质、目的、内容、对象、情境、研究阶段选择不同的访谈方式。此外，即使是同一个研究内容，也可以采用几种访谈方式，将几种访谈方式结合起来运用，效果会更好。例如，以"'优秀教师'的定义"为主题进行访谈，研究者可将正式访谈和非正式访谈、直接访谈和间接访谈、个人访谈和集体访谈相结合，利用多渠道收集资料，进而用这些资料验证相关研究结果的效果。

四、访谈内容及设计

(一)访谈内容

1. 开场与热身

目的：打破冷场，建立信任关系。

内容：简单介绍自己、研究目的，表达感谢与尊重之情。

2. 背景信息与个人情况

目的：了解研究对象的基本情况，从整体上了解研究对象。

内容：姓名、年龄、教育程度、职业、家庭状况等。

3. 主题导向的问题

目的：探讨研究主题，获取与研究相关的具体信息。

内容：根据研究问题设计结构化或半结构化的问题。

4. 深入探讨与追问

目的：就特定话题或回答进行深入挖掘，获取更详细、具体的信息。

内容：针对研究对象的回答进行追问、引导，了解更多细节。

5. 敏感或隐私性问题

目的：获取更多的信息。

内容：表达尊重研究对象的意愿，提供隐私保护。

6. 总结与收尾

目的：总结访谈内容，感谢研究对象参与，提供反馈机会。

内容：对访谈内容进行简单总结，再次表达感谢之情。

(二)访谈设计

1. 研究目的明确

研究者在设计访谈内容前，要明确研究的具体目的和研究问题，以确定需要获取的信息类型。

2. 选择访谈类型

研究者应根据研究目的选择合适的访谈类型，如开放式访谈、结构化访谈或半结构化访谈等。

3. 建立信任关系

在访谈开始时，研究者应设计开场白与热身活动，与研究对象建立信任关系，营造轻松愉快的氛围。

4. 合理安排问题顺序

研究者提出问题应按照逻辑顺序安排，从容易回答的问题开始，逐渐提出更具挑战性的问题。

5. 灵活运用访谈方式

研究者应根据实际情况，灵活运用访谈方式，设计开放性问题、结构化问题等，确保获取全面的信息。

6. 注意语言表达与引导技巧

研究者应使用清晰明了的语言，避免表述得模糊不清。同时，通过引导技巧引导研究对象深入阐述。

7. 保护隐私与敏感信息

在处理敏感话题时，研究者应尊重研究对象的意愿，提供隐私保护，避免让研究对象感到尴尬或不适。

8. 记录与分析

在访谈结束后，研究者应及时整理记录，分析数据，确保获得准确、可靠的研究结果。

五、访谈调查法的实施步骤

(一)准备

在访谈前，研究者应准备好一切可用的记录工具或设备，如纸、笔、录音设备等；要根据研究目的和理论假设，认真准备访谈提纲，并根据访谈提纲设计一个个具体的访谈问题；尽可能地收集有关研究对象的材料，对其经历、个性、地位、职业、专长、兴趣等有较为充分的了解；确定访谈的方式与进程，访谈的时间与地点或场合的选择要有利于研究对象真实、准确地回答问题，有利于营造畅所欲言的沟通氛围。

(二)实施

访谈是人与人之间的交往活动，是社会互动的一种形式。通常，研究对象不会随意向陌生人提供资料。访谈的关键在于研究者使用合适的交谈技巧。提问、倾听、回应被认为是访谈中的三项主要工作。在访谈中，这三项工作是相互依存，密不可分的。

1. 提问

(1)研究者的提问态度应真诚、自然

访谈调查法是建立在与人交谈的基础上的一种科学研究方法。人与人的交流是建立在相互的尊重与情感的自然流露基础上的，因此，研究者在访谈时应当坦诚、真挚，尊重研究对象，与研究对象建立起良好的相互信任和友好的关系，使整个访谈在愉快、轻松和友好的气氛中进行，只有这样才能使研究对象在访谈过程中感觉舒适和安全，对所提问题畅所欲言。

(2)研究者应采用研究对象能接受的表达方式进行提问

在访谈研究对象时，研究者会常常运用一些自己的习惯性语言，而忽视了研究对象是否习惯或能接受。一些研究者常常使用一些比较书面的、多在科学研究中出现的语言，致使研究对象不能正确或者根本不能理解研究者所提的问题。若研究对象连问题都听不懂，又如何使访谈进行下去呢？因此，研究者在访谈过程中，应选择研究对象熟悉的语言，一方面使双方更易于沟通，另一方面也能使之感觉亲切、放松，有利于访谈的顺利进行。

(3)研究者在提问时应循序渐进

每一次访谈都要从一个话题慢慢延展开来，而不能急于进入主题。研究者首先应选择一些较为轻松的话题开始访谈，然后再提一些比较浅显、简单的问题，循序渐进，逐渐围绕访谈的主题进行深入的访谈，只有这样才不会使研究对象感觉突兀，从而使整个访谈过程自然流畅、顺理成章。

(4)研究者的提问方式应当中立

研究者在编制问题前，受其研究目的影响，也许会对研究对象的回答存在某些预期。有的研究者所提的问题带有某些态度倾向，使研究对象受到其态度、倾向的影响，导致研究结果的可靠性、客观性受到影响。

(5)研究者在提问时应围绕事先编制好的访谈大纲

研究者在访谈的过程中，应当根据事先编制好的访谈大纲展开访谈，遇到预期之外的情况也应当以访谈大纲为基础进行适当的调整，以保证研究过程、结果的客观性。

◇知识拓展◇

访谈的注意事项

当进行访谈时，需要特别注意以下几点。

第一，提问要明确清晰。问题应该以简练、明确的语言提出，避免使用模糊或含糊不清的表达方式。

不佳示例："你觉得这个新方法怎么样？"

良好示例："能分享一下你对这个新教学方法的具体看法和体验吗？"

第二，对回答不做任何评价。研究者在访谈过程中要保持中立，不应对研究对象的回答进行评价，以保证研究对象能够自由地表达意见。

不佳示例："哦，你觉得是这样啊，但是我认为还有其他更好的方法。"

良好示例："谢谢你分享自己的看法。"

第三，注意研究对象的情绪。研究者应敏锐地观察研究对象的情绪变化，尤其是在涉及敏感话题时，要注意调整提问方式，以避免让研究对象感到尴尬或不适。如果研究对象在谈论某个话题时表现出紧张或情绪波动，研究者可以适当地调整问题的顺序或提问方式，以使研究对象感到舒适。

第四，注意非语言交流。除了言辞表达，还要关注研究对象的非语言信号，如面部表情、姿势、眼神等，这些也是反映研究对象的真实感受的重要线索。当研究对象面露不悦或紧张时，研究者可以适度放慢提问的速度，或者通过提出一些更轻松的话题来缓解紧张感。

2. 倾听

在访谈调查中，倾听是非常重要的技能，可以分为不同类型。

（1）接受型

这种类型的倾听意味着研究者完全接受研究对象所说的内容，不做任何评判或干扰。研究者应以开放的态度，接受研究对象的言辞，让研究对象自由表达观点和情感。

（2）建构型

这种类型的倾听指研究者在接受研究对象所说的内容的基础上，将相关内容整理或提炼，以便更好地理解和记录。研究者可以通过发问、解疑或归纳来建构内容。

(3)情感型

这种类型的倾听不仅关注研究对象的言辞，而且关注研究对象在表达时的情感态度、情绪变化等。研究者需要敏锐地观察研究对象的情感表达，以更全面地理解其态度和立场。

假设进行一次关于学生对某项教学改革的访谈，倾听的类型如下。

接受型：研究对象表达了他们对新教学方法的疑虑和担忧，研究者应当以尊重和理解的态度倾听，不要直接反驳或批评。

建构型：当研究对象提到了一个关键点，研究者可以通过追问或总结来确保自己正确理解了研究对象的意思，如"你是说……是吗?"

情感型：如果研究对象在谈论某个话题时表现出愤怒或沮丧的情绪，研究者需要敏锐地捕捉到这些情感信号，并在交谈中采取相应的方式来缓解情绪压力。

通过倾听，研究者可以更有效地与研究对象进行交流，获得更丰富、深入的信息。同时，倾听也能让研究对象感受到尊重和关心，从而与研究者建立起良好的信任关系。

3. 回应

在访谈调查中，研究者的回应是非常重要的，回应可以帮助研究者引导对话、深入了解研究对象的想法和感受，回应的类型如下。

(1)认可

认可是研究者对研究对象表达的观点、情感或经历表示赞同、理解和尊重的方式。例如，当研究对象分享了一个特别有见地的观点时，研究者可以说："我完全理解你的想法，这确实是一个重要的观点。"

(2)重复、重组或总结

这是为了确保研究者正确理解了研究对象的观点或信息。通过重复、重组或总结研究对象的言辞，研究者可以很好地表达自己的理解，并为下一步的讨论奠定基础。

(3)澄清

当研究对象的陈述不够清晰或让研究者感到困惑时，研究者可以请研究对象进一步解释或提供更多细节。例如，研究者可以问："你能再详细解释一下你的意思吗？"

（4）追问

追问指研究者根据研究对象的回答提出更具体的问题，以便深入挖掘信息。例如，当研究对象提到一个特定事件时，研究者可以追问："在这个情境下，你的感受如何？"

（5）自我暴露

研究者可以适度地分享一些与研究对象相关的经历或情感，以建立信任关系。这种回应方式可以让研究对象感受到研究者的真诚，从而更愿意分享自己的想法和感受。

假设进行一次关于学生学习动机的访谈，回应的类型如下。

第一，认可。研究对象表达了对学习的热情和渴望，研究者可以回应："你对学习有如此积极的态度，这很棒！"

第二，重复、重组或总结。当研究对象描述了一个复杂的学习经历时，研究者可以说："如果我理解正确的话，你的意思是……对吗？"

第三，澄清。如果研究对象使用了一个模糊的术语或表达方式，研究者可以请研究对象澄清："你说的'动力'具体指的是什么？"

第四，追问。当研究对象提到一个具体的学习情境时，研究者可以进一步追问："在那种情况下，你是如何保持动力的？"

第五，自我暴露。如果研究者自己也曾有过类似的学习经历，可以分享一下自己的体会，例如，研究者可以说："我也曾经在学校时遇到过类似的情况，我能理解你的感受。"

（三）结束

访谈通常需要在预先安排的合适的时间内结束，但有时受各种预料外的原因影响，研究对象可能一时还没有意识到该结束了或者还愿意继续往下交流。但如果研究者认为继续交流没有实质意义，就应该结束谈话。此时，研究者可有意地给对方一些语言和行为上的暗示，表示访谈可以结束了。例如，研究者可以问："您还有什么想说的吗？""对今天的访谈您有什么看法？"或断开话题问研究对象："您今天还有什么安排？"或做出准备结束访谈的姿态，如开始收拾录音机、合上记录本等。

在访谈结束时，研究者要记得感谢研究对象的支持与合作，应该向研究对象表示，通过访谈获得了很多有价值的材料和信息，学到了很多知识。如果这次访谈尚未完成任务，还需进一步调查的话，那么必须与研究对象约定下次再访的时间和地点，最好还能简要说明再次访问的主要内容，让研究对象有思想准备。

六、访谈调查法的优缺点

(一)优点

1. 灵活性

访谈是一种灵活的数据收集方法，研究者可以根据研究对象的回答随时调整提问的方式和内容，以更好地挖掘信息。例如，在一次访谈中，研究者可以根据研究对象的回答深入探讨研究对象感兴趣的话题，提出追加问题，从而获取更详细和全面的信息。

2. 适应性

访谈适用于各种不同类型的研究对象和研究课题，可以涵盖广泛的领域，具有很强的适应性。无论是社会科学研究还是市场调查，访谈都可以为研究者提供有价值的数据。

3. 准确性

在访谈中，研究者可以直接与研究对象交流，可以及时澄清疑惑、获取详细信息，从而保证数据的准确性。通过面对面交流，研究者可以观察研究对象的非语言表达，如表情、姿态和语调等，这有助于研究者更好地理解研究对象的意图和感受。

4. 深入性

访谈可以让研究者深入了解研究对象的想法、感受、经历等内在信息，帮助研究者深度挖掘研究课题。通过开放性问题和追问，研究者可以引导研究对象展开思考，透露更多有关其观点和经验的细节。

(二)缺点

1. 实施成本较高

访谈需要耗费一定的时间和资源，包括研究者采访的时间成本等，因此相较于其他数据收集方法,访谈的实施成本较高。例如,如果研究需要对很多研究对象进行访谈,就需要投入大量的人力和时间资源。

2. 受研究对象的个性等的影响

研究对象的个性、态度、情绪等因素可能会影响访谈的进行,有时可能会导致访谈结果有偏差。例如,某些研究对象可能因为紧张或不愿意透露某些信息而回答不准确或不完整。

3. 内容记录与结果处理困难

访谈会产生大量的信息,需要研究者及时、准确地记录,进而整理、归纳和分析记录的信息,这可能会是一个烦琐的过程。研究者需要注意把握信息的关键点,确保记录的准确性和完整性。

举个例子,假设一个研究课题是调查学生对在线学习的看法和体验。通过访谈调查法,研究者可以与一名学生进行面对面访谈。研究者可以灵活地根据学生的回答调整问题的顺序和深度。例如,当学生提到他在在线学习中遇到的困难时,研究者可以追问具体的困难是什么,以及他是如何应对的。这样可以获得更具体和详细的信息,帮助研究者深入了解学生在在线学习中的体验。

然而,如果调查涉及大量的研究对象,访谈的成本可能会较高。此外,研究对象的个性和情绪状态可能会影响访谈的结果,有些研究对象可能会因为紧张或个人原因而回答不准确或不完整。此外,整理和分析访谈数据可能需要投入大量的时间和精力。

【案例】

为研究新课程背景下教师素质现状而拟的访谈提纲(教师)

一、访谈员的自我介绍

受省教育厅委托,我们正在进行"农村教师队伍建设对策研究"的课题研究。

这一研究对农村教师的专业化发展,提高农村教育水平和人才培养质量十分有意义。为此我们需要您的帮助和参与,以共同完成对农村教师队伍建设现状及相关情况的调查,使研究具有现实和历史的价值,为政府决策提供可靠依据。

课题组向您承诺，今天访谈涉及的内容和您阐述的观点，只作为我们研究参考，您声明不宜公开的资料和观点，我们将严格为您保密。

二、访谈内容

1. 作为一名农村教师，您每日的工作量有多少？最多兼教多少门课？每天工作多少小时？

2. 您获取信息的途径有哪些？

3. 您在个人发展方面感到最需要的学习内容是什么？您认为最合适的培训形式是什么？

4. 您在专业化发展方面遇到的突出问题或困惑是什么？您是如何参加校本研修的？

5. 您参加的培训有哪些？培训效果怎样？您对上级培训机构在开展教师培训方面有哪些建议？

6. 您怎样评价各级教师培训机构组织的各类培训？它们的针对性与实效性如何？

7. 您的工资待遇情况如何？初级、中级、高级教师的月平均工资是多少？是否按时发放？

8. 您愿意到教育发达地区参加短期教育教学实践活动吗？

9. 您愿意到条件艰苦的地区去支教一段时间吗？

10. 您认为采取哪些办法可调整贵校教师队伍人员的构成结构？

欢迎有志者积极参与，谢谢合作！

第三节　问卷调查法

一、问卷调查法的含义

问卷调查法是以书面提出问题的方式收集资料的一种研究方法。研究者可以通过事先设计好的问卷（或现成的问卷）向研究对象收集资料及数据，也可以通过邮寄问卷、当面发放问卷或追踪访问等方式了解研究对象对某一现象或问题的看法和意见。因此，问卷调查法又称问题表格法。研究者可采用封闭式或开放式问卷，也可将两者结合起来。研究者在使用封闭式问卷时，需要依据调查目的，拟定一系列题目，要求研究对象采用选择法或简答法等做出回答。为了保证研究对象对题目反应的真实性，一般都使用匿名答卷的办法。问卷除题目外，还应包括性别、年龄、地区、学校等属性变量，以便研究者日后分析属性变量与反应变量间的关系，探究不同属性（如性别、年龄、学校、类型）的研究对象对问题反应的差异。

问卷调查法的调查范围较窄，注重收集意见、态度或看法，并往往以个人或某个群体为对象。在使用问卷调查法时，研究者应将事先设计好的问卷交给研究对象填写，然后收回并进行整理分析，以此种方式了解研究对象对某一教育问题或教育现象的看法。

二、问卷调查法的适用范围

问卷调查法特别适用于调查团体的意见、态度。研究对象填写的问卷调查表可以反映他们对研究问题的意见、态度。这种方法调查的人数多，能得出总体的、一般性的结论，其研究结果能帮助研究者建立和修正教育理论，还能指导教育实践。

问卷调查法虽然运用广泛，但是也不是万能的。例如，在远程教育领域中，有些数据往往无法直接测量，只能进行间接测量，如果研究对象不具备一定的文化水平，问卷调查法就不适用了，这时改用访谈调查法就可能比较合适。这需要研究者分析具体情况，做出判断，选择适当的研究方法。

三、问题的类型

(一)按提问的性质来分

按提问的性质来分，问卷中的问题有以下几种类型。

1. 直接问题和间接问题

直接问题是针对研究者所要了解的内容，直接向研究对象提问的一种方式。这种问题具体明确，直截了当，可用于了解研究对象对一些问题的看法和切身的感受。例如，研究者可以问："你是否喜欢自己的工作？""你对现在的工作环境满意吗？"

间接问题是与研究者所要了解的内容有关，但又不是直接对此内容提问的问题。例如，要了解学生是否负担过重，不是直接问研究对象负担重不重，而是问一些与之有关的问题，如"你每天看多长时间电视？""你每天做作业的时间大概有多长？"等。间接问题往往更能具体地反映事情的真实情况。

2. 具体问题和抽象问题

具体问题是直接从具体的事情出发，问研究对象一些事实，如"班里有多少名同学经常迟到？""有哪些同学经常不按时交作业？"等。

抽象问题是从一些问题出发，需要研究对象说明自己观点的问题。回答抽象问题需要经过认真思考，说出自己对这个问题的看法，如"你认为目前小学生学习兴趣不浓的主要原因是什么？""怎样解决教师不敢管学生的问题？"等。显然，回答抽象问题比具体问题要难。

(二)按回答的性质来分

按回答的性质来分，问卷中的问题可以分为封闭式和开放式两大类。

1. 封闭式问题

封闭式问题也叫结构式问题，有固定的答案。研究对象通过填空或选择的形式回答问题。封闭式问题一般分为选择式问题、排序问题、填表格式问题、顺序式量表问题等几种形式。问题的设置和安排有一定的结构形式，每一个问题有几个备选的答案，由研究对象从中选择。常见的封闭式问题有两类内容：一是固定的事实，如性别、年龄、学习课程、职业类别等；二是参与的频率或个人的态度，例如，参加职业培训的经常性、对职业培训的满意程度、对网上学习的喜爱程度、对"网上学习适合在职成人学习"的观点的同意程度。调查相关问题的程度常用利克特量表：

表示经常性的等级——总是，经常，一般，较少，从不；

表示满意程度的等级——极为满意，满意，一般，不满意，极不满意；

表示喜爱程度的等级——极为喜爱，喜爱，一般，不喜爱，极不喜爱；

表示同意程度的等级——极为同意，同意，一般，不同意，极不同意。

封闭式问卷的适用面相当广，可单独使用或与其他工具配合使用。封闭式问卷的优势是数据量化简便，统计分析便捷，有利于控制和确定变量间的关系，易于根据数据对问题做出判断，适用于广泛的、不同层面的研究对象。封闭式问卷的局限性是收集的信息的范围比较窄，很多信息被封闭式问题过滤掉了，研究者无法进行深入了解，也难以获得特殊群体的意见和观点。

2. 开放式问题

开放式问题指在问卷中只提出问题，不提供答案，由研究对象自由回答。由于回答问题不受限制，研究对象可根据自己的意愿回答，畅所欲言，充分发挥主动性和创造性，因此，研究者往往能获得一些意想不到的、富有启发性的信息。开放式问题简单、直接，研究者易于做定性分析，但是数据处理较困难，也容易出现研究对象不愿书写过多文字而导致问卷作答率低的结果。

封闭式问题与开放式问题各有优缺点。开放式问题可充分获取各种可能的信息，但作答较费时，不像封闭式问题那样简易明了，此外，归类、分析数据也较费时。

四、问卷的内容及结构

(一)内容

背景性问题旨在了解研究对象的基本情况。

客观性问题涉及已经发生和正在发生的各种事实和行为。

主观性问题涉及人们的思想、感情、态度、愿望等一切主观世界方面的内容。

检验性问题是为检验回答是否真实、准确而设计的问题。

(二)结构

问卷的结构如下。

1. 题目、前言和指导语

题目，即问卷的标题，能简洁地反映调查的目的和内容。由于题目是研究对象首先看到的部分，因此选择和确定题目是很重要的。题目不仅要与调查目的相符，反映问卷的内容，而且不能给研究对象造成不良影响。题目是对调查内容的高度概括，它既要与调查内容一致，又要注意对被调查者的影响。问卷的题目应简明扼要，清晰地反映调查的主题与对象。

前言是对研究的目的、意义和内容的简要说明，旨在引起研究对象的重视和兴趣，消除戒心，与研究者愉快合作。前言一般包括研究者的身份介绍、调查内容与目的、关于匿名的保证、保密及合理使用调查结果的承诺、对研究对象回答问题的基本要求（如是邮寄的问卷，写明最迟寄回问卷的时间）、对研究对象的合作与支持表示感谢等内容。前言关系到研究对象是否愿意合作，能否如实填写问卷。一般说来，前言在文字上要简洁、明确、有吸引力，在语气上要谦虚、诚恳、如实，要能简单地概括出研究的内容和意义，明确对象选择的方法和结果的保密措施等。因此，一般的前言都会写明"可以不填写姓名""答案没有对错之分""仅为科学研究所用""谢谢您的合作"等。

【案例】

调查问卷的前言

亲爱的家长：

近年来，小学生外语学习成为社会各界普遍关注的热点，为了使小学生外语学习能够更加科学和规范，我们特进行此次调查。本问卷旨在了解您对小学生外语学习的态度和您孩子外语学习的状况。您的回答对我们至关重要，调查数据将作为科学研究的依据。本问卷无须填写姓名和联系方式。答案也没有对错之分。请您根据自己的情况如实填写，我们将对调查内容严格保密，衷心感谢您对我们工作的支持！

××××（单位）××课题组

××××年××月××日

指导语的作用是对填问卷调查表的方法、要求、时间、注意事项等做总体说明。指导语要简明易懂，使研究对象一看就明白如何填写（如果设计的问卷题型比较单一，这部分的内容可以与前言部分合在一起）。指导语主要说明如何给所选答案做记号、选择答案的数目、填写答案的要求等，有时还附一两个例子，以帮助研究对象更好地理解如何进行填写。常见的指导语有"请在每一个问题后的符合自己情况的答案号码上画圈，注意每一个问题只能选择一个答案""答案没有好坏之分，请独立完成，不要与别人商量，现在请您按照题目顺序作答"等。

由于指导语直接影响到研究对象的填写，因此指导语的设计也是很重要的，它直接关系到问卷的信度和效度。一份无效的问卷有时就是因为指导语不明确或研究对象没有认真阅读指导语而造成的。例如，研究者在用问卷调查法进行教育研究时，有时为了便于统计结果，要求研究对象将选定的答案涂黑。但在实际作答的过程中，有的研究对象却用打"√"或打"×"的方式及其他方式回答，从而直接影响了结果处理的正确性。

2. 问题和答案

问题和答案是问卷的主要组成部分。问卷调查的目的、内容和研究对象的回答都包括在这一部分中。问题是问卷的核心内容，研究者编制的问题要简洁明了，要与研究对象的知识与能力水平相适应，符合研究目的及要求。

3. 结束语

写结束语通常有两种方式：一是设计几个开放性问题，让研究对象补充说明有关情况，对有的问题做更深入的回答，或谈谈对问卷或研究本身有何看法、建议；二是以简短的话语表达对研究对象合作的感谢之情。有时，也可以省略结束语。

五、问卷设计的问题和原则

(一)问卷设计的问题

1. 问卷格式不完整

问卷的类型不同，其组成要素及格式也会有所差异。研究者在编制问卷时，一定要让问卷的格式完整，如有明确的题目、简洁明了的指导语、整洁的排版、精美的印刷等，这些都可以提高研究对象对问卷的认可度。其中，问卷的题目和指导语最重要。

有些问卷虽然问题不多，但没有明确的题目。研究者可能以为"就这么几个小题，再放个题目大可不必"。但这样的问卷一旦下发到研究对象手中，他们就会感到茫然、不知所措，甚至不知道研究者到底想要了解什么。

再者就是缺少指导语。如今，没有指导语的问卷还真不少，出现这种问题的主要原因是研究者对指导语的意义认识模糊。添加指导语的目的在于介绍调查研究的目的和性质、对研究者的重要性，承诺研究对象的隐私不受侵害，保证不公开研究对象的姓名和身份，不将所得资料用于研究以外的目的，请求研究对象配合，让他们反映真实的思想和情况，从而获得准确的数据。倘若没有这些特定的说明，研究对象可能会在心理上存在困惑。

2. 目的不明确

目前，一些调查问卷反映出研究者对调查目的、研究目标的认识比较模糊，这主要体现为问卷中一些问题设计得不明确，没有体现问卷设计的目的。例如，研究者在设计有关"中小学教师职业倦怠现状调查"的问卷时，先应明确"职业倦怠"的含义，再在此基础上确定研究的维度及针对每个维度应该提出的具体问题。在此项调查中不应该出现询问婚姻状况的问题，因为教师的职业倦怠现状与婚姻状况没有必然的因果关系。

3. 问题对应的研究对象不准确

问题的设计要具体明确，符合调查要求，要落实到每个具体问题上。如果问题对象不准确，极易导致调查失真。

众所周知，义务教育阶段的教育包括小学和初中。有个别研究者在有关义务教育阶段的调查中，把本该询问小学生的问题给了初中生。例如，在初中问卷调查中就曾出现过这样的问题："作为少先队员，你对学校开展的少先队活动有何改进建议？"

4. 问题表述不恰当

此类问题反映在问卷中大多表现为措辞不当。语义不清的措辞会使研究对象费解。例如，"你认为教师的待遇够好吗？"这个句子中的"够好"就是语义不清的措辞。研究者在提问时，要用意思简单或清晰的词语。例如，问低年级小学生："你心目中的偶像是谁？"他很可能不完全理解"偶像"这个词的真正含义。这时，可以这样问："在你知道的所有人中，包括家庭、学校、电视、书本中的人物，你最喜欢谁？"

5. 问题与答案不一致

出现这种错误的主要原因在于研究者对自己通过问题想要了解什么认识模糊，致使研究对象所提供的答案与问题不匹配、不协调。例如，下面这个问题：

在学校工作中，是否应该将教学与科研结合在一起？（　　）

A. 赞同　　　B. 比较赞同　　　C. 难说

D. 不太赞同　　E. 不赞同

这类判断题应该用"是"或"否"回答，选项也应该提供"是"或"否"，而不能提供"赞同"等选项。此外，这类问题如果只用"是"或"否"、"正确"或"错误"这种客观答案来判断，仅从面上来分析，很难知晓研究对象内心深处的真实感受。为此，将这类题目换成"您是否同意下面的说法，并简要阐明理由"这样的主观题更合适。

6. 问题的排列混乱

问卷由多个问题组成，如果研究者不能很好地将它们进行梳理和有序排列，会给人一种杂乱无章的感觉，这不仅会让研究对象无从下手，而且会影响他们的答题兴致。在安排问题序列时，通常要按以下几点要求去做：一是把研究对象熟悉的、简单易懂的问题放在前面，把研究对象比较生疏、较难回答的问题放在后面（这一点类似于学校的考试，通常简单、易答的题目都在前面）；二是把能引起研究对象兴趣的问题放在前面，把容易使研究对象紧张的问题放在后面；三是把开放式问题放在问卷的结尾部分。

总之，问题的编排要遵循两条基本原则：一是便于研究对象顺利回答；二是便于研究者统计、分析和处理资料。

7. 问题的类型单一

在针对某一问题进行问卷调查时，研究者若从多种维度解析具体指标，问卷的问题类型自然也就不会单一了。一些问卷之所以有问题类型单一的问题，是因为研究者对某一概念的分解不到位，所列维度满足不了调查的需求。下面，以"中学生的课堂参与情况"为例来说明这个问题。

首先，可以把中学生的课堂学习分解为三个维度，即听课维度、互动维度和练习维度。其次，根据这几个维度找出一些具体指标。听课维度可归结为注意力集中的时间、做小动作的次数、走神时长等。互动维度可归结为回答问题的次数、正确率、在小组讨论中的角色等。练习维度可归结为正确率、完成时长等。最后，依据上面所列出的这些指标，具体设计出一些题目。

8. 问题答案项目不完整

类别项目列举要完整，项与项之间必须相互排斥。例如，下面这个问题：

当你学习上有困难时，常常先找谁？（　　　）

A. 父母　　　　B. 教师　　　　　C. 同学

这个问题的答案属于类别项目，由于列举不完全，研究对象可能无法选择。例如，有人喜欢先找朋友，而在上面的答案中却找不到，因此，当项目很多又不可能做到完全列举时，可以加上"其他"一项。又如，下面这个问题：

你长大了想成为什么？（　　　）

A. 科学家　　　B. 天文学家　　　C. 教师

D. 工人　　　　E. 医生　　　　　F. 其他

在这个问题中，各选项有重合的部分，如 A 项和 B 项，B 项包含在 A 项中。这样的情况在问卷中是不宜出现的。

(二)问卷设计的原则

1. 方便作答原则

调查问卷中的问题应该尽量方便研究对象回答，不必浪费过多笔墨，也不要让研究对象觉得无从下手，需要花费很多时间思考。

2. 问题相关原则

问卷中除了少数几个提供背景的问题外，其余问题必须与研究主题直接相关。

3. 问题单一原则

调查问卷中的每个问题应只涉及一个提问项，不能兼问，违反这一原则的例子如："你是否赞成强化幼儿教师的竞争上岗制度和小学教师的城乡轮岗制度？"

4. 问题明确原则

问题的设定要适合研究对象的知识水平与理解能力，还要避免容易引起歧义的概念与语句，违反这一原则的例子如这一针对小学生的问题："你在学习中出现过习得性无助的情形吗？"

5. 问题中性原则

问题不能带有倾向性或导向性，应该避免隐含某种假设或期望的结果。违反这一原则的例子如："作为学生，你认为遵守校纪班规对你的成长有益吗？"

6. 对象适合原则

问卷中的问题的语言风格与用语应该与研究对象的身份相称，因此，在编拟问题之前，研究者要考察研究对象的情况。如果研究对象有多重身份，则在问题的内容与表述方式上尽量大众化。

7. 拒绝术语原则

研究者在设计问题时应避免大量使用技术性较强的术语及行话，以便研究对象读懂问题。例如，针对一般的社区居民提问："您认为您所在的社区的亲职教育工作开展得如何？"这就是一个不合适的问题。"亲职教育"是一个专业术语，一般的社区居民可能根本就不了解。当然，拒绝术语是针对不了解术语的研究对象而言的，若在专业领域中对该领域相关专业人员进行调查，就可以也必须使用该领域的专业术语。

8. 选项穷尽原则

问卷中的问题提供的选择答案应在逻辑上是排他的，在可能性上又是穷尽的。例如，"您是什么学历？"的备选答案有"高中、大专、本科"三个，显然没有穷尽学历类型。有的问题应提供中立的答案，如"不知道""没有明确态度"等，这样可以避免研究对象在不愿意表态或因不了解情况而无法表态的情况下被迫回答。

9. 尊重隐私原则

研究者在设计问题时应尽量避免涉及个人隐私，如收入来源；还应避免那些会给研究对象带来压力的问题。

◇知识拓展◇

设计问卷调查表内容应注意的事项

1. 尽可能简短。

2. 不要使用研究对象有可能不理解的术语、行话或错综复杂的措辞。

3. 避免使用"问卷"或"清单"之类的措辞，许多研究对象对这类术语持有偏见。

4. 用诸如鲜艳的彩色墨水或彩纸及激光打印技术等会使问卷具有吸引力。

5. 使问题条理化，使之便于阅读或完成。

6. 给问卷编上页码，给问题编上编号。

7. 把返还问卷联系人的姓名、地址写在问卷的开头或末尾，即使回信信封注明了也要这么做。

8. 问卷指导语要简洁明了。

9. 问题按逻辑顺序排列。例如，可以把内容相同或答案相同的问题放在一起。

10. 当问题转换时，用上一个转折句，以帮助研究对象转换思路。

11. 用一些有趣但不带威胁性的问题做开头。

12. 把难题放在问卷末尾。

13. 不要把重要的问题放在较长的问卷末尾。

14. 给这些问题提供理论依据，让研究对象明白他们同该研究的关系。

15. 对那些可能会搞错或难以理解的问题，要举例说明。

16. 避免使用"几个""大多""通常"之类意思不明确的词语。

17. 以尽可能简洁的形式说明每一个问题。

18. 避免消极陈述问题，因为这会使研究对象误读。如果忽略了这一点，研究对象做出的回答可能就会与他们的真实想法相悖。

19. 不应涉及社会禁忌与个人隐私。任何一个人，心中都存在一些不能乱碰的地方，硬要去碰，调查一定会失败，特别是关于个人隐私方面的问题，更应该注意。另外，也不能正面问一些敏感的道德问题。

20. 不应含混不清，通常应设法避免以下三大类问题：

①问题太普遍化，使研究对象不知研究的真正目的；

②语意不清的措辞，使研究对象费解；

③包含两个或两个以上的观念与事实，使研究对象不知如何选择。

六、问卷调查法的实施步骤

(一)明确调查目的

在基础教育研究中，明确调查目的是非常重要的一步。例如，假设调查目的是了解学生对某种教学方法的反馈和评价，以及他们的学习动机和自主学习能力。在明确了调查目的后，研究者可以进一步确定需要收集的信息和数据，确定问卷的重点内容。

(二)确定问卷的框架

确定问卷的框架是为了确保问题的逻辑结构和流程合理。研究者若进行有关基础教育的研究，可以将问卷分为不同的模块，如学习动机、教学评价、自主学习等。每个模块内部的问题可以按照从一般到具体的顺序排列，以确保信息的逻辑流畅性。

例如，学习动机模块可以包括如下问题："你对学习的兴趣如何?""你对学习的目标和价值有清晰的认识吗?"

(三)编制问卷

研究者在根据确定的框架编制问卷时，需要选择合适的问题形式。在基础教育研究中，可以使用封闭性问题、开放性问题等不同形式的问题。同时，需要注意问题应表达得清晰、简洁和中立，避免使用引导性或歧义性问题。

例如，研究者若想了解学生的学习动机，可以使用量表让学生评价自己的学习兴趣程度，从非常不感兴趣到非常感兴趣。

(四)问卷的试用与修改

在正式使用问卷之前，研究者应先试用与修改。试用是为了评估问卷的可行性和有效性，以及检查问题是否清晰、易懂。研究者可根据试用的结果对问卷进行修改和优化。

例如，研究者可以选择一些学生试填问卷，并收集他们的反馈意见。根据反馈，可以修改问题的表述方式、调整问题的顺序、增加或删除某些问题，以提高问卷的质量和有效性。

(五)问卷的发放与回收

在问卷调查开始之前，研究者需要确定问卷的发放方式和目标受访群体。例如，研究者可以借助在线调查平台或电子邮件等将问卷发放给学生，明确填写问卷的截止日期，并采取措施确保问卷的回收率。又如，研究者可以在学校允许的前提下进校园向学生发放纸质问卷，并请学生在一定时间内填写完毕，最后收集回来。

七、问卷调查法的优缺点

(一)优点

第一，省。问卷调查法比较省时、省力、省物。

第二，便。填写问卷可不受时间和空间的限制，简便易行。

第三，真。匿名填写，会得到较为真实的信息。

第四，广。问卷调查法可适用于小、中、大型等不同规模的课题研究。

(二)缺点

第一，缺乏灵活性。问卷是统一设计的，答案一般是固定的，没有弹性，这就很难适应复杂多变的实际情况，很难对问题做深入的探讨。

第二，问卷调查法只能获得书面的信息，不能了解到生动、具体的情况。问卷调查法绝不能代替直接调查法，特别是对新事物、新情况、新问题的研究，单独使用问卷调查法是很难完成研究的。

第三，问卷不容易鉴别错误或误解。问卷没有标准答案，完全凭个人理解回答。

第四，问卷对研究者的设计水平要求较高。

第五，在运用问卷调查法时，研究者无法控制研究对象在回答时的情况；对问卷的填答难以进行有效的指导，难以全面了解影响回答的各种因素。

综上所述，问卷调查法的主要优点是简便易行、省时、取样大，便于收集大量的资料，容易进行统计处理等。但与访谈法相较，问卷调查法所获得资料不够深入。此外，研究对象回答问题时，常会猜测研究者的意图，或以社会期望为取向来填写问卷，其反应的真实性会受到影响。因此，在使用问卷时，研究者应注意以下几点。

第一，问题应含义清楚，简单明确，容易理解，便于作答。

第二，问题应生动有趣，回答方式要简单，使研究对象愿意回答，答案要便于统计处理。

第三，问题的文字表述不应对研究对象选择答案有任何暗示。

第四，问题应包含一定数量的探测性项目，以了解研究对象的回答是否真实。

第五，在施测前，应对问卷进行信度与效度分析。

【案例】

关于师德师风建设的家长调查问卷

尊敬的家长：

您好！

为了进一步开展我校师德师风建设，在以后的工作中更好地教育孩子并服务家长，请您填写此表。谢谢您的合作！

1. 老师对工作尽责尽职，责任感（   ）。

A. 很强　　　　B. 较强　　　　　　C. 一般　　　　D. 较差　　　　E. 很差

2. 老师对您孩子的关心、爱护程度是（   ）。

A. 关心爱护　　B. 较关心爱护　　C. 一般　　　　D. 较差　　　　E. 很差

3. 老师对您孩子的了解程度是（   ）。

A. 很深　　　　B. 较深　　　　　　C. 一般　　　　D. 了解一点　E. 不了解

4. 您孩子喜欢老师的程度是（   ）。

A. 非常喜欢　　B. 较喜欢　　　　　C. 一般　　　　D. 害怕　　　　E. 非常害怕

5. 老师对您孩子在校表现的态度是（   ）。

A. 非常好　　　B. 较好　　　　　　C. 一般　　　　D. 较差　　　　E. 非常差

6.（可多选）老师与您交换意见的联系方式是（   ）。

A. 打电话　　　B. 告诉学生　　　　C. 家访

D. 通知学生家长来学校　　　　　　E. 其他

7. 老师是否经常利用工作之便让您帮助办私事？（   ）

A. 经常利用　B. 利用　　　　　　C. 一般　　　　D. 偶尔利用　E. 没有

8. 您对学校师德师风建设有何建议？

_____

第四节　测量调查法

　　测量调查法是研究领域中常用的一种方法，用于收集、描述和评估特定研究对象或现象的属性、特征或数量。它提供了一种系统化的途径，研究者可通过明确定义测量客体、测量内容、测量规则和测量工具，以量化的方式获取数据和信息。测量调查法在教育、心理学、社会科学、市场研究等领域得到了广泛应用，为研究者提供了一种客观、可靠的手段来了解和解释现象、探索关系、做出决策。

一、测量调查法的含义

(一)测量的定义

　　测量指使用特定的方法和工具，研究、描述或评价某个对象或现象的属性、特征或数量的过程。它涉及对相关对象的量化，以便获取可比较、可解释的数据。从测量的定义来看，任何测量都必须具备以下几个要素。

　　1. 测量客体

　　测量客体指被测量的对象或现象。在教育领域，测量客体可以是学生的知识水平、技能掌握程度、学习动机等，也可以是教学质量、教育政策效果等。

　　2. 测量内容

　　测量内容指对测量客体的属性或特征的具体描述或定义。例如，在教育领域的测量中，测量内容可以是学生的数学思维能力、阅读理解能力、创造性思维能力等。

　　3. 测量规则

　　测量规则指在测量过程中所需遵循的程序或标准。测量规则包括测量的单位、测量的标尺、测量的判定标准等。测量规则是确保测量结果的可靠性和有效性的重要依据。

　　4. 测量工具

　　测量工具指用于进行测量的具体的设备或方法等。在教育研究领域中，常用的测量工具包括问卷、测验表、观察记录表、心理量表等。选择合适的测量工具可以有效地收集和记录测量数据。

(二)教育测量的定义

从广义上来说，教育测量指对教育领域中的学生、教学过程、教育成果等进行量化描述、评估或研究的过程。它涉及对学生的能力、知识、态度等，主要对教学质量、教育政策效果等进行评估，以及对教育研究问题进行研究。

从狭义上来说，教育测量指利用科学的测量方法和工具，对学生的学业表现、学习效果等进行量化测量和评估的过程。它旨在提供客观、可靠的数据，可用于教育决策、教学改进和教育研究。教育测量的目的是通过测量和评估，了解学生的学习状况和发展趋势，为教育实践和政策制定提供依据。

在教育测量中，常用的方法包括标准化测验、教学评估、问卷调查、观察记录等。这些方法可以帮助研究者收集和分析大量的数据，以便更好地了解学生的学业表现、教师的教学效果以及教育系统的运行状况。通过教育测量，研究者可以收集有关学生和教育环境的信息。

二、测量调查法的特点、优缺点

(一)特点

第一，取材范围广。各年级各学科的教材均可作为调查材料。

第二，有较严密的工具编制过程。测验题一般是由教师编订、专家审定而成的，整个过程较严密。

第三，有严格的施测过程。

第四，一般使用常模对结果进行解释。

第五，应用范围广。既可测量学生的学业表现，又可测量学生的智力、人格、能力等。

(二)优点

1. 科学性较强

测量表的编制过程客观、严谨，测量结果直观、形象。

2. 标准化程度较高

测量的施测、评分、计分、对分数的解释等均有统一的标准，容易控制，便于操作。

3. 定量化水平较高

测量所获得的均为较客观的数据资料，便于记录和分析，可用计算机进行结果处理。

4. 能直接进行对比研究

标准化测量一般都有常模，研究者将所测得的数据资料直接与常模比较，便可知差异。

5. 经济实用，省时省力

研究者根据研究需要直接选择合适的测验量表施测即可。

(三)缺点

测量调查法在收集和分析教育数据时存在一些缺点，这些缺点包括但不限于以下几个方面。

1. 测量偏差

测量调查可能会受到测量工具的限制和测量过程中的误差的影响。例如，研究对象在填写问卷时，可能存在回答具有主观性、回应社会期望等问题，这会影响数据的准确性。

2. 自我评价

测量调查通常依赖于研究对象的自我评价，可能会受到研究对象的个体差异、主观态度和社会期望的影响，从而影响数据的可靠性。

3. 研究对象的反应

研究对象在接受测量调查时可能会受到各种因素影响，如测试焦虑、社会期望、测验效应等。这些因素可能导致研究对象的行为和表现与真实情况存在差异，从而影响数据的准确性和可靠性。

4. 局部性和时效性

测量调查通常在特定时间点或特定环境下进行，结果可能会受到局部性和时效性的限制。这意味着测量结果可能无法完全代表整体情况或不具有长期的适用性。

5. 隐私和伦理问题

测量调查可能会涉及个人隐私和伦理问题。保护研究对象的隐私权是非常重要的，研究者需要遵循伦理原则。

6. 复杂性和多维度性

教育领域的复杂性和多维度性使得测量调查难以全面地捕捉学生的各个方面的情况。教育目标和学习成果往往涉及知识、技能、态度、价值观等多个维度，单一的测量工具和方法难以全面覆盖。

综上所述，教育测量调查在收集和分析教育数据时存在一些缺点。研究者在设计和实施教育测量调查时，需要认识到这些缺点，并采取适当的措施和方法来提高数据的准确性和可靠性。同时，综合应用多种方法和交叉验证数据解决一部分问题，提高教育测量调查的有效性和可信度。

三、测量调查法的类型

(一)根据行为目标和测验内容分类

1. 智力测验

智力测验旨在评估个体的智力水平和认知能力，通常涉及推理、逻辑思维、解决问题、记忆、注意力等方面的任务和题目。智力测验的结果可以用来评估个体的智力水平、发现潜在的学习困难或天赋，并在教育和职业选择等方面提供参考。

2. 能力倾向测验

能力倾向测验旨在评估个体在特定领域的潜力和能力，通常涉及特定技能或知识领域，如数学能力、语言能力、音乐能力等。能力倾向测验可以用来确定个体的特长和发展方向，为教育和职业发展提供指导。

3. 成就测验

成就测验旨在评估个体在特定学科或领域中的学习成果和知识掌握程度，通常基于特定教育标准或课程要求，如数学成就测验、语文成就测验等。成就测验的结果可以用来评估学生的学业表现、识别学习差距和改进教学方法。

4. 人格测验

人格测验旨在评估个体的人格特质、价值观、兴趣和行为方式，通常使用问卷调查或其他评估工具，通过个体自我报告或观察他人行为来获取数据。人格测验可以帮助研究者了解研究对象的个性、适应性和心理健康状况，对心理咨询和人力资源管理具有重要意义。

(二)根据测验对象分类

1. 个别测验

个别测验是针对个体进行的测验评估，通常由专业人员测验。个别测验可以提供更详细和个体化的评估，适用于需要深入了解个体情况和提供个体化干预的情况，如特殊教育评估、心理咨询等。

2. 团体测验

团体测验是同时对一群人进行的测验评估，通常采用统一的测试材料和程序。团体测验适用于大规模评估、群体比较和筛选，如人才选拔等。

(三)根据测验材料分类

1. 语言、文字测验

语言、文字测验以语言和文字为测验材料，要求研究对象理解和运用语言知识、技能。这种测验形式常见于语文、外语等领域的评估，包括阅读理解、写作、语法、词汇等方面的任务。

2. 非语言、文字测验

非语言、文字测验使用非语言材料，如图像、图表等，要求研究对象进行观察、推理和解决问题。这种测验形式常见于智力测验、空间能力评估等领域，可以减少语言和文化差异对测验结果的影响。

(四)根据测验的参照系分类

1. 常模参照测验

常模参照测验将研究对象的表现与同龄人群体进行比较，以确立一个参照标准。研究者可将研究对象的得分与一个代表整体群体的平均分数、标准差等统计指标进行对比，从而评估其相对位置和水平。常模参照测验可以反映个体在特定领域的表现水平，比较个体与同龄人的差异。

2. 目标参照测验

目标参照测验指将研究对象的表现与特定的目标标准进行比较。这些目标可以是事先设定的、明确的教育标准、学习目标或个体设定的目标。目标参照测验可以评估个体在特定领域内是否达到了预期目标或标准。

(五)根据测验的标准化程度分类

1. 标准化测验

标准化测验是经过严格设计、大规模试验和标准化程序的测验。标准化测验具有统一的测试材料、标准化的测试程序和评分标准，可确保测验结果的可比性和可靠性。标准化测验可以提供标准化得分、百分位数等统计指标，便于比较和解释个体的测验结果。

2. 非标准化测验

非标准化测验指没有经过严格标准化程序的测验，可能缺乏统一的测试材料、标准化的评分标准或大样本试验。非标准化测验更加灵活且更加个体化，但其结果的可比性和可靠性较低，研究者需要谨慎解释和使用。

除了上述类型之外，与教育有关的测量调查法还有其他类型。例如，按测验的执行方式，可以分为口头测验、纸笔测验、操作测验、计算机测验；按答案和评分的客观性，可以分为客观题测验和主观题测验；按测验目的，可以分为描述性测验、诊断性测验、预测性测验等。

四、测量调查法在教育研究中的作用

(一)诊断功能

研究者可通过测量调查法进行分析，收集信息数据，支持某一论点或得出新的结论，以提高教育科学研究的科学性。

例如，研究者根据测量调查所得的信息，对学生的学业、智力、能力、人格等做出判断，进而改进工作，更好地对学生进行因材施教。

(二)建立和检验科学假设

测量调查法可帮助研究者建立假设，并检验该假设。

(三)评价作用

测量调查法的评价范围如下：对学制、教学计划、教学大纲、教材与教法的评价，对教师、学生的评价，对教育研究成果的评价。

测量调查法可描述研究对象的行为，为研究者进行科学评价提供可靠依据。

(四)预测、选拔功能

研究者可利用测量调查法的结果对事物发展的趋势做出预测、选拔人才。

五、测量调查法的实施步骤

第一，确定测量目标。研究者首先要确定测量是用于诊断还是用于建立和检验假设，还是用于评价；其次要明确测量的对象；最后要明确具体的测量内容(能力、性格、智力等)。

第二，制订测量计划。

第三，编制测量题目(量表)。测量题目的类型如下。

被择式：多重选择题、是非题、正误题、匹配题、排列题、改错题。

自由反应式：简答题、填空题、论文题、应用题、操作题、联想题。

第四，检查测量题目，判断题目质量。

第五，进行正式测验。

第六，收集研究对象的反馈信息。

◇**实战训练**◇

单项选择题

教师通过记录学生在课外活动中的攻击行为来研究该行为与性别的关系，这种研究方法是(　　)。

A. 个案法　　　　B. 实验法　　　　C. 调查法　　　　D. 观察法

【答案】D

【解析】本题考查的知识点是"教育研究的基本方法"。"个案法"是针对个体的研究方法，显然从题干中无法得出教师是针对某一学生的行为而进行研究的；"实验法"需通过严格控制或创设实验条件，题干也无法体现出来；"调查法"主要包括谈话法、问卷法和作品分析法，题干所体现的方法不属于任何一种调查法；"观察法"是在自然条件下有目的、有计划地通过研究对象的外部表现(如言语、表情、行为等)去了解其心理的方法。题干所述教师正是通过记录自然条件下学生的攻击行为来研究的，故本题选 D。

基础测试

一、单项选择题

1. 在进行访谈调查时，下面哪种方式是正确的？（　　）

A. 在提问时，研究者应尽量回避那些敏感的问题

B. 在访谈时，研究者用眼神与研究对象交流是不礼貌的

C. 在访谈时，座位的安排无关紧要

D. 在一般情况下，研究者不要追问

2. 在编制问卷的题目时，下面哪种叙述是不正确的？（　　）

A. 不可以使用双重否定句

B. 应尽量回避社会赞许程度高的问题

C. 题目不宜过长

D. 题目越多越好

3. 欲编制一道测试中学生自信心的问题，下面哪种表述最好？（　　）

A. 我总是相信自己能做好每一件事

B. 我相信只要自己努力，学习就会变好

C. 老师或家长让我自己决定的事情，我很少犹豫不决

D. 我从不怀疑自己的判断不正确

4. 在一般情况下，回答问卷的时间应为（　　）。

A. 0～30 分钟

B. 30～40 分钟

C. 40～50 分钟

D. 50～60 分钟

5. 关于使用问卷调查的好处，下面哪种表述是不正确的？（　　）

A. 样本大，效度增加

B. 不受研究者的影响，又可以避免找不到人

C. 标准化程度高

D. 问卷回收率最高

6. 下列说法中不属于访谈前准备工作内容的是哪项？（　　）

A. 准备一切可用的记录工具，如录音机、照相机、纸、笔等

B. 做好知识和心理方面的准备

C. 增进与研究对象的关系

D. 了解研究对象的情况

7. 下列哪种说法不正确？（　　）

A. 访谈调查需要研究者和研究对象直接接触和相互作用

B. 访谈调查不需要做大量准备工作

C. 访谈调查对于不易接受书面语言的研究对象来说更恰当

D. 访谈调查具有较好的灵活性

8. 下列说法中哪个是正确的？（　　）

A. 问卷中的事实问题仅用于了解研究对象做过的那些事情

B. 问卷施测的时间掌握在 15 分钟以内最好

C. 只要样本容量够大就有代表性

D. 只有掌握了研究问题的行为样本，才能编制出全面而又有代表性的题目

9. 问卷的主要构成部分是什么？（　　）

A. 题目　　　　　　　　B. 指导语

C. 问题　　　　　　　　D. 结束语

10. 在教育测量中，反映测验所得结果可靠性和稳定性的指标是（　　）。

A. 区分度　　　　　　　B. 难度

C. 信度　　　　　　　　D. 效度

二、判断题

1. 使用访谈调查，研究过程中容易产生偏差。（　　）

2. 问卷调查法也称为调查表法。（　　）

三、简答题

1. 简述教育调查法的类型。

2. 简述教育调查法的实施步骤。

3. 什么是问卷调查法？它有哪些特点？

第七章　教育实验法

>>> **学习目标**

1. 了解教育实验法在教育研究中的地位与价值，掌握教育实验法的概念、特点，熟悉教育实验法的实施步骤。

2. 了解实验研究效度和变量的内涵，了解提高效度的措施，掌握变量的控制方法，熟悉不同效度和变量在教育实验研究中的表现。

3. 了解教育实验设计与评价的价值，掌握教育实验设计与评价的知识，熟悉教育实验设计与评价的方法。

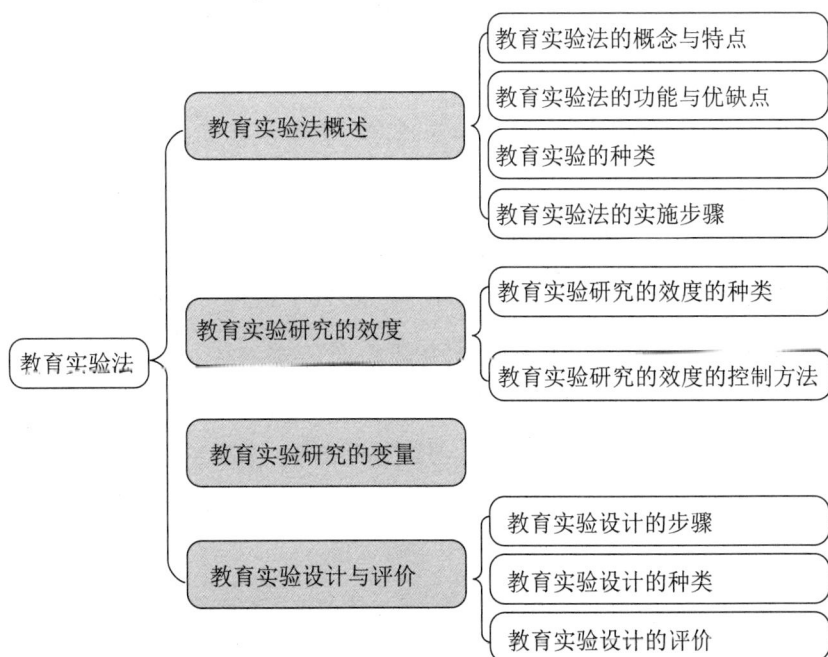

第一节 教育实验法概述

在传统的教育研究中，思辨的方法一直占有主要地位。教育实验法是随着近代科学的发展，特别是心理学中的实验方法而逐渐发展起来的。教育实验法的运用对于提高教育研究的科学性具有重要的价值。对于一线教师而言，教育研究主要是问题研究，旨在提高教育教学质量。在量化研究方法中，教育实验法是一种被认为科学化水平最高的研究方法，也是一种经常被采用的方法，掌握这种方法对于提升教师的教育研究水平有积极意义。

一、教育实验法的概念与特点

（一）教育实验法的概念

教育实验法是教育科学研究的基本方法。对于这种方法，不同的学者有不同的理解。李秉德认为，教育实验法是为了解决某一教育问题，根据一定的教育理论或设想，组织有计划的教育实验，到一定时间后，就实践效果进行比较分析，从而得出有关实验因子的科学结论的方法。[①] 戴汝潜、宛士奇认为，所谓教育实验法是指教育研究人员，沿着既定的教育目标所决定的方向，控制那些干扰教育目标成因的因素，操纵那些使教育目标实现的决定性因素，从而确定那些被操纵的因素与既定的教育目标间的因果关系的一种研究方法。[②] 王嘉毅认为，教育实验是指在现实教育情景中，研究者根据一定的目的，有意控制和变革某些因素，以探索教育规律的一种教育研究方法。[③] 综合已有的界定，我们认为，教育实验法是一种教育研究方法，通过精心设计的实验设置，系统地比较不同教学方法或教育策略对学习效果的影响，以科学评估教学方法的有效性和教育策略的实施效果。这种方法通常涉及实验组和对照组，实验组接受

---

① 李秉德：《教育科学研究方法》，62页，北京，人民教育出版社，1986。

② 戴汝潜、宛士奇：《第一讲 教育实验的意义和特征》，载《现代中小学教育》，1990(3)。

③ 王嘉毅：《教育实验界定之我见》，载《教育研究与实验》，1991(3)。

新教学方法，对照组接受传统教学方法，进而比较两者的教学效果，为教育决策提供科学依据。

◇知识拓展◇

教育实验研究的起源

1879 年，德国心理学家冯特（W. Wundt）创立了第一个心理实验室，他把教育学看作应用心理学，虽然有一定的片面性，但是毕竟在教育学中导入了自然科学的研究方法，其研究范围包括儿童身心发展及学校中其他实际问题。此外，他还认为，在复杂的高级心理过程的发展中，社会的力量起着主要的作用，因此应使用社会学、人类学和社会心理学的方法加以研究。其后，他的学生梅伊曼（E. Meumann）和同代人拉伊（W. A. Lay）共同创立了实验教育学，分别著有《实验教育学入门讲演录》和《实验教育学》，主张用实验的方法研究教育活动中儿童身心的状态，为教育研究提供了新的方法。

【资料来源】顾泠沅：《教学实验论——青浦实验的方法学与教学原理研究》，55 页，北京，教育科学出版社，1994。引用时有改动。

（二）教育实验法的特点

从教育实验活动的组成要素来看，作为一种研究方法，教育实验法在以下方面有如下特点。

1. 教育实验对象的特点

科学实验的对象是物（或低级动物），相对简单、固定，比较容易控制条件。教育实验的对象是人。自然条件、社会条件、人的生理状态和心理状态等都会对教育实验过程产生影响，情况极为复杂、多变。因此，研究者对控制教育实验条件的要求更高、更严、更复杂，既要控制教育实验条件，又不能损害学生的身心健康。虽然科学实验允许失败，但是教育实验应尽力避免失败。因为研究对象是处于发展之中的学生，对于参加实验的某一名学生来说，如果实验对其正常发展产生了负面影响，是无法通过其他途径来弥补的，所以教育实验具有严谨性和伦理性。

2. 教育实验环境的特点

科学实验一般在实验室内或实验田里进行，可严格地控制条件。教育实验一般在自然的、正常的教育教学活动中进行，可了解学生的常态。只有在这样的实验环境中得出的实验结果才是可靠的、可信的、真实的，才是具有科学价值的。但是，这样的教育实验的条件很难控制，干扰过多。因为，研究者在实验的全过程中，要全面地考虑问题和处理问题，结论应该是全面的、客观的，所以，教育实验必须考虑真实性与全面性。

3. 教育实验周期的特点

"十年树木，百年树人。"因为教育具有长效性，所以教育实验的周期较长。研究者往往需要几年、十几年或几十年的反复实验，才能看到真正的效果，才能获得可靠的证据。此外，教育实验具有长期性，教育实验不应急于求成。为了提高教育活动的效率，培养出更多的人才，研究者需要主动地改变现有教育条件，探索出有效的育人途径与方法。

4. 教育实验结果的特点

通常来说，科学实验的结果一般可以用精密的科学仪器测量，研究者容易获得比较准确的数据，便于做定量分析。然而，在教育实验中，研究对象——人的精神活动千变万化，高度抽象，不便于直接观察，也不便于精确测量，研究者难以获得比较准确的数据，或根本不可能获得比较准确的数据。那么，教育实验结果就不具有科学性吗？量化研究，指将问题与现象用数量来表示，通过分析、考验、解释获得意义的研究方法。在教育实验中，量化研究的方法在自变量分析、前测、后测以及统计分析等方面得到了运用，提高了教育实验的精确性和科学性。在教育实验中，能进行定量分析的问题，应尽量进行定量分析；不需要或不可能进行定量分析的问题，可采用其他方法，切忌滥用定量分析。研究者不能认为凡是能量化的教育实验成果都是科学的，只要是没能量化的教育实验成果就是不科学的。教育实验的科学性并不是完全通过量化体现的。

二、教育实验法的功能与优缺点

(一)教育实验法的功能

研究者通过实验可以科学地比较不同教学方法或策略对学习效果的影响，从而确定哪种方法更有效。实验可以用来验证教育领域中的各种假设或理论，通过实验获得的实际的数据和证据可以支持或否定这些假设。研究者通过实验研究，可以识别教学中存在的问题和不足之处，并提供有针对性的改进建议，从而促使教师提升教学质量。实验可以帮助学校或其他教育机构更有效地配置教学资源，以满足不同学生群体的需求。实验的结果可以为教育政策的制定提供科学依据，帮助决策者做出更合理的选择。

认识到教育实验法的功能，有助于提高运用这种方法的自觉性，但要使教育实验法的功能得到充分发挥，还需了解这种方法的优缺点。

(二)教育实验法的优缺点

1. 教育实验法的优点

第一，教育实验法是建立因果关系的好方法。

在建立因果关系方面，教育实验法优于其他方法。文献法、调查法、内容分析法等研究方法，在多数情况下是横向进行的，而教育实验法一般都是纵向的，为研究者研究实验因子在整个时期的变化提供了机会。调查法一般难以控制环境中的干扰因素难以控制，观察法一般不能控制外部因素对因变量的影响，也不大可能准确地测量因变量的变化，而教育实验法能够严格控制无关因素对因变量的影响，使研究结果明晰化。

例如，研究目的是探究一种新的数学教学方法对中学生数学学业表现的影响，研究步骤如下。

选取研究样本：随机选取两个班级作为实验组和对照组。

设计教学干预：实验组使用新的数学教学方法，对照组继续使用传统的数学教学方法。

进行教学干预：实验组和对照组的学生接受相应的数学教学干预。

收集数据：在一定时间后，进行数学学业表现的测量，收集实验组和对照组的数据。

分析数据：对实验组和对照组的学业表现数据进行统计分析，比较两组之间的差异。

解释结果：通过对比实验组和对照组的学业表现数据，可以得出新的数学教学方法对学生学业表现的影响。

得出结论和推广：根据实验结果，研究者可以得出结论并提出有关教学改进的建议，推广新的数学教学方法。

第二，教育实验法能遇到在自然条件下遇不到或难以遇到的情况。

教育实验法可以在受控的环境中模拟或创造出一些在自然条件下遇不到或难以遇到的情况。例如，研究者可以设计特定的教学干预措施，以观察学生在不同教学策略下的反应。这种创造性的实验设计能够提供研究所需的特定条件，以便研究者更好地理解教育现象。

2. 教育实验法的缺点

教育实验法虽然具有许多优点，但是也存在一些缺点。

第一，易受个体因素干扰。

教育实验法往往涉及学生、教师和其他教育参与者的行为与态度，它可能会受到个体差异、动机、情绪和社会互动等个体因素的影响。因此，研究者很难在实验中完全控制此类因素，导致实验结果有误差或失真。

第二，易受人工环境限制。

教育实验通常在人工环境中进行，如实验室或受控的教室环境。这种环境与现实教育环境可能存在差异，因此实验结果在实际教育场景中的适用性和推广性可能有限。学生在实验环境中的反应和行为可能与在实际情况下的不同。

第三，易受外部有效性限制。

教育实验往往在特定的时间、地点和参与者群体中进行，因此实验结果的外部有效性可能会受到限制。实验结果可能仅适用于特定的学生群体、教育环境或教学内容，不能直接推广到其他情境中。

第四，易受时间和成本限制。

研究者进行教育实验需要投入大量的时间、人力和物力。实验设计、数据收集、数据分析和结果解释等环节需要耗费大量的精力。同时，教育实验的成本也往往较高，可能难以在大规模范围内进行。

3. 可以重复实验

教育实验法具有可重复性，即其他研究者可以重复相同的实验，以验证研究结果的可靠性和稳定性。重复实验可以降低实验结果的偶然性。

4. 提高研究的准确性和精密度

教育实验法可以通过对实验组和对照组的设定，控制和排除其他变量的影响，从而提高研究的准确性和精密度。因为实验组和对照组的差异是由教学干预产生的，而不受其他外部因素的干扰。通过实验的精确控制和数据收集，研究者可以更准确地了解教育干预的效果和影响。

假设研究者想要探究一种新的学习策略对小学生英语学业表现的影响，具体的研究步骤如下。

选择样本：随机选择若干个小学班级作为实验组和对照组。

实验组教学干预：实验组使用新的学习策略，如采用游戏学习法。

对照组教学干预：对照组继续使用传统的英语学习策略。

收集数据：在一段时间后，测量英语学业表现，记录实验组和对照组的数据。

分析数据：比较实验组和对照组的学业表现数据，通过统计分析确定两组之间的差异。

解释结果：通过对比实验组和对照组的学业表现数据，分析新的学习策略对学生英语学业表现的影响。

重复实验：其他研究者可以使用相同的实验设计和方法进行类似的研究，以验证研究结果的稳定性和可靠性。

通过教育实验法，研究者可以创造特定条件，控制变量，提高研究的准确性和精密度，获得可靠的结论，并为教育实践提供有价值的指导。

三、教育实验的种类

根据教育实验的特点，可以把教育实验分成不同的类型。

(一)单因素实验与多因素实验

按自变量因素的数量来分，可分为单因素实验(也称单一变量实验)和多因素实验(也称组合变量实验，同时操作自变量中的几个因素)。在基础教育研究中，单因素实验是一种常见的类型，这是因为幼儿园、中小学教师所遇到的问题及他们自身的特点使其研究多为单因素研究。例如，单科单项改革研究的一个基本目标是解决教育、教学中遇到的困难，提高教育教学水平，提高教育质量，具有很强的针对性与应用性。这种研究不单纯是为了一时、一校、一课、一书的改革需要，而是要弄清某个教育现象内外各个因素之间的关系，并已从单一解决个别具体问题发展到探索带规律性的现象。从研究的内容看，已包括幼儿园及中小学各门学科，课内、课外、校外的全部教育领域，课程、教材、教法、学法的方方面面，以及学校教育的每一个方面，呈现出广泛性。

多因素研究的自变量有两个或更多，实验难度较大，因此，幼儿园及中小学教师在教育教学研究中对之运用较少。多因素研究常被用在一些较为复杂的课题研究中，如中小学整体改革研究。中小学整体改革研究是对一所学校的整体改革进行科学研究的活动。探索中小学的办学规律是为了促进学生全面发展。为实现这一目标，学校、家庭、社会应共同努力，创造良好的教育环境。这是一项系统工程，应从指导思想、统筹规划、总体设计、结构调整等方面，对基础教育进行宏观控制。由此可见，中小学整体改革研究是对素质教育规律、教书育人规律的研究，是一种把改革、实验、探索、实践融为一体的实验。

(二)探索性实验与验证性实验

探索性实验旨在发现新的现象、关系或理论，可使研究者初步了解和探索某一领域。探索性实验通常具有较高的灵活性，允许研究者自由探索和观察，而不受严格的假设限制。例如，研究者在某一新领域中进行实验，旨在发现新的现象或关系，从而为后续的深入研究提供基础。

验证性实验旨在验证先前提出的假设、理论或模型，以确认它们是否成立。验证性实验通常会严格控制变量，并根据先前的理论或假设来设计实验，以验证研究者的猜想或假设。例如，先前的研究提出了一个关于某个教学方法对学生学业表现有影响的假设，验证性实验将通过严格的实验设计和数据分析来验证这个假设的准确性。

(三)前实验、准实验与真实实验

前实验是在正式实验开展之前进行的小规模实验，旨在测试实验设计的可行性、熟悉实验流程，以及检查实验操作的有效性。前实验通常规模较小，可能只涉及少数参与者，目的是做好充分的实验准备。例如，在研究新的教学方法对学生的学业表现的影响前，研究者可能会进行一个小规模的前实验，以测试教学材料和实验操作的有效性。

准实验是一种实验设计，但相对于真实实验，准实验通常无法完全排除其他因素的干扰。准实验常被用于实践场景中，适用于无法实现真实实验的条件，只能尽量控制变量，尝试实现随机分配的情况。例如，研究者想要了解一种特定的教学方法对学生的学业表现的影响，受诸如学校政策、学生选择等原因影响，无法完全实现随机分配，进而设计了准实验。

真实实验是一种能够完全实现随机分配和对所有变量进行控制的实验，基本上可排除其他因素的干扰。真实实验具有高度的内部有效性，能够准确评估因果关系，但在实践中可能难以完全实现控制。例如，研究者随机分配不同的实验组和对照组，同时控制其他可能的干扰因素，以评估一种新的教学方法对学生的学业表现的实际影响。

(四)实验室实验与自然实验

按实验进行的场所来分，可分为实验室实验和自然实验。实验室实验在受控制的实验室中进行，研究者可以精确控制变量，排除外部干扰因素。自然实验在实际的教育场景中进行，如学校、课堂等。研究者不对环境进行干预，主要观察和记录已经存在的教育现象。例如，研究者有时不能完全控制自变量，有时他们只能进行后测，有时他们不能将研究对象随机分配到不同的实验条件中。总之，他们常常无法高度控制实验环境。

自然实验是在实际生活情景中，研究者适当控制或改变实验条件来进行研究的实验。自然实验是教育实验的基本方法，一般来说，研究者会采用设立实验组和对照组的方法，也就是说首先对两个组施加不同的实验变量，然后分析两个组的实验结果。例如，研究者要研究不同的复习方法对学生巩固记忆的影响，可以选择两个基本情况相似的班，两个班分别用不同的复习方法，在一段时间后比较两个班学生的学习情况。

(五)小规模实验与大规模实验

教育实验的规模是由参与实验的学校数目和师生人数决定的。由一所或几所学校及其部分班级和少数师生参与的教育实验，可称为小规模实验。若一项教育实验研究的学校达到数十所、数百所，甚至更多，这种教育实验则是大规模实验。大规模实验不仅参与的师生人数与学校数目众多，而且实验学校的地域也比较广泛。大规模实验具有涉及的师生人数多、跨学区、跨地区等特点。

相较于大规模实验，小规模实验能保证教育实验过程中的变量有序呈现、实验处理的有效性，能保证无关变量在一定程度上得到有效控制，有利于研究者进行深入、细致的分析和严密的理论论证。教育实验研究的理论建构目标、改善教育实践的目标，不与教育实验研究的规模呈正相关，而与实验设计、实验过程中变量控制呈正相关。因而，实验规模越小，越有利于控制变量，有利于实验推论。这也是历史上真正有影响的教育实验都采取小规模实验的重要原因。

◇**实战训练**◇

单项选择题

在比较讲授法和讨论法的教学效果时，教师选择了两个班，两个班的学生在智力、学习基础等方面水平基本一致。教师在一个班采用讲授法授课，在另一个班采用讨论法授课，以一个学期为观察期，进而对比两个班学生的学业表现。这种教育研究方法属于(   )。

A. 观察法　　　　　　　　B. 实验法

C. 个案研究法　　　　　　D. 调查法

【答案】B

【解析】实验法在自然科学研究中被广泛地采用，也是教育研究的一种重要研究方法。教育研究所使用的实验法，一般是自然实验法，即在教育活动的自然状态下进行的实验，不是在专门的实验室里进行的实验。教育实验法是研究者根据对改善教育问题的设想，创设某种环境，控制一定条件所进行的一种教育实践活动。教育实验法一般分为单组实验法、等组实验法和循环实验法三种。

四、教育实验法的实施步骤

教育实验法指对教育活动进行有计划的安排、实施和评估，以验证教育假设或解决教育问题的研究方法。以下是教育实验法的实施步骤。

(一)确定研究问题和目的

研究者应先明确研究的问题和目的。例如，确定"采用互动式教学方法对小学生数学学习的影响"这一研究问题，以探索促进小学生数学学习的教学方法。

(二)设计实验

设计实验包括设定实验组和对照组、安排实验时间、设计实验内容等。

(三)随机分配和匹配

若条件允许,研究者可随机分配,以确保实验组和对照组在其他影响因素上保持一致。如果随机分配有困难,可以通过匹配控制变量来尽量保持两组的一致性。

(四)实施实验

研究者应按照设计的方案实施实验。例如,在教学实验中,实验组接受互动式教学,对照组接受传统教学。

(五)收集数据

研究者应收集实验过程中产生的数据,包括学生的学业表现、参与度、课堂表现等,也可以通过问卷调查等方式获取学生和教师的反馈意见。

(六)分析数据和呈现结果

研究者应统计分析收集到的数据,比较实验组和对照组的差异,评估实验效果,可以用图表、表格等形式呈现结果。

(七)得出结论并讨论

研究者应根据实验结果得出结论,讨论实验的意义和影响。例如,讨论互动式教学法对小学生数学学习的影响是否显著。

(八)总结和推广

研究者应总结实验的经验教训,提出对未来教学实践的建议,并考虑实验结果的推广应用。

例如,研究者要研究互动式教学方法,可这样设计教育实验。

确定研究问题和目的:通过实验探究采用互动式教学方法对小学生数学学习的影响,旨在提升学生的学习效果和参与度。

设计实验:设计实验组和对照组,分别采用互动式教学法和传统教学法进行数学课程教学,持续一个学期。

随机分配和匹配:随机抽取学生并分配到两组内,尽量保证两组学生在学习能力、背景等方面的一致性。

实施实验:在课堂上,实验组接受互动式教学,学生可互相讨论和参与;对照组接受传统教学法。

收集数据：收集学生的学业表现及教师的教学反馈。

分析数据和呈现结果：统计分析实验结果，比较两组学生的学业表现和参与度，通过图表和表格呈现分析结果。

得出结论并讨论：根据实验结果得出结论，讨论互动式教学法在数学教学中的优势和可改进之处。

总结和推广：总结经验，提出在教学实践中推广互动式教学法的建议，以提升学生的学习效果。

第二节　教育实验研究的效度

在科学研究中，研究者必须关注的一个基本问题是自己的研究是否解决了要研究的问题，或在多大程度上解决了这一问题。如果研究偏离了预定问题，那么研究的价值就会被质疑。因此，研究者应关注研究的效度。

一、教育实验研究的效度的种类

效度指实验研究能够回答或解决所研究问题的程度。研究的价值在于能否真正地解决问题，这是研究者必须面对且必须解决的问题。实验效度一般有两种：内在效度和外在效度。在实验过程中，这两种效度可能会受到许多因素的影响。

(一)内在效度

教育实验的内在效度指实验结果的准确性和可信度，即实验是否真正反映了研究者所关心的因果关系。

影响教育实验内在效度的因素如下。

第一，实验设计的合理性。实验设计的科学性和合理性对内在效度至关重要。一个设计合理的实验应能排除其他因素的干扰，以获得更可靠的实验结果。

第二，样本的选择和分配情况。选择合适的样本并随机分配可以增强实验的内在效度。

第三，对实验过程的控制程度。在进行实验时，研究者需要严格控制各种可能产生影响的因素，确保实验条件的一致性，避免实验结果产生偏差。

第四，实验中的偏差。历史事件、测试效应等可能会影响实验结果，应加以控制。

例如，研究者要研究使用电子课本对小学生学业表现的影响，就要考虑如下影响教育实验内在效度的因素。

实验设计的合理性：设计一个对照组和实验组，分别使用传统教材和电子课本进行教学，确保两组学生在其他方面的影响因素相对一致。

样本的选择和分配情况：从多所学校随机选取学生，并将他们随机分配到实验组和对照组，以确保两组学生在学习能力、背景等方面的一致性。

对实验过程的控制程度：在实施实验时，严格控制教学过程，确保教师的教学方法和内容的一致性。

实验中的偏差：注意控制可能会影响实验结果的因素，如相关事件（如某些学生突然转校）、测试效应等。

(二)外在效度

教育实验的外在效度指实验结果在一定程度上能否推广到更广泛的人群或情境中，也就是实验的一般化程度。

影响教育实验外在效度的因素如下。

第一，样本的代表性。研究者应考虑实验所选用的样本能否代表目标人群的整体情况。如果选择的样本存在偏差，那么实验结果可能难以在整体人群中推广。

第二，实验条件的现实性。研究者应考虑实验条件和情境是否与实际教育环境相符。如果实验条件与实际情况存在较大差异，那么实验结果的推广程度就会受到影响。

第三，实验效应的稳定性。研究者应考虑实验效应是否在不同情境下保持稳定。如果实验效应在不同条件下表现不一致，那么实验结果的推广程度就会受到影响。

例如，研究者要想研究使用电子课本对小学生学业表现的影响，就要考虑如下影响教育实验外在效度的因素。

样本的代表性：在选择样本时，需要确保所选学生能够代表整个小学阶段的学生群体，包括不同学习水平和背景的学生。

实验条件的现实性：实验应当在真实的教学环境中进行，保证与实际的小学教育相符合。

实验效应的稳定性：可以在不同学校、不同地区开展类似的实验，以验证实验效应在不同情境下是否保持稳定。

二、教育实验研究的效度的控制方法

教育实验研究的效度的控制方法分为内在效度和外在效度两种。

(一)内在效度的控制方法

1. 随机分配

在实验开始前，研究者可将实验对象随机分配到不同的实验组和对照组，以减少个体差异造成的影响。

2. 控制变量

研究者应尽量控制除了研究变量以外的其他变量，以确保实验组和对照组之间的唯一差异是实验处理引起的。

3. 设计对照组

研究者应设计一个对照组，用于比较实验组的表现，以确定实验处理的效果。

(二)外在效度的控制方法

1. 选择样本

研究者应选择有代表性的样本，以确保研究结果能够推广到更广泛的人群或情境中。

2. 把握实验条件的现实性

研究者应确保实验条件和情境与实际教育环境相符，以提高研究结果的适用性。

综上，举例来说，研究者要研究采用个性化教学方法对初中生数学学业表现的影响，就要从如下角度控制内在效度。

随机分配：将参与实验的学生随机分配到实验组和对照组，以确保两组之间的学习水平、学习习惯等因素基本一致。

控制变量：在实验过程中，控制其他影响学业表现的因素，如家庭环境、学习资源等，以保证实验处理的唯一影响。

此外，还要从如下角度控制外在效度。

选择样本：选择来自不同学校、不同地区的学生作为样本，以增加研究结果的一般化程度。

把握实验条件的现实性：实验在真实的学校教学环境中进行，确保教师和学生在实验中的行为与平时的表现保持一致。

◇知识拓展◇

控制内外效度的困境

实验目的是检验变量间的因果关系，并使实验结果具有概括性。但这两个目的是很难同时达到的，要精确测量自变量的影响就要严格控制情景和外部变量，但这会使实验环境人工化并缺乏代表性，从而降低外在效度，而如果提高情景的真实性和样本的异质性以使实验能概括广泛的现象，则很难控制其他外部因素的影响，因而降低了内在效度。大部分实验设计都面临着这两种困境，若提高内在效度则有可能降低外在效度，或者相反。这也是纯实验和准实验的不同之处，前者内在效度较高，外在效度较低，后者则相反。

【资料来源】袁方：《社会研究方法教程》，387页，北京，北京大学出版社，1997。引用时有改动。

第三节　教育实验研究的变量

教育实验研究中的变量包括自变量、因变量和控制变量。

自变量是研究者有意识地操控或改变的变量，以观察它对另一变量的影响。自变量通常是处理或干预实验的手段。例如，在教育实验研究中，如果研究者想了解不同的教学方法对学业表现的影响，教学方法就是自变量。

因变量是受到自变量影响而发生变化的变量，用于观察自变量对实验结果的影响。例如，在上述例子中，学业表现就是因变量。

控制变量是在实验过程中保持恒定的变量，以确保实验组和对照组之间的唯一差异是自变量引起的。控制变量可排除其他因素对实验结果的影响。例如，在上述例子中，为了保证实验的准确性，研究者可能会控制学生的学习背景、学习习惯等因素。

下面，我们以"使用电子教育游戏对学生的数学学业表现的影响"这一研究课题为例，对其中的变量进行分析。

【案例】

使用电子教育游戏对学生数学学业表现的影响

在这个案例中，自变量是使用电子教育游戏。研究者会操作自变量，将电子教育游戏引入教学。

因变量是学生的数学学业表现。研究者通过测量学生的数学学业表现来评估电子教育游戏对学生的影响。

控制变量是在研究中被固定或控制的其他因素，能确保实验结果的准确性和可靠性。在这个案例中，可能存在以下控制变量。

①年级水平：为了排除年级水平对学生的数学学业表现的影响，研究者可以选择特定年级的学生进行实验，或者在分组设计时将不同年级的学生随机分配到实验组和对照组。

②学生背景特征：性别、家庭背景、先前的数学学业表现等，可能会对学生的数学学业表现产生影响。为了控制这些因素，研究者可以采取匹配或随机分组等方法，从而确保实验组和对照组在这些方面具有相似性。

③教学方法：除了电子教育游戏外，其他教学方法可能也会对学生的数学学业表现产生影响。为了确保比较结果的准确性，研究者可以在对照组中使用传统的教学方法。

④课程内容：为了控制课程内容对学业表现的影响，研究者应确保实验组和对照组在学习的数学内容上保持一致。

通过控制这些变量，研究者可以更准确地评估电子教育游戏对学生的数学学业表现的影响，排除其他因素的干扰。

　　需要注意的是，具体的研究设计和控制变量可能因研究目的、研究对象的特点和研究条件的不同而有所变化。在实际研究中，研究者需要根据具体情况选择适当的自变量、因变量和控制变量，并进行合理的设计和操作。

第四节　教育实验设计与评价

　　人们在做任何一件有明确目的的事情时，都需要事先进行认真的规划与设计，这是成功的关键。在教育实验研究中，教育实验设计是实验有序、有效地进行的基础，研究者应当掌握教育实验设计的方法，并能对教育实验设计、研究过程和结果进行反思与评价，不断地提高教育实验研究的水平。

一、教育实验设计的步骤

　　教育实验设计通常包括以下步骤。

(一)确定研究目的和研究问题

　　研究者先要确定研究目的和研究问题。例如，一项有关中小学教育的研究，其研究目的可能是探究使用电子教育游戏对学生的数学学业表现的影响。

(二)确定实验设计类型

　　研究者应根据研究问题和可行性，确定实验设计类型。常见的实验设计类型包括随机对照组设计、前后测试设计等。例如，在研究中小学教育时，研究者采用随机设组的方式，将学生随机分配到实验组和对照组。

(三)确定样本和参与者

　　研究者应确定研究的样本和参与者。一般来说，基础教育研究中的样本可以是特定年级的学生群体，参与者可以是学生及其家长或教师。

(四)确定自变量和因变量

　　研究者应根据研究问题，确定自变量和因变量。例如，在"使用电子教育游戏对学生的注意力的影响"这一研究课题中，自变量是使用电子教育游戏，因变量是学生的注意力。

(五)设计实验介入方式和实施计划

研究者应设计实验介入方式和实施计划。例如，在"使用电子教育游戏对学生的注意力的影响"这一研究课题中，实验介入指给实验组的学生安排使用电子教育游戏的教学活动，研究者应确定使用的游戏类型、使用时间和频率等。

(六)控制变量

研究者应确定需要控制的变量，以确保实验结果的有效性和可靠性。一般来说，在基础教育研究中，控制变量包括学生水平、教学方法和课程内容等。

(七)数据收集和分析

研究者应根据实验设计，收集相关数据，并进行数据分析。例如，研究者想研究某种教学方法对学生的语文学业表现的影响，可以收集学生的语文学业表现数据，并使用适当的统计方法对实验组和对照组的数据进行比较与分析。

(八)结果解释和讨论

研究者应根据数据分析结果，解释实验结果，并进行讨论。例如，研究者可以研究电子教育游戏对学生的数学学业表现的影响，并研究相关的影响因素。

(九)结论和推论

研究者应根据研究结果，得出结论并进行推论。例如，某研究的结论可以是关于电子教育游戏对学生的数学学业表现影响的总结和评价，推论可以是将研究结果推广到其他教育背景或领域的合理假设。

需要注意的是，实验设计的具体步骤和实施方式可能因研究问题、研究对象和研究条件的不同而有所变化。研究者在进行实验设计时应根据具体情况进行调整和灵活运用。

二、教育实验设计的种类

教育实验设计可以分为多种类型，以下是其中一些常见的种类。

(一)随机对照实验设计

随机对照实验是常见的教育实验设计类型之一。在随机对照实验中，学生被随机分配到实验组和对照组，实验组接受特定的教育介入，而对照组则接受常规教育或其他对照条件。通过比较实验组和对照组的结果，研究者可以评估教育介入的效果。

(二)前后测试设计

前后测试设计是一种基本的教育实验设计类型。在前后测试设计中，学生在教育介入之前先接受测试(前测)，再在教育介入后接受测试(后测)。通过比较前后测的结果，研究者可以评估教育介入的效果。

(三)单组实验设计

单组实验设计是一种简单的教育实验设计类型，在这种设计中，只有一个实验组接受教育介入，没有对照组。学生先在介入前接受测试(前测)，再在教育介入后接受测试(后测)。虽然单组实验设计易于实施，但是受没有对照组这一问题影响，研究者很难确定教育介入的效果是否会受其他因素影响。

(四)交叉实验设计

交叉实验设计是一种特殊的教育实验设计类型，适用于对个体差异所进行的研究。在交叉实验设计中，学生接受不同的教育介入或处理顺序，每个学生都可充当实验组和对照组。通过对比同一学生在不同处理条件下的结果，研究者可以评估教育介入对个体的影响。

除了以上提到的教育实验设计类型之外，还有其他一些特殊的教育实验设计，如多组前后测试设计、集群随机对照实验设计等，它们可应用于在特定的研究情境中。

在实际研究过程中，研究者需要根据研究问题、实验条件和可行性等选择适当的教育实验设计类型，并合理设计和实施实验。

三、教育实验设计的评价

教育实验设计的价值就在于探索教育现象中的因果关系，并将所得结果推广、应用于教育实践当中。教育实验设计能否发挥其应有的价值，关键就看是否进行了科学的评价。教育实验设计评价的主要内容是目标评价、过程评价和结果评价。

(一)目标评价

教育实验设计的目标评价主要评价的是某项教育实验研究的价值，应重点评价以下两个方面。

1. 实验选题的价值

评价实验选题的价值主要是看它是否具有理论价值和实践价值。理论价值表现在基础性、前沿性和创新性上。基础性指该实验课题研究的问题是教育理论中的关键问题和核心问题。前沿性指该实验课题反映了先进的教育思想，代表着教育改革的发展趋势。创新性指该实验课题的研究在结论、实验处理方法方面取得了突破性进展。实践价值指实验课题具有实践意义，能给学生、教师和学校带来更大的发展空间。

2. 实验假设的科学性

实验假设是教育实验的理论构想，也是确立实验目标的基本依据。实验假设的科学性与实验假设的形成过程有关。一般来说，教育实验的假设来自两个方面，一方面是以一定的教育实践为基础；另一方面是以一定的教育科学理论为依据。因此，对于实验假设科学性的评价，一是要考察实践基础，包括所依据的教育经验事实以及对已有教育经验的解释力；二是要考察理论基础的科学性和严谨性。

(二)过程评价

评价教育实验设计可以从多个方面进行考量和分析。以下是一些常见的评价指标。

1. 效果

例如，研究者要评价某种教学方法的效果，可以采用定量方法，如比较实验组和对照组的学业表现、知识水平、技能掌握程度等；也可以采用定性方法，如通过学生的反馈、观察记录和访谈记录等获取更全面的评价信息。

2. 效益

研究者应评价教育实验设计的效益，包括对教育资源的利用情况、教育介入的成本、教育效果的价值等。通过综合考量效益，研究者可以评价实验的可行性。

3. 科学性和合理性

研究者应评价教育实验设计的科学性和合理性，包括实验的随机性、样本的代表性、对照组的设置、实验介入的有效性等。通过对实验设计的评价，研究者可以判断实验结果的可靠性和有效性。

4. 质量

评价教育实验设计的质量，包括教师的教学质量、教育介入的实施情况、教育资源的使用情况、学生的参与度和满意度等，从而了解实验的可操作性和实施效果。

5. 社会影响

研究者应评价教育实验设计对教育实践、政策和社会发展的影响，包括教育实验设计对教育改革的启示、对教育政策的借鉴、对教育实践的指导等。通过评价社会影响，研究者可以了解实验的推广价值和社会意义。

评价教育实验设计需要综合考虑以上多个方面的评价指标，以获取全面的评价结果。同时，评价应该基于科学的方法和可靠的数据，结合研究目的和研究问题进行合理分析和解释。

(三)结果评价

评价教育实验设计的结果，可以从实验结果的科学性、创造性和可推广性几方面入手。

1. 科学性

研究者应从以下三个方面评价实验结果的科学性。

第一，是否充分利用了数据资源，统计处理是否符合规则。

第二，在分析过程中，是否既用了定量分析，又用了定性分析。

第三，推论是否合乎逻辑。

2. 创造性

研究者应从以下两个方面评价实验结果的创造性。

第一，理论或假设是否对教育理论有所补充或发展。

第二，实验处理方法是否有所突破。

3. 可推广性

研究者应从实验结果在多大的范围和程度上可以推广这一角度评价实验结果的可推广性。

◇知识拓展◇

教育实验研究是一种特殊的实验活动

教育实验虽然是从自然科学实验经由心理学引进教育领域的，但是由于教育现象和对象的独特性，教育实验又具有与自然科学实验相区别的特征。从总体上分析，教育实验基本上属于社会科学实验范畴。

第一，在实验研究的对象上，自然科学实验以物为研究对象，着力探讨人与物质的关系。教育实验则以人和人所从事的教育活动为研究对象，揭示正在成长的、处于不断发展变化的少年儿童在教育影响下全面发展的过程和规律，着力研究的是社会中人与人、人与社会的关系。

第二，作为主客体中介的实验物质手段（仪器、设备），自然科学实验一般远离生产实践，主要在实验室人为地严格控制条件下进行，强调仪器、手段、工具的先进性。教育实验则主要在教育和教学的自然环境状态中进行。

第三，在研究方法上，自然科学实验更关注的是量的描述，是随机对比求其精确度。教育实验受教育现象变量的不确定性、教育概念范畴界限的模糊性和歧义影响，涉及价值判断，且周期长，因素复杂，要想达到精确表达的量化分析是困难的。因此，更强调定量研究与定性研究相结合。另外，教育实验的结果不能完全客观测量，教育实验中还涉及对青少年儿童的实验道德问题。

【资料来源】裴娣娜：《教育研究方法导论》，249～250页，合肥，安徽教育出版社，2000。引用时有改动。

基础测试

一、单项选择题

1. 教育实验设计的主要内容包括（   ）。

A. 研究假设

B. 自变量、因变量、控制变量

C. 实验处理

D. 以上都是

2. 按实验研究的目的来分，教育实验可以分为（　　　）。

A. 前实验、准实验与真实实验

B. 探索性实验与验证性实验

C. 单因素性实验与多因素实验

D. 小规模实验与大规模实验

3. 下列有关教育实验的陈述中，错误的是（　　　）。

A. 教育实验是一种自然科学实验活动

B. 教育实验是一种科学实验活动

C. 教育实验是一种特殊的教育活动

D. 教育实验是一种特殊的实验活动

4. 按实验控制程度来分，在真实的教育情境中不能用真正的实验设计来控制无关变量，不能采用随机方法分派研究对象情况的是（　　　）。

A. 前实验　　　　B. 真实实验　　　　C. 验证实验　　　　D. 准实验

5. 可以提高教育实验效度的措施是（　　　）。

A. 使用设计组加以平衡　　　　　　B. 随机化方法

C. 统计控制　　　　　　　　　　　D. 以上都是

二、简答题

简述教育实验法的实施步骤。

三、案例分析题

一些教师想在学校里做一个有关班级大小对学生的化学学业表现的影响的实验。参与研究的有 4 所学校，每所学校有 8 个班参与，参与的班可分为 4 种水平，每种水平各有 2 个班。

该实验中的因变量是什么？列举出可能影响实验的因素。

第八章 个案研究法

1. 了解个案研究法在教育研究中的地位与价值，掌握个案研究法的概念、特点。

2. 熟悉个案研究法的实施步骤和具体操作方法。

3. 了解个案研究法的成果表述，知道在个案研究过程中或在个案研究完成时，如何利用个案研究评价准则进行自我检测。

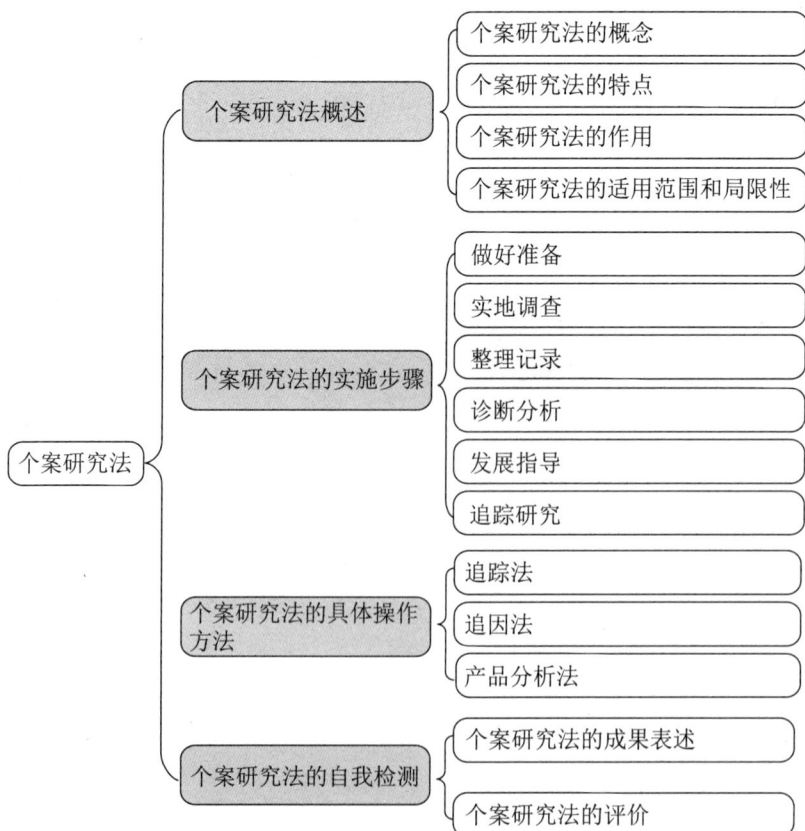

```
                              ┌─ 个案研究法的概念
              个案研究法概述 ──┼─ 个案研究法的特点
                              ├─ 个案研究法的作用
                              └─ 个案研究法的适用范围和局限性

                              ┌─ 做好准备
                              ├─ 实地调查
个案研究法 ──┤  个案研究法的实施步骤 ──┼─ 整理记录
                              ├─ 诊断分析
                              ├─ 发展指导
                              └─ 追踪研究

              个案研究法的具体操作 ──┬─ 追踪法
              方法                  ├─ 追因法
                                    └─ 产品分析法

              个案研究法的自我检测 ──┬─ 个案研究法的成果表述
                                    └─ 个案研究法的评价
```

第一节 个案研究法概述

一、个案研究法的概念

个案研究法是教育心理学领域经常采用的一种辅助性研究方法。顾名思义，"个"即个体，"案"即案例，个案研究就是对一个特定样例或某个行为样例的研究。它是对真实情境中的真实个体或团体的研究。

研究者用个案研究法对某个人或单位、事物进行长期的跟踪研究，目的是了解研究实效。个案研究法能够全面、深入地对个别对象进行考察和分析，帮助研究者更好地理解个体的特征、行为和经验。研究者深入研究个案，可以揭示个体的独特性、差异性和复杂性，为个体发展和教育实践提供更准确的指导。个案研究法适用于探索个别现象和异常情况，如学习困难、行为问题、情绪障碍等。这些现象和情况往往对应复杂的原因和特殊的处理方式，研究者需要细致研究个案从而更深入地理解，以便提供有效的干预和支持。

这里所指的个案可以是一名学生、一位教师，也可以是一所学校、一个社区或一个社会团体。当个案是后面几种时，研究者要把单位或团体当作一个整体，用系统分析的方法从结构、功能、过程等方面做全面且系统的考察。

二、个案研究法的特点

个案研究法是一种重视个体的深入研究的方法，其特点如下。

(一)研究对象具有独特性与典型性

个案研究法注重对个体的独特性和差异性进行深入分析。每个个体都有自身的特点、背景和经历，个案研究法旨在深入研究个体，揭示个体的特征，帮助研究者了解其行为和经验的本质。个案研究法也关注个体的典型性，即个体在某些方面的代表性。利用个案研究法，研究者可以发现一些普遍的模式、趋势或规律。

(二)研究内容具有深入性和全面性

个案研究法追求深入了解研究对象。研究者可以运用面谈、观察、文件分析等多种研究方式，从多个角度、多个层面收集大量的数据和信息，进而详细描述和理解个体。研究者可以深入探索个体的经历、态度、行为和背景等方面的信息，从而获得对个体的全面认识，发现产生问题的根源。

(三)研究方式具有多样性和综合性

个案研究法的研究方式具有多样性。研究者可以根据研究目的和问题选择适合的方式和技术。个案研究法常用的研究方式包括面谈、观察、问卷调查、心理测量等。个案研究法的研究方式还具有综合性。研究者可以根据需要结合多种方式，形成综合性研究设计。例如，研究者可以通过观察记录个体的行为，通过面谈获取个体的内心体验，通过问卷调查了解个体的特征等。具有多样性和综合性的研究方式可使研究更加全面。

综上所述，个案研究法的研究对象具有独特性与典型性，研究内容具有深入性和全面性，研究方式具有多样性和综合性。这些特点使得个案研究法在深入了解个体特征、探索复杂问题和提供实践指导等方面具有独特的优势。

三、个案研究法的作用

个案研究法在教育研究中扮演着重要的角色，具有以下几种作用。

(一)深入理解个体的独特性

个案研究法可以观察和调查个体，从而帮助研究者深入了解个体的独特特征、背景和经历。通过对个体的详细描述和深入分析，研究者可以揭示个体的行为、态度和动机产生的内在机制与原因，全面把握个体的个别性。

(二)探索复杂问题的本质

个案研究法适用于研究那些具有复杂性和多样性的问题。通过对个体的深入研究，研究者可以揭示问题的多个层面和因素，并探索其内在机制。个案研究法可以帮助研究者厘清问题的逻辑和关系，深入挖掘问题的本质，为解决和改进问题提供指导与建议。

(三)验证理论和提供新观点

个案研究法可以提供有关个体的详细的观察记录，验证或修正现有的理论观点。通过个案研究法，研究者可以收集大量的实证数据，用以支持或反驳现有理论，进一步完善和发展理论框架。此外，个案研究法可以帮助研究者发现新的现象、新的模式或新的关系，从而为学科领域的理论建设提供新的视角和观点。

(四)提供实践指导和个体化干预

个案研究法的一个重要应用领域是教育心理领域。通过对个体的深入观察和分析，研究者可以为教育实践、心理咨询和干预提供具体的指导和建议。个案研究法可以帮助研究者识别个体的问题和需求，设计个体化的干预方案，并跟踪干预效果。个案研究法可以为教育者、辅导员、临床心理学家等提供可以分享和交流的实践经验与技术。

四、个案研究法的适用范围和局限性

(一)个案研究法的适用范围

1. 深入了解个体特征

个案研究法可以帮助研究者获取个体的详细信息和特征，适用于研究个体的心理、认知、行为、教育经历、社会互动等。

2. 探索复杂问题

个案研究法可以揭示问题的多个层面，适用于研究与社会现象、组织行为、领导力、教育政策等相关的复杂问题。

3. 验证理论和提供新观点

个案研究法能收集大量的实证数据，可支持或反驳现有理论，为学科领域的理论建设提供新的视角，适用于有关个体的实证研究，以验证理论和提供新观点。

(二)个案研究法的局限性

1. 代表性和推广性受限

个案研究法的研究对象通常是单个个体或少数个体，研究结果的代表性和推广性可能会受限。个案研究的结论往往只适用于研究对象或类似的个体，不能直接推广到整个群体或普遍情况。

2. 受主观性和偏见的影响

个案研究法依赖于研究者的观察、解释和分析，易受到主观性和偏见的影响。研究者的个人背景、经验和偏好可能会对研究结果产生影响，导致结论具有主观性和局限性。

3. 可信度和效度受到挑战

由于个案研究的数据通常是研究者自行收集和分析的，因此需要关注数据的可信度和效度。此外，个案研究法中的观察和解释也可能存在解释偏差、记忆失真等问题，导致个案研究法的可信度和效度受到挑战。

4. 需要投入大量的时间和人力资源

个案研究法通常需要投入大量的时间和人力资源。深入了解个体的特征和背景，收集详细的数据和信息，需要耗费时间和人力资源。这对于研究者和研究机构来说可能是一种挑战。

◇**实战训练**◇

单项选择题

某中学教师围绕中学生上网成瘾问题，先在班里选了几个具有典型性的学生，从其学习、生活、上网情况等多方面调查收集资料，再对他们的一些典型特征做全面、深入的考察和分析，找出了中学生上网成瘾的原因并提出了建议。这位中学教师使用的研究方法属于（   ）。

A. 调查法　　　　　　　B. 观察法

C. 实验法　　　　　　　D. 个案研究法

【答案】D

【解析】个案研究法指对少数个体进行个案分析，例如，研究某先进班级或学校。个案研究法一般能对研究对象的一些典型特征做全面、深入的考察和分析，可帮助研究者找出原因并提出解决措施。

第二节　个案研究法的实施步骤

一、做好准备

一般来说，个案的确定有一定的偶然性。个案往往是研究者从许多可研究的个案中选择出来的。研究者在选择个案时，应注意它与可收集到的个案集合体的关系。研究者在具体研究个案前，应了解所有与研究主题有关的重要变量。

研究者在选择好个案后，就要和有关方面协商，以获得调查该个案的许可。在教育研究中，这一过程是十分复杂的。例如，研究者往往要经过行政管理部门的许可后，方能对某一机构进行调查研究，要得到该机构领导的同意才能接触到教师，进而在教师的协助下接触学生。如此，每走一步都可能存在如下问题：研究对象往往会认为研究是在上级部门授意下进行的。这就影响了他们回答问题的真实性，从而影响数据的有效性。

二、实地调查

实地调查指在现场或其附近寻找、收集和组织有关事件或现象的信息，不仅包括在现场所做的调查研究工作，而且包括在现场研究的间隙、晚上及周末所做的工作。实地调查包括收集资料、观察、面谈、测量或收集统计资料。

(一)收集资料

会议记录、校历、信件、备忘录等纪实资料是有价值的资料，日记、自传、回忆录、视听材料(如录音、录像)等也是有价值的资料。这类纪实性资料是事件发展的有形线索，能帮助研究者发现一些情况。

(二)观察

观察指参与研究者对外表、事件或行为(包括言语)的感知。研究者可以用不同的身份参与观察。研究者可以是一个完全参与者，在所观察的环境中充当一个角色；也可以是一个候补参与者，即以一种不寻常的身份参与(如研究员的身份更易被研究对象接纳）；还可以是一个非参与者，尽可能减少与研究对象之间的相互作用；或是一个隐蔽者，通过诸如单向观察窗这类装置不让研究对象看到。如果研究者的研究内容对研究对象保密，那么完全的参与性观察也可以变成隐蔽的观察。但这样，研究者直接询问研究对象的机会也受到了限制。参与性观察的一个重要特征是仔细而周密地观察他人，其中，包括对自然情境中的言语的观察。

观察离不开记录，现场记录是较常用的一种记录方式。但有时边记录边观察会妨碍观察，研究者一般就会采用事后立即追记的办法。研究者最好是把研究对象所说的原话和自己记录的谈话提纲用记号区分开。照片可以作为一种记录，也可以作为追记的刺激物。在观察记录中，研究者的记忆力起着很大的作用。

（三）面谈

面谈一般由研究者引出话题，并掌握其进程。研究者应主要扮演倾听者的角色，认真观察研究对象的言语和行为。研究者在利用面谈开展参与性观察时要尽量使气氛轻松，并使面谈向观察靠拢。研究者往往会把面谈分散成众多简短的话题，并在很轻松的气氛中与研究对象面谈。例如，他们在走廊里边走边谈。但是，这种谈话的内容很难当场被记录下来，研究者应在面谈后尽早凭记忆把谈话内容记下来，因为这会直接影响研究的结果。

因为实地调查越来越多地依靠面谈，所以观察的机会越来越少，面谈也变得越来越正规。例如，面谈常常都要预先约定。一般说来，面谈并不列出谈话细目，研究者通常在心中有一个谈话概要即可。刚开始时，话题一般范围较广，随后的话题内容会越来越集中。研究者的个性往往决定了其面谈风格与方式。不论用什么方式，也不论面谈是正式的还是非正式的，研究者都要设法使谈话气氛轻松。学会倾听研究对象所说的话对于研究者来说是十分重要的。

面谈时的坐法也很重要。并排而坐或两人稍稍侧身坐共同向前看，适合相互合作的面谈；相视而坐则更适合提问。面谈时的坐法与面谈双方的个人风格是相互影响的。

如何记录面谈内容是个有争议的问题，录音和文字记录孰优孰劣，也众说纷纭。就形式而论，录音显然最可靠，缺点是录音本身不易作为日后随手可用的研究资料。在时间和财力许可的情况下，一般要把录音转写成文字。

面谈记录是研究者做分析与解释的重要资料。

(四)测量或收集统计资料

许多人把个案研究法看作研究事物的质的方法，从而把它视为和心理统计相对立的一种方法。但实际上这不是定量和定性研究之间的差异，而是样本和个案之间的差异。

统计在个案研究法中的应用的重点应在于利用统计资料描述个案，或将该个案与其他个案比较，而不是根据样本对总体做统计、推断。

三、整理记录

到整理记录阶段后，研究者已掌握了很多文件、观察笔记、面谈记录和统计数据。在个案研究过程中产生的原始材料叫作"个案记录"。实践表明，个案研究到此阶段往往会停滞不前，因为部分研究者习惯于处理经量化技术缩减过的数据，而在一大堆材料面前常会感到茫然无措，所以研究者应找对方法，沉下心来整理个案记录。

四、诊断分析

首先，研究者应在比较分析所收集的历史资料与现代资料的基础上，梳理个案发展变化的脉络；其次，研究者应找出在某些方面对促进个案研究有较明显的意义的因素，形成初步的认识；最后，研究者应做进一步分析。

五、发展指导

在诊断分析的基础上，研究者应对如何发扬优点、克服缺点，设计一套发展指导方案并加以实施。

六、追踪研究

教育是一种长期的活动，有时要在一段时间以后才能比较全面准确地看清楚某一项教育措施的效果。因此，开展个案研究，特别是施以发展指导的个案研究，有必要在一段较长的时间追踪观察，以测定与评价其指导措施。

第三节　个案研究法的具体操作方法

在幼儿园及中小学开展个案研究可以根据研究目的、对象、内容的不同，分别采用追踪法、追因法、产品分析法等具体的个案研究方法。

一、追踪法

追踪法是一种深入了解特定个体或群体发展和变化过程的研究方法。

例如，研究一名小学生在学校的学业表现和行为方面的发展过程，探究学习动机、家庭环境等因素对其学业表现的影响的步骤如下。

第一，确定研究目的和问题。确定研究的目的主要是了解这名小学生的学业和行为发展情况，进而确定研究问题。

第二，选择研究对象。研究者应确定研究对象，即根据学校提供的学生的学业表现、教师评价等信息选择要追踪研究的小学生。

第三，收集信息。研究者可收集这名小学生的基本信息，包括家庭背景、学习动机、兴趣爱好等，以建立个案基础资料库。

第四，制订研究计划。研究者应制订详细的研究计划，包括研究的时间框架、采集数据的方式和频率等，确定追踪研究的周期和频次。

第五，收集数据。研究者应根据研究计划，定期收集数据，可以采用访谈、观察等方式获取更多的数据。

第六，整理和分析数据。研究者应整理和分析收集到的数据，如制作成图表，以便清晰地了解这名小学生的发展趋势和变化规律。

第七，反馈与评估。研究者可将研究结果反馈给相关教育者和家长，共同讨论如何促进这名小学生的学习发展。

第八，总结和撰写报告。研究者应综合分析研究结果，撰写个案追踪研究报告，包括研究目的、方法、结果和结论等部分，同时提出建议和未来的研究方向。

通过追踪法，研究者可以深入了解特定个体的发展过程，并为个体的学习和发展提供有针对性的支持和指导。同时，个案追踪研究也可以为教育实践和政策制定提供实证依据。

二、追因法

追因法是一种通过深入研究特定个体的情况，探究其发展和变化的原因与机制的研究方法。

例如，研究一名中学生的学业表现不理想的原因，探究家庭环境、学习动机、课程难度等因素对其学业表现的影响的步骤如下。

第一，确定研究目的和问题。确定研究目的在于了解中学生的学业表现不理想的原因，进而确定研究问题。

第二，选择研究对象。研究者应从研究目的和问题出发，寻求学校和教师的帮助，在研究前期收集学生的信息，进而选择有代表性的研究对象。

第三，明确影响因素。研究者应根据研究对象的情况，明确可能会对该生的学业表现产生影响的因素，如家庭环境、学习动机、课程难度等。

第四，数据收集。研究者可以通过访谈、问卷调查、观察等方式，收集与可能影响因素有关的数据，了解各因素之间的关系。

第五，整理和分析数据。通过整理和分析数据，研究者可清晰地了解该生的各方面情况。

第六，归纳和分析原因。研究者结合整理好的数据，归纳和分析该生的学业表现不理想的原因，可找出主要影响因素。

第七，验证。通过进一步访谈或调查，研究者可验证归纳和分析的原因是否准确，最终总结出多种影响因素。

第八，总结和撰写报告。研究者应综合分析研究结果，撰写个案追因研究报告，包括研究目的、方法、结果和结论等，同时提出建议和未来的研究方向。

通过追因法，研究者可以深入了解特定个体学业表现不理想的原因，并为个体的学习提供有针对性的支持和指导。同时，个案追因研究也可以为教育实践和政策制定提供实证依据。

三、产品分析法

产品分析法又称活动产品分析法,它通过分析学生的活动产品,如日记、作文、书信、自传、绘画作品、工艺作品等,来了解学生的能力、倾向、技能、熟练程度、情感状态和知识范围。产品分析法的使用步骤如下。

第一,确定研究目的和问题。研究者应明确使用产品分析法的目的,如了解学生的写作能力、审美观等,进而确定研究问题。

第二,选择研究对象。一般来说,产品分析法的研究对象是学生的活动产品,即学生的日记、作文、绘画作品等。

第三,收集学生的活动产品。研究者应收集足够多的学生的活动产品,以保证样本具有代表性。

第四,确定分析指标和标准。研究者应根据研究目的确定要分析的指标和评价标准,如写作技巧、表达能力、创造性等。

第五,分析学生的活动产品。研究者应仔细分析所收集的学生的活动产品,在评价时应按照确定的指标和标准。

第六,整理和分析数据。研究者应整理和分类数据,以便得出结论。

第七,总结和撰写报告。研究者应综合分析结果,撰写产品分析报告,包括研究目的、方法、结果和改进建议等部分。

通过产品分析法,研究者可以全面了解学生的能力、倾向、技能等方面的情况,为教师有针对性地开展教学提供科学依据,从而提高教学效果。同时,可以为学生的个性化发展提供参考。

第四节　个案研究法的自我检测

一、个案研究法的成果表述

个案研究法的成果表述通常包括以下几个方面。

(一)对个案的描述

成果表述应该详细描述研究个案，包括个案的背景信息、个体或事件的特征、关键事件、时间线等。这些描述能帮助读者了解研究对象。

(二)收集和分析数据的过程

成果表述应该清晰地描述研究者所使用的收集数据的方法和工具，以及分析数据的过程。也就是说，成果表述应该解释如何收集数据、如何处理和整理数据，并使用何种方法进行分析，以支持后续的研究结果。

(三)呈现的结果

成果表述应该清晰地呈现研究的结果，包括对个案的重要特征、关键事件或经历的解释和分析。研究者应该解读和论证数据，揭示个案的内在特点、影响因素以及可能的原因和结果。

(四)讨论和解释

成果表述应该提供对研究结果的讨论和解释。研究者应该分析个案的意义、与现有理论的关联、对相关领域的贡献等。此外，研究者应该反思研究结果可能存在的偏差。

(五)对推广和应用的讨论

成果表述应该讨论个案研究结果的推广和应用。研究者应该探讨研究结果对于理论发展、实践应用或政策制定的意义。同时，指出结果的适用范围和可能存在的局限性。

总体来说，个案研究法的成果表述应该包括对个案的描述、收集和分析数据的过程、呈现的结果、讨论和解释、对推广和应用的讨论。这样的表述可以帮助读者全面理解研究的内容和意义，并评估其质量和可靠性。

二、个案研究法的评价

个案研究法能深入研究个别个体、事件或现象。以下是对个案研究法的评价。

(一)深入揭示问题

个案研究法可以提供对个体或事件的深入理解。通过个案研究法，研究者可详细地观察和分析个案，获得丰富而全面的信息，揭示出个体或事件存在的问题。

(二)在内部效度方面有优势

个案研究法在内部效度方面有一定的优势。通过个案研究法，研究者可以获取大量的数据和细节，从而提高研究的内部效度，即研究结果与研究对象之间的关联性和因果性。

(三)可用于研究罕见或特殊情况

个案研究法可用于研究有罕见或特殊情况的个体和事件。一些现象和问题可能在整体中并不常见，通过研究个别个案，研究者可以深入了解这些有罕见或特殊情况的个体和事件的特征与影响因素。

(四)外部推广性较弱

与数量化研究方法相比，个案研究法的外部推广性较弱。由于个案研究的样本规模较小，研究结果的普遍适用性可能会受到限制，因此在进行个案研究时，需要谨慎地将研究结果推广至整体群体或更广泛的情境中。

(五)易受偏见影响

个案研究法容易受偏见影响。在数据收集、分析和解释过程中，研究者的个人观点和偏好可能会对研究结果产生影响。为了降低主观性和偏见，研究者应该采用多种数据来源和方法进行验证与交叉检验。

总体来说，个案研究法在深度理解个体或事件方面具有独特的优势，但在外部推广性和主观性方面存在一些限制条件。研究者在采用个案研究法时应该认识到这些限制条件，并结合其他研究方法进行综合分析和解释。

【案例】

个案研究

姓名：李明(化名)　　　性别：女　　　出生年月：××××年5月

一、问题行为简述

班主任观察的情况：李明在课堂上经常心不在焉，爱捣乱，影响教学秩序，课间不愿参加活动，只是一个人待着。她的学业表现一直不太理想。

任课教师观察的情况：李明在学习各科目时都不太积极，无法集中注意力，常不完成作业，学业表现不理想。

家长反映的情况：李明放学回家不做作业，整天玩手机游戏。晚上不肯早睡，次日起床困难，不愿上学。家长多次教育无果。

二、资料收集

生活背景：李明的父母均为普通工人，家庭经济状况一般。李明是独生女。李明喜欢玩手机游戏，不太喜欢运动。李明的学业表现不理想，对各科知识掌握不牢固。

学习表现：李明的语文、数学学业表现不理想，基础知识较差。智商测试结果正常。

性格测试：李明比较内向，不太主动参与集体活动。

三、个案分析

家庭因素：父母对李明的要求不高，没有培养其良好学习习惯。

个人因素：李明性格内向，缺乏学习动机，更喜欢玩乐。

学校因素：课堂气氛无法吸引李明并使她产生学习兴趣。

四、个案指导设想

与任课教师沟通，调整课堂方法，增加互动，提高李明的学习兴趣。

与家长沟通，要求关注李明的学习情况，培养其良好的作息习惯。

课后辅导李明，巩固薄弱知识点。

劝导李明少玩手机游戏，避免沉迷。

安排李明参加小组活动，增强集体归属感。

五、个案指导成果

李明的课堂表现稍有改善，集中注意力的时间比以前长。

家长对李明的学习有所重视，会督促李明做作业。

李明的部分科目的学业表现有了进步。李明逐渐乐于参加小组活动。

六、结论

虽然李明的厌学情况已得到改善，但是只有长期跟进才能从根本上解决问题。学校、家庭、社会各方面都需要配合。

基础测试

一、单项选择题

1. 在教育调查研究中，为获取相关资料对一所学校或一名学生进行的专门调查属于（　　）。

A. 全面调查　　　　　　　　B. 重点调查

C. 抽样调查　　　　　　　　D. 个案调查

2. 通过收集和分析某人过去与现在有关方面的资料，以推知其行为原因的方法是（　　）。

A. 调查法　　　　　　　　　B. 个案法

C. 测验法　　　　　　　　　D. 观察法

3. 以下是关于个案研究的说法，正确的是（　　）。

A. 个案研究是对单个对象的整体深入研究

B. 个案研究是对一个案件卷宗的全面查阅

C. 个案研究是对社会工作方案的策划设计

D. 个案研究是对个案辅导过程的详细记录

4. 在班级工作研究中，个案研究方法作为研究方法之一，以下是关于其优点的说法，正确的是（　　）。

A. 资料的格式应基本统一，便于比较分析

B. 研究的结果具有代表性，相似的个案的研究结果可据此推论获得

C. 有利于针对研究对象的问题提出具体的解决方案

D. 有助于在实地研究前形成研究思路并开展理论构建

二、多项选择题

1. 关于个案研究特点的说法，正确的是（　　）。

A. 个案研究有助于澄清概念和确定变量

B. 个案研究有利于中和极少数人的极端回答

C. 个案研究有利于设计有效具体的解决方案

D. 个案研究依托分析性概括建构理论

E. 个案研究有利于客观深入地把握研究对象的需要

2. 关于个案研究的说法，正确的是(　　)。

A. 个案研究花费的时间不多

B. 个案研究的资料收集手段多样化

C. 个案研究的发现不能进行推论

D. 强调对事件的真相做深入考察

E. 个案研究应严格参照操作步骤要求

F. 个案研究能解决普遍性问题

三、简答题

简述个案研究法的特点。

四、论述题

论述个案研究对一线教师的意义。

第九章　教育行动研究法

>>> **学习目标**

1. 了解教育行动研究法的定义。

2. 了解教育行动研究的特点和基本类型。

3. 掌握教育行动研究法的实施步骤。

4. 了解教育行动研究报告的结构。

5. 学习教育行动研究法应用案例。

```
                                            ┌─ 教育行动研究法的定义
                        ┌─ 教育行动研究法概述 ─┼─ 教育行动研究的特点
                        │                    └─ 教育行动研究的基本类型
       教育行动研究法 ─────┤
                        │                      ┌─ 计划
                        │                      │─ 行动
                        └─ 教育行动研究法的实施步骤 ─┤
                                               │─ 观察
                                               └─ 反思
```

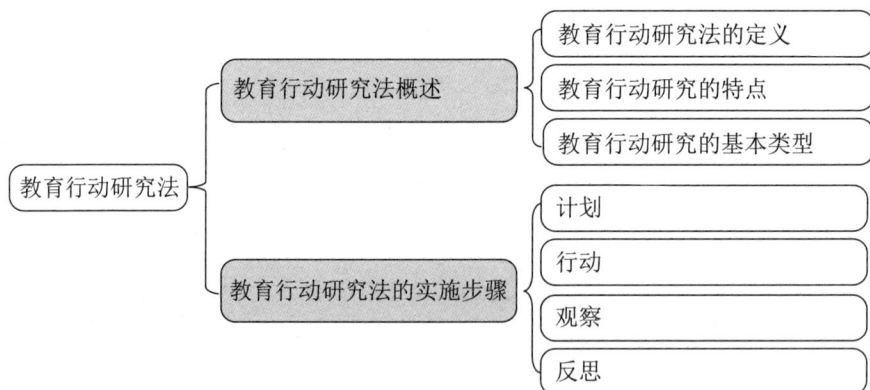

第一节　教育行动研究法概述

一、教育行动研究法的定义

教育行动研究法是一种教育研究方法，旨在以实践和反思推动教育实践发展。它强调教师和其他教育从业者主动参与研究过程，通过实际行动解决实际问题，并借助系统性的反思和反馈机制不断改进与调整教学实践。

教育行动研究法与传统的研究方法有所不同，它强调实践与理论紧密结合，注重在实际教学环境中研究和改进教学实践，促进学生的全面发展，并提高教师的专业能力和教学质量。

在使用教育行动研究法时，研究者应注意以下几个关键步骤。

(一)识别问题

研究者应观察和分析实际教学情境中的问题与挑战，识别出需要改进或解决的问题。

(二)设定目标

研究者应明确研究的目标和期望的改进结果，以指导后续的研究。

(三)实施行动

研究者应通过实际的教学实践解决问题和达到目标。这可能涉及采用新的教学策略、教学设计，实施特定的教学活动或课程，与学生、教师或其他相关方进行合作。

(四)收集和分析数据

首先，研究者应收集与研究相关的数据，包括学生的学习成果、有关教学过程的观察记录、学生和教师反馈的信息等。其次，研究者应系统地分析和解释数据，以评估实践行动的效果和成效。

(五)反思和调整

基于分析结果，研究者应进行反思和评估，思考实践行动的有效性和有待改进之处，并根据反思的结果，调整和改进实践行动，进一步优化教学实践。循环性的反思和调整能不断推动教育实践的改进和创新。这也倡导教师成为研究者，通过实践来推动知识的生成和应用。

二、教育行动研究的特点

与一般的教育科学研究相比，教育行动研究的特点非常突出，主要表现在以下几个方面。

(一)以实践为导向

教育行动研究的目的是解决实际问题和改进教育实践。教育行动研究强调将理论与实践相结合,通过实际的教学行动来验证和应用理论,以促进实践的改善和发展,始终以实践为导向。

(二)具有参与性和合作性

教育行动研究鼓励教师和其他相关人员主动参与研究过程,成为研究者和实践者。它倡导与学生、教师、家庭和其他相关方合作、协作,共同探索问题、实施行动和评估成效。

(三)具有循环性和反思性

教育行动研究采用循环的研究方式,包括识别问题、设定目标、实施行动、收集和分析数据、反思和调整等环节。这种循环的过程能使研究者不断反思和评估实践行动的效果,并根据反思的结果做好调整和改进。

(四)现场研究

教育行动研究通常在实际教育场景中进行,如学校、课堂或教育机构等。这种现场研究更贴近实际教育情境,其研究结果具有较高的可应用性和可转化性。

(五)具有实用性和直接性

教育行动研究注重研究成果的实用性和直接性。它追求改善教育实践和解决实际问题,强调研究成果的可操作性和可应用性,使之能够直接指导教师和其他教育从业者的行动。

(六)可不断反馈和持续改进

教育行动研究中的反馈机制是一个重要特点。通过收集和分析数据,并从学生、教师和其他相关方获得反馈,研究者能够及时了解实践行动的效果,并持续进行改进和调整。

总之,教育行动研究以实践为导向,具有参与性和合作性、循环性和反思性、实用性和直接性等,是一种强调实践与理论结合、能有效推动教育实践创新和改进的方法。

三、教育行动研究的基本类型

教育行动研究可以根据研究的目的和方法划分为以下几个基本类型。

(一)教学实践改进型研究

教学实践改进型研究旨在改进教师的教学实践和课堂教学效果。研究者力图用新的教学策略、方法或教材，提高学生的学习成果，改善教师的教学效果，并通过收集和分析数据，评估实践行动的效果。

(二)学校或机构改进型研究

学校或机构改进型研究关注于学校或机构整体的改进。研究者一般会与学校或机构合作，通过行动来解决学校或机构面临的问题和挑战，如学校的课程改革、教师专业发展等。研究者还会与学校或机构的领导、教师和其他相关人员合作，共同制订行动计划并评估改进的成效。

(三)教育政策与实践研究

教育政策与实践研究关注教育政策和实践的联系。研究者一般会通过实践行动来探索和评估教育政策的实施效果，或者通过实践行动来推动教育政策的制定和改进。这种类型的研究通常涉及政府、教育机构、学校和教师等多个层面的合作与协调。

(四)社区参与与发展研究

社区参与与发展研究关注社区层面的教育参与和发展。研究者一般会与社区组织、家庭、学生和其他相关方合作，通过实践行动来促进社区的教育发展和改善。这种类型的研究通常涉及社会正义、教育公平和社区参与等议题。

这些教育行动研究并不是相互独立的，实际的教育行动研究项目可以涵盖多个类型的特点和目标。研究者可根据具体的研究问题和背景，选择适合的类型来指导研究过程，并根据实践的需要进一步调整和组合。

第二节　教育行动研究法的实施步骤

教育行动研究法通常包括以下实施步骤。

一、计划

在这个环节中，研究者应确定研究的目标和问题，制订研究计划和行动方案，明确要改进或解决的问题，并确定行动的目标、策略和时间表。

二、行动

在行动环节中，研究者必须根据计划执行实际的教育行动。这可能涉及新的教学策略、活动设计、课程改革或其他教育实践的变化。研究者应积极参与实践，根据实施计划行动。

三、观察

观察环节是系统观察和收集数据的阶段。例如，研究者会收集各种数据，如学生的学业表现、课堂观察记录、学生和教师的反馈等。这些数据能提供定性和定量的信息，将有助于研究者评估行动过程和成果。

四、反思

在反思环节中，研究者将反思和分析行动与观察的结果。他们会仔细审查收集到的数据，评估行动的效果，并考虑如何改进。通过反思，研究者可以深入思考行动的有效性、问题的根源以及后续行动的调整方向。

这些环节形成了一个循环的研究过程，在此过程中，研究者应根据实践的需要进行调整和改进，再行动、观察和反思，形成新的循环。这种循环过程能使教育行动研究具有动态性和可持续性，能使研究者不断地改进和创新教育实践。

　　教育行动研究的成果是研究报告。研究报告由报告题目、作者、作者单位、摘要、关键词、引言(概述)、主体(本论)、结论、参考文献和附录等内容构成。其中，引言(概述)部分要说明研究问题是如何提出的、研究现状、研究目的、研究意义、研究假设等。主体(本论)部分是报告的主体部分，占报告的大部分篇幅。该部分的结构方式是根据具体研究的目的和内容确定的，一般包括研究设计与实施(研究方案、研究工具、实施过程)、实施结果、数据分析与讨论等。结论部分主要阐述研究形成的总体观点，阐明研究取得的成就(支持假设的方面及原因)与存在的不足(不支持假设的方面及原因)，还需要说明有哪些问题有待深入研究以及今后努力的方向(进一步行动的策略)等。

基础测试

一、简答题

1. 简述教育行动研究的特点。

2. 简述教育行动研究的基本类型。

3. 简述教育行动研究法的实施步骤。

二、分析题

　　阅读陈柏华、高凌飚于 2007 年发表在《课程·教材·教法》第 10 期上的《教师专业发展之行动研究》一文，分析各部分分别对应教育行动研究的哪个环节。

第十章 教育叙事研究法

>>> **学习目标**

1. 了解教育叙事研究法兴起的社会背景，理解其概念、特点与理论基础。

2. 了解教育叙事研究法的类型、适用条件、功能与评价。

3. 能够运用教育叙事研究法开展一项教育研究。

第一节　教育叙事研究法概述

一、教育叙事研究法兴起的社会背景

20世纪70年代，教育叙事研究法在西方教育领域内率先被使用。教育叙事研究法的兴起是西方教师职业研究发展的必然结果。一方面，受现代主义和结构主义提倡转向解释学、语言学、叙事研究的影响；另一方面，社会学和心理学对职业生活的研究存在交叉内容，由此产生了整合各方面的研究以推动职业研究发展的需要，社会科学领域的研究者开始关注叙事研究，并将叙事研究运用到了职业研究中，教师的职业叙事也以此为基础发展起来。

从20世纪末开始，教育叙事研究法引起了我国教育研究者的关注。在我国教育研究领域，幼儿园及中小学教师以往所掌握的教育研究方法与"教师成为研究者""科研兴校"的期待相距甚远，尤其是随着新一轮课程改革的推进，他们深刻感受到了滞后的教学实践和先进的课改理念之间的差距。因此，要想真正改进教师的日常教学，就应该关注那种能够体现教师个人思想、观念、解决问题的方式和过程，以及对收到的效果进行反思的研究方法。其中，教育叙事研究法，因为能促进教师专业发展，所以备受研究者关注。

二、教育叙事研究法的概念

"叙事"在英语中是"narrative"，具有名词和形容词两种词性。它源于拉丁词根，与知识、专业或者需要技能的实践有着密切的联系。这一词常见于文学领域，是一种创作手段，指叙述按时间先后顺序发生的事情或事件。叙事常用的语言表达方式是叙述、描写而非理论概括。叙事既是一种现象，又是一种方法。人们常用叙事这种思维活动，通过口头、书面或者影像描述所发生的系列事件。叙事研究是对叙事文本进行分析与解读。叙事研究法，也称叙事探究法，以"质的研究"为理论基础，是认识人类行为和经验的重要方法。

教育叙事研究法指对教育生活中富有价值的教育事件和具有意义的教育现

象的描述与揭示，是一种研究方法。它不直接定义教育是什么，也不直接规定教育应该怎么做，它只是给读者讲一个或多个教育故事，让读者从中体验教育是什么或应该怎么做。康纳利和克莱丁宁把它看作对人类体验世界方式的研究，将它理解为以叙事来描述人们的经验、行为以及作为群体和个体的生活方式。

◇知识拓展◇

叙事探究

叙事主义者相信，人类经验基本上是故事经验；人类不仅依赖故事而生，而且是故事的组织者。进而，他们还相信，研究人的最佳方式是抓住人类经验的故事性特征，记录有关教育经验故事的同时，撰写有关教育经验的其他阐述性故事。

【资料来源】康纳利、克莱丁宁：《叙事探究》，丁钢译，载《全球教育展望》，2003(4)。

三、教育叙事研究法的特点

教育叙事研究法的基本特征是研究者以讲述故事的方式来传达对教育的理解。教育叙事研究法主要让读者自己去体验，具体而言，主要有以下几个特点。

(一)时空性

时间不仅体现的是分析叙事文本的技术需求，而且从根本上讲，叙事的冲动就来自寻找逝去的时间这一动机。叙事的本质是保存神秘、易逝的时间，使时间变得具体可感。用教育叙事研究法所叙述的内容是在过去的某一个时空中发生的教育故事，能再现真实的教育情节或故事环境，从而让读者通过自己的加工来理解事件的本质和特征。叙事研究既不是对现在或是将来即将发生的事件的展望，也不是由教育研究者主观臆造的。

(二)主观性

叙事研究带有很强的主观性。叙事研究叙述的故事中必然有与所叙述事件相关的具体人物，它所关注的是叙述者的亲身经历，在分析和取舍环境、细节、情节、心理时，不仅把叙述者自己摆进叙事案例当中，把写作的对象从知识事件转换为人的事件，而且采用主观的心理分析、教育理念、价值观、人生观，对某个人或某个群体的行为做出解释和个人主观的想象。

(三)故事性

教育叙事研究法所反映的内容是具有一定真实情节的教育故事或教育生活案例。所谓情节，是指在过去的某一个特定环境下发生的故事，尤其是教育研究者个人亲历的生活和教育生活实践。教育叙事研究中的人物一般是教育叙事者自己及事件中的某个或某几个对象(一般是学生)。教育叙事研究中的故事具有可读性(所选事件有代表性和借鉴性)和感悟性(给读者以教育灵感和教育启迪)，也就是这里所说的故事性。

(四)真实性

教育叙事所叙之事，是在日常生活、课堂教学、教育实践等活动中曾经发生或正在发生的事件，真实性是第一要素。教育叙事要原原本本地叙述发生的教育教学具体事件。不论是事件的背景、起因，还是过程中的具体内容和细节，都必须是真实可信的，不能掺杂虚构的成分，更不能有杜撰、编造的东西。教育叙事对真实的教育实践可以做某种技术性的调整或修补，但不能虚构。

(五)主动性

研究者在叙事过程中，应当让事实说话，让当事人说话，记录他们内心的声音。但是我们发现，教师的论文和科研成果与教科书或专著中的语言越来越相似。不少教师和研究者已经习惯从公开发表的教育论著中大段大段地引用他人的观点，满足于剪贴式的、复制式的、抄写式的重复研究，言必称苏霍姆林斯基怎么说，某某书上怎么说，这种现象被称为"教师失语症"。

(六)及时性

教育叙事描述的是教育教学实践的当下之景，不是翻检陈年老账。我们经常会这样，对于发生在自己身边的一些事情，由于工作繁忙或自我懈怠，时间一久就淡忘了。同样，教育教学实践中的事件如不及时总结，即便当时有深刻的心理感受，也会转瞬即逝。所以，教育叙事记录的是真实鲜活的内容，容不得"炒冷饭"，更不能做成"夹生饭"，而要及时"保鲜"。我们倡导教师用"课后记""教学札记"等便捷的方式为教育叙事积累素材，就是想让教师及时记录、梳理和存储隐含在教育实践过程中的一些体验和感悟。

(七)反思性

教育叙事绝不是讲一个故事，不是对细枝末节的简单罗列，不是一日生活的流水账，不是闭门造车、空发感慨，更不是无病呻吟，它旨在揭示某种意义，使人从中获得一些感悟和启示。在这一过程中，关键词就是"反思"。因此，教育叙事的价值就在于用生动感人的故事启发思考。教育叙事研究法不仅关注叙述者本人，而且关注与所叙述的教育事件相关的具体人物，并对事件相关者的行为做出分析和解释。

四、教育叙事研究法的理论基础

(一)现象学

现象学理论主张放弃一切偏见，回到教育本身，直接观察教育活动和日常生活，在体验教育真实的过程中描述现象。现象体现本质，本质就蕴含在现象里。开展教育叙事研究就是在观察日常教育活动的过程中揭示教育的本质。

(二)解释学

解释学理论认为解释是在前见的基础上进行的，合理的前见能产生积极的理解，理解就是视界融合的过程。因此，开展教育叙事研究就是研究者的视界与教育的视界相互对话的过程。

(三)质性研究

叙事研究是质性研究。对于教师的叙事研究来说，"教育"是土壤，质性研究是方法论。没有教育，就没有教育事件，所叙之事就无从谈起；没有揭示教育事件的本质，叙事本身就失去了意义，也就没有叙事研究的可能。叙事是为了研究，研究是为了剖析事件的本质，揭示现象背后的真相。因而，叙事正是在质性研究的过程中展开、分析、描述并完成的。

质性研究以其独特的研究视角和价值取向，显示出了它对一些极具人文色彩的教育问题的独特价值。对于研究者来说，质性研究是对其整体驾驭能力的挑战：强调对教育现象的整体性探究，重在对现象之"质"的直视以再现其"质"，重在对行为意义的探寻以进行意义解释。质性研究是以研究者本人为研究工具，在自然情境下收集资料，对社会现象进行整体性探究并形成理论，在与研究对象的互动中获得解释性理解的一种活动。

```
◇知识拓展◇

                    教育叙事研究的要素

    1. 以教育事件或经验为研究对象。要求叙教育之事、叙有意义之事、叙
过去之事、叙真实之事。
    2. 以"自下而上"为研究路径。要求研究者避免个人的主观先见，从教育
事实本身出发确立"本土概念"，并在此基础上研究。
    3. 以教育主题或结构为灵魂。要求在对教育事件的深度描述中，通过意
义诠释和经验分享达成真实理解。
    【资料来源】杨玲：《教育研究方法基础》，205 页，南京，河海大学出版
社，2007。
```

第二节　教育叙事研究法的类型与适用条件

一、教育叙事研究法的类型

(一)广义的叙事研究法分类

广义的叙事研究法可以分为调查的叙事研究(叙事的调查研究)、行动的叙事研究(叙事的行动研究)和虚构的叙事研究。

1. 调查的叙事研究(叙事的调查研究)

这种研究方法主要关注个人或群体的经验和观点，通过采访、问卷调查、文献研究等方式收集数据。研究者通过整理和分析叙述性数据，可探究个人或群体的经历、观点、态度和信念等，达到理解特定现象或问题的本质的目的。这种研究方法常被用于社会科学领域，如教育法、心理学和人类学等。

2. 行动的叙事研究(叙事的行动研究)

这种研究方法关注于行动和实践背后的叙事结构与意义。它强调人类行为

和社会实践中的故事性特征，通过观察和记录行动过程中的叙事元素，揭示其中的动机、目标、价值观和意义等。这种方法常被用于社会学领域，旨在理解人们如何通过叙事来塑造、解释人们的行为和社会环境。

3. 虚构的叙事研究

虚构的叙事研究指以文学作品、电影、戏剧等虚构性表达形式为对象的研究方法。研究者用这种研究方法探究虚构叙事作品中的结构、情节、角色和主题等元素，以理解文学艺术作品中的叙事形式与意义。研究者通过分析和解读虚构作品中的叙事手法与主题，可揭示其中的文化、历史、社会意义，从而拓展对人类经验和社会现象的理解。这种研究方法常应用于文学研究、影视研究和文化研究等领域。

这三种叙事研究方法在不同领域和学科中发挥着重要的作用，能帮助研究者深入理解和解释人类经验、行为与社会现象的本质。每种方法都有其独特的特点和适用范围，研究者可以根据自己的研究目的和问题选择合适的方法研究。

(二)狭义的叙事研究法分类

狭义的叙事研究法可以分为传记的叙事研究(他人生活史叙事研究)、自传叙事研究(个人生活史叙事研究)、小说叙事研究(故事叙事研究)。

◇知识拓展◇

狭义的叙事

狭义的叙事研究与广义的叙事研究有一定的对应关系。

传记叙事研究实际上是调查叙事研究的一种特殊样式，甚至可以说，调查的叙事研究的最充分的样式就是传记叙事研究。

自传叙事研究实际上是行动的叙事研究的一种特殊样式，甚至可以说，行动的叙事研究的最充分的样式就是自传叙事研究。

小说叙事研究实际上是虚构的叙事研究的一种特殊样式，甚至可以说，虚构的叙事研究的最充分的样式就是小说叙事研究。

【资料来源】郭东岐：《校本研修的实施与推进》，65～66页，西安，陕西师范大学出版社，2006。

(三)其他类型

教育叙事研究法是基于个人的教育经历和生活事件的开放式研究方法。根据教育活动领域的广袤性、研究者际遇的多样性和认识的差异性，又可做如下分类。

1. 按教育叙事的题材选取划分

教育叙事研究按教育叙事的题材选取划分，可分为片段叙事、生活叙事、传记叙事。

片段叙事，即对个人教育教学实际中某个印象深刻的片段的叙述，显示事件发生的细节，借以阐明教师对其导致良好或者不好的教育教学效果的反思。

【案例】

阳光下的"斗争"

上课铃已经打响了，可他还在忘我地玩着手中的三卷透明胶带。

我本想厉声道："快收起来，上课了！"但他那可爱的笑脸在阳光的照耀下是那么动人，我望着他，不禁平静下来。我说："上课了，把不该出现的东西收起来好吗？"

这个两耳不闻身边事的小家伙仍然不知我所云即他，还是在同桌示意后，他才不情愿地把他的宝贝们暂时收起来。

这节课的气氛格外热烈，孩子们的学习热情空前高涨。也许是那柔和的阳光为课堂送来了激情，也许是那温暖的阳光为孩子们点亮了智慧，也许是那灿烂的阳光为我描绘了美丽的心情，在此起彼伏的小手中，我情不自禁地寻找起了他的小手。

但我却看到了最不想看到的一幕——他不知何时起，已经将那些宝贝挪到作为"舞台"的桌子上，自编自导了一场以透明胶带为主角的好戏……愤怒的我已经难以继续"欣赏"下去。(孩子们如此主动地学习，他不仅无动于衷，反而如此放肆!)我一边向他走去，一边强压怒火说："把那些影响你学习的东西拿出来吧！"说着我就像一个要"夺回阵地"的将军一样，坚决地把手伸向了他。如果此时他"缴枪"，我就可以"宽大"处理，可他却毫无反应。

我再一次重申了我的"命令"，语气越发坚决、严厉（如果此时他"投降"了，我就不计前嫌）。这顽固的小家伙还是没有理睬我，但是他的小脑袋越来越低了，仿佛在努力保卫着自己的宝贝。

我的忍耐和退让是有限度的！最后只能强行"缴获"。当那些透明胶带被我抓在手里的时候，我不禁感到惊奇——三卷直径不一、色彩各异的透明胶带竟被他组装成一种有趣的造型，似一件工艺品。刚刚还是"各自为政"，现在就"合成一体"了，活脱脱一个山寨版"变形金刚"！

以势不可当的气势解决问题的我，不仅没有成就感，而且生出一种莫名的愧疚之心。虽然我是在组织课堂教学，但是作为老师用这样的"强权"，是不是有损于所谓对学生的尊重呢？虽然我是在提醒他认真听讲、养成良好的学习习惯，但是这课堂所能给予他的一切与那宝贝所能给予他的所有，在孩子的"天平"上孰轻孰重？在未来对人才的评价"砝码"上又孰多孰少呢？

这节课结束了，但是我对自己行为的反思却才刚刚开始：影响他认真听讲的东西被没收了，但是孩子心中的"问题"也许又产生了；他的课堂不认真听讲的行为被制止了，但是那"手脑并用""开发创造"的乐趣与思维或许也从此被压制了……

我们需要将学生培养成为适应未来社会发展的人、能独立思考的人、有创新思维的人，而我们是否都在这样做呢？

号称工业强国的德国，在其基础教育中，有一项男孩的必修课是做一把小木凳；有一项女孩的必修课是缝制一件小围裙。他们不惜以孩子们痛的呻吟、血的教训为代价，培养出了许多善思善行的创造型人才。而我们从孩子小时候就不让动这，不许动那，就连做手工用个剪子也怕他们伤到手。"学而优则仕"的思想，使很多家长、老师眼睛里只盯着孩子的学习技能、学习方法、学习态度、学习习惯，而这些都要冠以"学习"的帽子，孩子怎能不厌？不烦？

让我们换一种角度看学生，让他们换一种方式来成长，让大家换一种心态来评价！让那一抹温暖的阳光永远停留在孩子忘我的神情中吧，因为那是未来的曙光。

【资料来源】李泽宇：《中小学教育研究方法——如何选题、做题与结题》，216～217 页，北京，教育科学出版社，2016。引用时有改动。

生活叙事，即对教师教育生活故事的叙述，能反映其中所蕴含的教师的生活体验，以及对教师教育生活的细微关涉。教师的日常生活与其成长经历、教育状态、教育经历密切相关，教师的成长不仅在课堂上，而且在日常生活之中。

传记叙事，即对教师成长过程乃至教师生涯的整体叙述，反映的是教师的人生中平凡而又充满感动、收获、反思的瞬间。

2. 按教育叙事的组织形式划分

教育研究叙事按教育叙事的组织形式划分，可分为个体叙事和集体叙事。

个体叙事，即在行动研究中，教师依据个人的经历叙述相关的故事并做出适当的解释，是一种个体的叙事研究。但叙事也可以在共同体的层面上进行。许多研究认为，教师应多与同事分享专业经验，激励自身提升专业意识，增强自信心，从他人的实践中学习到有价值的替代性经验。

【案例】

因为爱 所以爱

我曾经不知道该怎么做一名老师，只是怀着一种朴素的心理在教书，觉得做事要认真，不可马虎混日子，否则良心不安。但是随着时间的积累，我从学生给予我的点滴反馈中感受到了他们对我的肯定与支持，应该说是在学生们无形的感召下，我渐渐爱上了教师工作。我只不过按要求认真地工作，学生们便给予了充分的肯定；我只不过多说了一句关心的话，学生们就给予了充分的信任。他们质朴而深厚的感情回报极深地触动着我，鞭策我在教育工作中不断严格要求，争取进步。为了学生们那真挚的感情，我会继续用心做好每一天的工作，用心对待每一位学生，不辜负我日渐深爱的教育事业。

【资料来源】赵丽华：《因为爱 所以爱》，见谭静：《建构教师批判反思的平台——100 位教师教育叙事的研究》，57 页，北京，知识产权出版社，2004。引用时有改动。

集体叙事，即在共同体层面进行的叙事，又称"我们一起讲自己的故事"。它不仅可以运用在课程的研究上，而且可以运用于德育、管理等学校教育教学的广泛领域,其基本环节如下:进入情境—分别叙事—归纳问题—重新叙事—形成叙事文本。

【案例】

在园丁工程中起飞

似乎,在聆听与倾诉的过程中,有一种感觉:与其说是我们在研究于小江(化名),不如说我们是最好的听众。就是在这次研究中,我们越来越深地体会到,一线的教师内心深处原来涌动着这样丰富的情感。其实,每个人都有一种诉说的愿望,只是在日积月累的繁杂工作中,他们缺少诉说的对象,久而久之,他们也会忘记自己的这种愿望了吧。我们在以往的研究中或多或少地忽视了去倾听他们的声音。事实上,因为教师职业工作的特殊性,他们的声音已经不仅仅是自己的声音了,而是深藏着的满天下的芬芳桃李故事啊。可惜,以前,我们并不懂得去倾听他们诉说,并没有给他们这样的一个机会。或许,在聆听与倾诉的过程中,去感受和体验教师的生活,这才是研究的价值所在。

【资料来源】王枬、王彦:《教学人生——优秀教师教学风格个案研究》,426 页,南宁,接力出版社,2003。引用时有改动。

二、教育叙事研究法的适用条件

为保证教师在教育叙事研究的过程中获得实践知识、提升专业水平,研究者应引导教师合作解决所面临的实际的教育教学问题,并在解决问题的过程中注重反思和积累。教育叙事研究法的适用条件如下。

(一)研究事件发展的过程

与案例研究相比,教育叙事研究更适用于按照时间顺序研究事件发展的过程。因为从研究重点上来说,用教育叙事研究法可研究一段时间内事件各个因素之间相互关系的变化。

(二)研究个别事件

虽然教育叙事研究法在信度和效度等方面存在不足,但是适用于研究复杂情境中的个别事件，能把握各个因素随着时间发展相互关系的变化。

(三)研究具有代表性的突发事件

因为教育叙事研究尤其侧重研究者的处境和地位，研究者的自身经历和经验对研究尤为重要，所以教育叙事研究法更适用于研究具有代表性的突发事件，而不是应然的教育规则或者或然的教育想象。

(四)反思教育过程

教育叙事研究中的反思应贯穿于解决问题过程的始终。教师在教育教学中遇到的疑难、困惑及自身的所想所为都是反思的对象。如果没有反思，就没有解决问题的过程，更谈不上教师的专业发展。反思能引导教师在实践中积累隐性知识，使其个体经验外显到意识的层面，得到审视、分析、评价和交流。反思是教育叙事研究的基础，促进反思是教育叙事研究的目的之一。

第三节　教育叙事研究法的功能与评价

一、教育叙事研究法的功能

叙事是研究事的，即研究故事、事件。它不仅关注教育的"理"和"逻辑"，而且关注教育的"事"与"情节"。这里所说的"事"是教师的教学之事，日常教育生活之事。幼儿园及中小学教师的教育叙事研究就是叙述和研究自我在日常的教学活动中经历的各种教育事件。教育叙事研究法是教育研究领域中一种新的研究方法。

教育叙事研究法的功能如下。

(一)有利于教师在教育研究中转变角色和真正参与科研

在以往的基础教育研究当中，教师往往只是在其中扮演着材料的收集者、提供者、研究计划的执行者等客体角色，而真正意义上的研究问题的确立和研究方案的制订过程却是远离教育现场的专家、学者的工作，致使研究和教学实际脱节；另外，一部分教师在结合自身情况确定研究课题时，往往因为参与的群体在研究理论和目的上的偏差，误入"为研究而研究"的歧途。这也是以往教育研究中的最大缺憾。在我国，教育叙事研究正是在这种背景下悄然兴起的，它在很大程度上弥补了以往基础教育研究活动的不足。

(二)有助于弥合教育理论与实践之间的隔阂

教育叙事研究法以教育教学现象和问题为驱动，采取自下而上的方式，从教育教学中的实际问题出发，寻求在理论指导下解决问题的方式、方法。教育叙事研究既与在理论指导下开展实验的研究模式不同，又与先吸收西方教育理论，再寻找实践事例诠释的思辨式研究模式不同，它不需要教师有多么系统的理论认知或多么深厚的理论功底，只追求通过对实例的理性分析获得感悟，从而真正在理论与实际之间架构起一座具有有机性的桥梁，使每位教师都能成为研究的主体。教育研究回到了教师处，就会从根本上解决长期以来学校教育研究与教育行动分离、教育理论与教育实践脱节的问题。

(三)提供了适应教师职业特质的教育研究方式

教育叙事研究法是教育研究的一种方式，特别适合学校教师，因为教师的生活是由事件构成的。教育叙事指教师将自己遇到了什么问题、为什么会遇到这个问题和怎样解决这个问题的整个过程叙述出来，并加以理性思考、分析、整理而成的内容。教育叙事能使教师看到平时视而不见的事件的意义，即教师以自己的生命经历为背景去反观自己和观察世界，倾听自己内心深处的声音，站在自己的角度反思，从而激发出许多连自己都意想不到的想法和观点。这是研究的真谛，即叙述并反思事件，进而派生出的理论、思维、观念。这意味着教师开始不再依赖别人的理论和思想。教师在赋予看似平凡、普通、单调、重复的活动以独特韵味的同时，也对这个世界和生活做了有创造意义的贡献。教育叙事研究法比传统的教育研究方法更能激发教师的原创性，也更能体现成果的研究价值。

(四)有助于研究成果的实际应用和推广

在传统的教育研究成果中，有相当一部分因为不具有可操作性而无法有效地指导教育实践。教育叙事研究法更重视解决教学中的问题，这意味着教师要发现并提出问题。教育叙事研究需要的是一种参与态度，教师要把自己的思考和行为融入自己所叙述的事件，出于解决问题的需要，借助理论的指导进行理性分析。这种参与态度与理性分析行为，将直接影响教师今后的教育实践。此外，教育叙事以实际案例的形式出现，提供了细致、具体的教学情境和解决问题的范式，教师将这些共享给其他同行，能使他们从中得到更多的教学启示。

(五)有利于教师重塑课堂教学

教师的课堂教学活动是绚丽多姿、丰富多彩的。教师在学校这个特定的社会环境中展现自己，在教学活动中塑造自己，在教学行为中成就自己，在教育教学的真实情境中反思自己。正是这点点滴滴的生活小事构建了教师充实的职业生涯。教育叙事研究法通过教师在课堂上和校园里的举止谈吐诠释教师的教学使命；通过教师与学生的处事行为反映师生的个性特征；通过教师对课堂教学的再创造和对教学内容的真实叙述展现课堂教学的魅力。

(六)有利于教师建构"专业化"理论

从理论层面看来，叙事研究似乎只是对事件的讲述和对故事的追忆，而缺少理论指导。但事实并非如此，教师的教育叙事研究思想不是抽象的、虚构的，而是具体体现在日常教学活动和言行当中的。教师开展教育叙事研究时，在实际操作方面具有优势：教师能凭借原有的专业知识、个人教学技能，以熟悉的叙事方式来记录、讲述一个熟悉的教育事件，作为操作可行性的保障；教师能在教育笔记、日志中反思，在教育情境中积累经验性知识，通过日常教学实践的记录或日志反思及创造性地发现日常教学案例背后内隐的知识和个体性知识，通过记录反思自身的言行和教育手段，规范职业道德。因此，教师进行的教育叙事研究是对教师自身日常行为背后所内隐的思想、教师教学实践当中所蕴含的行为理念的研究。它以现象学为理论基础，以人类行为学为实践前提来构建教师的思想行为框架，是促进教师专业化发展的一个重要策略和主要途径。

(七)有利于教师对教育对象的人文关怀

教师职业的劳动对象与一般劳动者所面对的以物质材料形式的劳动对象有所不同——是具有思想、情感、个性、发展的人。教师以正在成长发育中的学生为工作对象，教师的教育叙事研究也就不能没有对学生这个特殊的教育群体的研究。

从人类对自然的认识规律来看，正处在成长发展期的、心里充满奇思妙想的学生对世界的认知是由直观的"物"开始的。这时，相对于枯燥干瘪的理论"灌输"而言，他们更容易接受以生动的人物、离奇的情节、再造的以环境取胜的故事。以叙事为主线条的教育叙事更能满足他们的好奇心，具有其他教育研究无可替代的优越性。

教师开展的教育叙事研究，多描述的是语言和行为，从而把握学生的认知特点、情感特点、人格特质、身心发展规律。教师一方面在教育叙事当中认真了解学生的兴趣爱好；另一方面走进学生的世界，与学生公平地对话、沟通、交流，与学生一起学习、思考。这样，教师就能对症下药，解决学生在成长中最真实、最关键的问题。对于学生来说，他们不仅是传授知识的教书人，更是学生成长道路上的引路人、生活中的导师。教师也能更好地理解学生的追求，以一种公正的态度塑造学生和自己的人格，与学生共同构筑一个和谐的师生世界。

二、教育叙事研究法的优点和局限性

(一)优点

教育叙事研究法的优点是易于理解，接近日常生活与思维方式；可帮助读者在多个侧面和维度上认识教育实践；更能吸引读者，使读者有亲切感，具有人文气息；能创造性地再现事件场景和过程，给读者打造一定的想象空间。

(二)局限性

同任何一种教育研究一样，教育叙事研究法也并不是尽善尽美的，其优点从另一个角度讲也正好是其局限性，显示出它先天的不足。

一是由于情境的不可重复性与结论的不可推广性而缺乏较强的科学性。教育叙事研究法的优点在于能从特定的教育情境中发现意义，它使用归纳法分析资料和形成理论，通过与研究对象互动，解释研究对象的行为，所得出的解释性结论也是情境性的。这样的结论不能当作评价标准，不可当作推论的前提或基础。也就是说，教育叙事研究法无法回答普遍性问题，其研究成果的代表性、典型性经常被人质疑。

二是教育叙事研究法的有效性与研究者有着密不可分的关系，其信度和效度往往会打折扣。一方面，对于教师的叙事研究，出于人的本性的顾忌或其他原因，叙事者(教师)不愿意或不能把真实的想法表达出来，有的会伪造数据，提供美丽的故事；有的会对事件进行加工，导致数据失真；另一方面，对于专业的教育叙事研究来说，在研究过程中，研究者与研究对象之间能否形成有效的互动，如何处理复杂而敏感的研究关系，都与研究者有很大的关联。比如，研究者对研究问题的确定、对研究对象角色的定位、收集材料的方法、对研究结果的解释及评价等，在很大程度上受其个人倾向的影响，带有明显的主观色彩，有时难免会受研究意图左右而出现讨好读者或追求完美效应的情况。加之，研究者要与研究对象建立平等、和谐的合作关系也需要一定的时间。因为人的社会性、特殊性和复杂性决定了一个人不可能在很短的时间内向他人吐露真心。此外，当教师工作繁忙或精力不足时，会因参与度较低而影响研究进度和效果。

第四节　教育叙事研究法的实施步骤

如果用一条研究路径来总结的话，教育叙事研究法的实施步骤如下：确定研究问题—选择研究对象—进入研究现场—收集研究资料—整理分析资料—撰写研究报告。

(一)确定研究问题

研究者应明确研究的目的和问题，确定想要探究的教育叙事主题或现象。这个问题应该具体明确，并与教育领域的理论、实践或政策相关。

(二)选择研究对象

研究者应根据研究问题，选择适当的研究对象，如学生、教师、教育机构、教育项目等，确保选择的研究对象能够提供与研究问题相关的叙事性数据。

(三)进入研究现场

研究者应获得研究对象的许可，并进入研究现场观察、访谈或参与活动。这可能涉及与教师、学生或其他相关人员建立联系并合作，以便能够收集到有关教育叙事的数据。

(四)收集研究资料

研究者应使用适当的数据收集方法，如访谈、观察、文献研究等，收集与研究问题相关的叙述性数据。这可能包括学生的个人叙述或作品、教师的教学日志等。

(五)整理分析资料

研究者应对收集到的数据进行整理和分析，包括对访谈录音或笔记的转录、对观察笔记或文献的归纳总结、对学生作品的分析等。研究者应根据研究问题，使用适当的定性或定量分析方法来解读和理解数据。

(六)撰写研究报告

研究者应根据研究分析的结果，撰写研究报告或论文。报告应该包括引言、研究背景、研究目的和问题、研究方法、分析结果和讨论等部分。研究者应确保研究报告清晰、准确地呈现研究过程和发现，并参考相关文献和理论进行论证。

这些步骤提供了教育叙事研究法实施过程的框架，但具体的步骤和顺序可能因研究问题和方法的不同而有所变化。在整个研究过程中，研究者还应该关注伦理问题，确保研究的道德性和保护研究对象的权益。

◇知识拓展◇

教育叙事

1. 教育叙事不是目的，而是一种手段、一种形式、一种教师教育研究，中小学教师应当坚持"把要做的事写出来，把写出来的事做出来"。这样，教育叙事作为一种教育实践研究，才能达到"把平凡的事做到极致便会产生奇迹"的效果。

2. 教师的叙事研究更注重以"小叙事"来繁荣"大生活"，更关注微观层面细小的、普通的教育事件，更强调对教育中特殊现象的描述和体察。

3. 开展叙事研究需要遵循以下步骤：确定研究问题、选择研究对象、进入研究现场、收集相关资料、整理分析资料、撰写研究报告，尤其需要根据人物、事件等实际情况采用合适的叙事类型，撰写叙事研究报告。

【资料来源】李泽宇：《中小学教育研究方法——如何选题、做题与结题》，224页，北京，教育科学出版社，2016。引用时有改动。

基础测试

一、简答题

1. 教育叙事研究法的特点是什么?

2. 教育叙事研究法的实施步骤是什么?

二、案例分析题

请分析下面这则教育案例。

每个人都是一朵花，给点阳光就灿烂

班里有个小男孩，他叫策，长相清秀，文静而胆小。虽然他听话、懂事、守纪律，但是他的头脑不算聪明，表现也一般。他在我眼里是一颗并不闪烁的"小星星"，于是我这个"太阳"并没有给这颗"小星星"过多的光和热。

我最近发现他下课时老爱围在我的身边，反复地问："老师，今天你选谁当值日生？老师，今天谁留下值日？老师，今天的作业本谁来发？……"问的次数多了，我就开始烦了，正想训斥他，却突然发现他的目光是那样可怜，里面有胆怯，有期待，有害羞，更有一丝希望被重视的乞求……我的心一下子软了，是啊，即使是夜空中并不闪烁的小星星也有它多情的眸子，它也要发光装扮夜空。这一刻，在他的目光中我读懂了他的上进心与渴求。我再也不能做一个苛刻的老师了，我要给他一个机会，让他展示自己，同时让他树立自信。

于是，放学前，我在全体学生面前说："策同学一贯遵守纪律，热爱劳动，特别是很有集体荣誉感，在这一方面是我们全班同学的好榜样。为了鼓励他，老师决定给他一个机会，选他做明天的值日班长，希望他更好地为大家服务，同时也希望他加强学习，成为最出色的学生。"我的话音刚落，只见策惊奇的脸上马上绽放出灿烂的笑容，这笑容表明了他憋足了劲儿要好好干一场。

果然，第二天，策早早到校，井井有条地安排班级工作。一上午，班级秩序井然。中午时，正值学校食堂做了包子，每到这时候，班里又要分菜，又要发汤，又要发包子。几十个学生团团围在一起，他碰掉了她的包子，她弄洒了他的汤，他的菜没发……班级里总是乱作一团，想起来我就心烦。这时，值日班长策来到我的面前，负责地说："老师，这样太乱了！我有办法！"说得轻巧，

我难道不知道啊，可老师就我一个，总不能让我身兼数职发饭吧，于是我问："怎么办？你出个好主意吧！"没想到策却一本正经地说："让大家站到走廊里，拿着饭盒站好队，在讲台上依次放好要分的东西，大家按顺序走进来，一个个取，老师你只要站到走廊里稍稍看一下纪律就行了。"于是在他的协助下，我们真的有序地发放了午饭，大家秩序井然地用餐，我别提有多高兴了，而这一切竟是我眼中的那颗并不闪烁的"小星星"带来的。晚上放学前，我在总结一天的工作时，特别对今天的值日班长策提出了表扬。我告诉大家，平日里不爱言语的策其实有一颗热情而智慧的心，愿意无私地为大家服务。同学们对策的表现报以热烈的掌声。这一刻，我又从策的眼里读出了喜悦和自信。从那以后，策的言语多了，学习劲头足了。

【资料来源】李凤荣、闫景秋：《新时期班主任工作难题解决经典案例》，62～63页，西安，陕西师范大学出版社，2007。引用时有改动。

第十一章　比较研究法

>>> **学习目标**

1. 了解比较研究法的含义、意义与作用。

2. 掌握比较研究法的实施步骤。

3. 能将比较研究法和其他研究方法进行比较与综合运用。

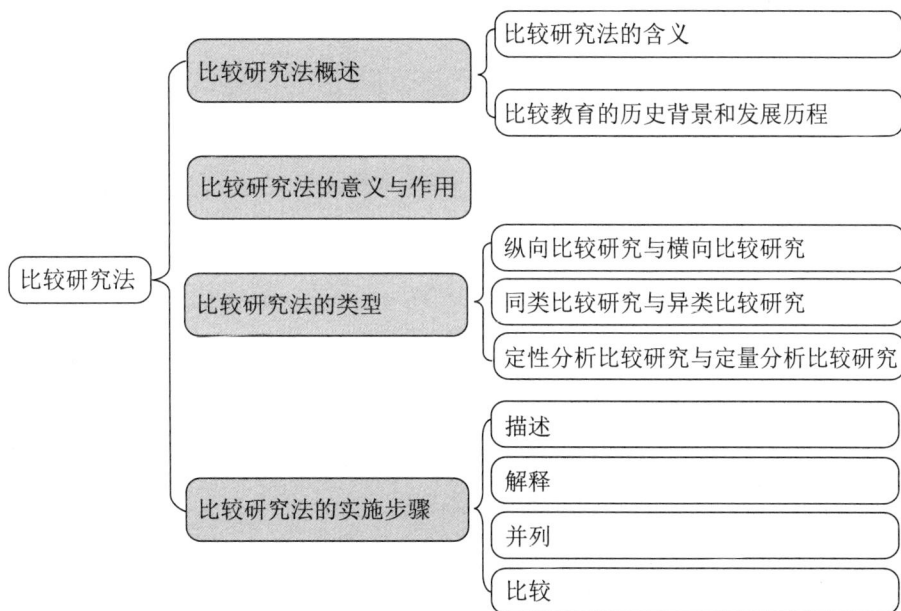

第一节　比较研究法概述

一、比较研究法的含义

比较研究法是对照、比较事物的异同关系，从而揭示事物本质的思维方法。研究者在运用比较研究法时，会根据一定的标准或以往的经验、教训把彼此有某种联系的事物加以对照，从而确定其相同点与不同点，了解事物的内在联系，从而认清事物的本质。

比较是和观察、分析、综合等活动交织在一起的，是一种复杂的智力劳动。比较研究法是一种思维方式，也是一种具体的研究方法。运用比较研究法有三个条件：一是必须存在两种以上的事物，二是这些事物必须有共同的基础，三是这些事物必须有不同的特性。比较研究法与其他研究方法不同之处在于：从比较的角度把握研究对象特有的规定性；选择研究对象必须具有可比较性；研究方法上以比较分析方法为主。

比较研究法简单、生动、鲜明，但其研究结论是从比较分析的推论中得出的，其客观性还有待实践证明和修正。

二、比较教育的历史背景和发展历程

比较教育旨在探究、分析和解释那些与政治、经济、社会和文化背景相联系的各种教育事实之间的相似之处与不同之处。

相对于其他教育方式而言，经过了很长一段时间之后，比较教育才被认为是较为科学的。这里所用的"科学"一词是相对而言的。因为人文科学是社会斗争的对象和结果，所以研究者不能完全脱离自己的预想和价值体系，而这些预想和价值体系并不是研究者本人总能意识到的。但这并不意味着人文科学不需要采用与自然科学相似的程序，如求证、实验等来寻求真理。

开展比较教育的先驱者是那些描述他们访问过的国家的教育机构的人。他们是希腊的色诺芬、罗马的西塞罗、中国的义净等。比较教育这门科学的诞生可追溯至 1817 年，以朱利安的《比较教育的研究计划和初步意见》的发表为标志。为了弥补当时教育的不足，朱利安提出，如果研究不同国家的学校和教学方法，就有可能根据调查问卷、分析表，做出近似实证科学的论断。比较教育的发展十分缓慢。在整个 19 世纪，人们进行的研究与其说是真正的比较研究，倒不如说是外国教育的研究。20 世纪出现的理论概念是与阿诺德、萨德勒、坎德尔、汉斯、施奈德等人相联系的。这些概念的提出基于这样一种观点：教育制度的形成取决于一些特定的力量，即自然的、政治的、社会的和文化的因素，尤其取决于民族特性。这些概念是非常模糊的，它们不是任何以具体的经验性证据为基础的科学方法的对象，而是哲学则是形而上学的反映，特别是民族特性这一概念，既不能解释国家制度的变化，又不能解释它们之间的相似之处。

随着定量分析方法的引进，比较教育得到进一步的发展。定量分析方法之所以被广泛采用，是因为统计资料日益丰富，研究的重心是具体的问题而不是一般化的比较。比较教育正逐步成为全球范围内的一门学科：它试图超越种族中心主义并尽可能找出在人类历史的不同社会形态和不同时期中支配教育与社会关系的规律。

第二节　比较研究法的意义与作用

比较研究法作为一种一般方法，被广泛应用于教育研究的各个领域，其意义与作用如下。

第一，比较研究法常与历史研究法结合，能帮助研究者从现实问题入手，追溯事物发展的历史渊源并研究事物发展的过程和规律。

研究者在自然科学研究中运用比较研究法，提出了地质渐变论和生物进化论，给地质学和生物学带来了划时代的变革。研究者在社会科学、教育科学研究中运用比较研究法同样有大收获。例如，通过历史比较，研究者揭示了以赫尔巴特为代表的"传统教育派"和以杜威为代表的"新进步主义教育派"的根本分歧，进而把握了科学主义与人文主义教育观的不同观点。

研究者在研究教学原则、课堂教学组织形式、教学模式等时，通过比较不同历史发展时期，分析其哲学理论基础、基本观点、基本方法，深化了对研究问题的认识。中国教育在漫长的历史进程中积累了丰富的经验。研究者在比较研究中外教育历史后，可以更深刻地揭示我国的教育传统及东西方教育相互影响的关系。

第二，运用比较研究法分析教育的本质，有利于研究者深入研究教育科学理论。

揭示教育的本质是开展教育科学研究的最终目的。比较研究法提供了一种有效的方式。通过比较研究，研究者可将个别事物纳入更广阔的背景，从而激发思维，产生新的发现并深化认识。

例如，关于教学活动的研究，旨在研究人的认识和个性发展规律。研究者在进行研究时，就可以选用比较研究方法。一方面，进行纵向比较。要超越历史，就要研究历史，要把研究问题放在有一定深度的历史发展过程中加以考察。举例来说，可以比较分析杜威、皮亚杰、列昂节夫等人关于教学活动的理论，分析他们理论的价值、贡献和局限性，有助于考察其理论基础。另一方面，进行横向比较，借鉴哲学、心理学中关于活动理论的研究成果，同时，整理、比较、分析学校丰富生动的教学实践经验，使研究提高到一个新的水平。

又如，关于文化心理结构与教育关系的研究，旨在通过比较东西方民族的文化心理结构，探讨不同民族的文化心理结构与教育的关系，从而回答怎样在借鉴与选择外来文化的过程中保持教育的民族特点，在民族化的前提下实现教育的现代化。这一研究从更深层次上挖掘文化变迁和社会发展的动因，从而深化了对教育自身及教育与其影响因素的关系的认识。

通过比较研究，研究者能对教育现象进行定性鉴别和定量分析，鉴定事物的差别和量的比例关系，从而准确地把握事物的多种属性，更好地认识本国、本地区的教育发展状况和特点。

进入 20 世纪以来，研究者越来越注重开展跨领域研究。例如，对教育问题进行的跨群体、跨民族、跨宗教、跨地区、跨国研究，从综合和整体的角度来认识教育发展的趋势。因此，比较研究法在教育领域应用得越来越广泛。

第三，比较研究教育现象，能为教育政策的制定工作提供科学依据。

教育是一个复杂的系统工程，涉及诸多因素。政策制定者要制定科学、合理的决策，就要对某一方面的问题有客观和全面的认识。这就需要通过比较找出事物的本质属性和问题的症结，在科学依据基础上有的放矢。因此，从宏观的国家教育决策到微观的教育教学方法的改革，无不渗透着比较研究，亦无不需要比较研究。

例如，为了推进高等教育结构改革，就要对各国的高等教育结构进行比较，分析各国高等教育结构与该国科技发展、政治经济体制、文化传统等的关系，从而加以借鉴。为了制定科学的考试制度，就要对各国的入学考试进行比较，对各国的考试制度进行比较研究。

第三节 比较研究法的类型

比较是一种多层次、多形式的认识活动，有多种类型。我国学者一般将比较研究法分为以下三类。

一、纵向比较研究与横向比较研究

这是根据研究对象的历史发展情况和相互联系而分的。

(一)纵向比较研究

纵向比较是对同一事物的历史形态进行比较，是按时间序列的纵断面展开的，它使我们不仅能从相对稳定的状态来研究事物，而且能从发展变化的状态来研究事物，从而弄清事物发展的来龙去脉。

(二)横向比较研究

横向比较是对同时存在的教育现象进行比较，因为每一个事物都不是孤立存在的，所以必须在相互关系的比较中认识事物的本质。横向比较研究是按空间结构的横断面展开的，强调的是根据不同事物的相对静止状态研究其异同。

二、同类比较研究与异类比较研究

这是根据事物之间存在的差异性和同一性而分的。

(一)同类比较研究

同类比较就是对两种或两种以上同类事物进行比较，从而认识其异同点的方法。比较相同点，可以找到事物发生发展的共同规律。比较不同点，可以找到事物发生发展的特殊性。

(二)异类比较研究

异类比较是对两个或两类性质相反的事物或一个事物的正反两方面加以比较，即比较两个事物的不同属性，从而说明两个事物的同中之异或异中之同。

这种比较，就其思维过程来说，与同类比较相同，但是它的结果反差大，有利于鉴别和分析。通过"同中求异""异中求同"的分析比较，研究者可以更好地认识事物的多样性与统一性。

三、定性分析比较研究与定量分析比较研究

这是根据所有事物都是质和量的统一的观点而分的。

(一)定性分析比较研究

任何事物都是质和量的统一。质是事物内部固有的一种规定性，是一事物区别于其他事物的特性。我们认识事物，首先认识的是事物的性质。这里所说的定性分析比较，指通过事物间本质属性的比较来确定事物的性质。定量分析比较是对事物属性进行量的分析，以判断事物的发展变化。二者结合，能使比较的内容更加清晰，比较的结论更加客观。

(二)定量分析比较研究

研究者应在认识事物的基础上建立量的观念。要想深化对事物的认识，就应该对事物量的有所认识。只有正确把握事物的量，才能正确把握事物发展的规模、速度等。

研究者在对某个复杂问题进行探讨时，往往要采用多种比较研究法综合比较研究对象，从而全面认识研究对象。

第四节　比较研究法的实施步骤

在运用比较研究法之前应注意以下基本要求。

第一，保证研究对象有可比性。

比较研究的基本要求之一是确保研究对象之间具有可比性。这意味着研究对象应具有一些共同的特征或属性，以便进行有效的比较。要保证可比性，可以选择具有相似背景、特征或条件的研究对象，并尽可能控制其他干扰因素的影响。

第二，保证研究资料的准确性和可靠性。

在比较时，确保所使用的资料具有准确性和可靠性至关重要。这包括确保数据来源可靠、采用合适的研究方法获得数据，并进行数据验证和核实。研究者应清楚地记录数据来源、采集方法和处理过程，以保证研究的科学性。

第三，追求全面和本质。

比较研究应该追求全面和本质。这意味着要比较研究对象的多个方面和维度，避免忽略重要的差异和相似之处。同时，应该关注本质上的差异和共同点，而不是仅局限在表面或次要的差异上。通过全面和本质的比较，研究者可以获得更深入的理解。

鲁迅曾以人们误将一种硫化铜认成金矿为例，他指出，"比较是医治受骗的好方子"①。硫化铜和金矿虽然看上去都是金黄色的，但是从本质上看，它们的分子结构、质量、比重根本不同。可见，如果不从本质上进行比较，就难以全面认识事物。研究者应通过大量的、典型的材料分析其内在关系，因为事物的本质一般具有内隐性。由于认识事物的本质是一个逐步暴露和发展的过程，因此研究者不应割断历史，要尽可能从社会政治体制、经济科技发展水平、历史文化传统、自然地理环境、社会风俗等各方面加以探讨。

例如，根据教师点名让学生回答问题的次数、课堂的活跃度比较教师将启发性原则贯彻得好不好就不科学。启发式教学的实质是调动学生思维的积极性，

---

① 鲁迅：《且介亭杂文》，111 页，北京，人民文学出版社，1973。

使学生在积极思考时找到应得的结论。如果教师提的问题不能促进学生的思维发展，那么学生回答问题只不过是复习一下学过的知识而已，这代表教师的启发式教学搞得不到位。

为了运用好比较研究法，研究者必须克服主观片面性，坚持客观的科学态度，不能仅凭一些似是而非、片面零碎的材料轻率地下结论。

第四，求是性原则。

客观实在性是物质的特性，自然界的规律是客观的，社会规律也是不以人的主观意志为转移的。比较研究一定要坚持求是性原则，一切从客观存在着的教育实际出发，实事求是地反映客观现实，从中引出固有的而不是臆造的教育规律。

第五，实践性原则。

实践是认识的基础，是检验真理的唯一标准，是发展真理的有效途径，也是辩证唯物论的基本原理。比较研究必须贯彻实践性原则，通过实践检验真理。由于比较研究的主要目的之一是借鉴，因此研究者必须坚持以我为主、为我所用的原则，必须通过实践来鉴别某项结论的适用范围。通过实践取得经验，再逐步推广，这是借鉴经验的关键所在。

美国教育学家贝雷迪在《教育中的比较法》一书中表示，运用比较研究法开展工作应按照以下步骤。

一、描述

描述指反映一个国家或一个地区的教育制度或教育实践，也可以是一个部门或一个团体、一个单位的局部教育状态。为使描述的结果客观、准确、公正，研究者必须用多种多样的方法广泛收集有关资料，了解实际情况。

二、解释

解释的对象是研究者所了解的教育情况。为了弄清楚事情为什么会那样，研究者必须对影响教育的各种因素进行分析与解释。在分析时，可采用各种分析方法，如因果分析法、动态分析法等。

三、并列

首先，研究者要将所要比较的材料按照一定的规则排列。其次，确定比较的形式或格局，并且确定比较的标准或参照物。最后，分析材料，提出比较分析的假说或假设。

四、比较

比较是较为重要的步骤。它的主要任务是全面研究上一步骤所列的材料，验证所提出的假说或假设，进而得出结论。

描述、解释、并列、比较这四个步骤既相互联系，又各有侧重，前一步骤为后一步骤提供条件，打好基础；后一步骤为前一步骤提供依托。从我国的教育研究实践来看，在比较时应注意以下几点。

第一，明确主题。

明确主题是比较研究的前提。研究者先必须明确要比较什么内容，再规定比较的范围，从而使比较目标较为集中。也就是说，研究者要知道比较什么问题。例如，研究者应明确是比较教育的目的、任务，还是比较教育的内容；是比较教育的方法，还是教育的管理制度。总之，研究者要把所比较的问题放到一定的范围之内，不能乱比较。

第二，制定标准。

制定比较标准包括比较的指标、方法和工具。例如，要求研究对象要有两个或两个以上；供比较的材料必须真实可靠；研究对象之间有一定的内在联系且具有可比性；能用统一的标准去衡量；比较的范围、项目要一致，比较的客观条件要相同。这些都是比较的依据和基础。研究者应根据比较标准对事物进行比较，这不但能使抽象的概念具体化，而且能利用各方比较的材料。

第三，收集资料。

为使比较的结果客观、准确，研究者必须广泛地收集比较所需的有关资料。用于比较的资料必须具有客观性和代表性，能反映真实的、普遍的情况，能反映事物的本质。收集资料的方法多种多样，研究者可通过文献检索，也可通过现场调查或实验收集资料。

第四，解释内容。

解释内容就是对所比较的事物进行实事求是的、多方位的分析，并说明理由。解释不仅要说明事物是怎样的，而且要说明为什么会这样以及形成这一事实的背景。也就是说，研究者应对所比较的事实、数据进行充分研究，说明为什么是这样的，而不是那样的。

第五，得出结论。

得出结论指研究者通过理论概括、实践证明、逻辑推理等手段，顺理成章地得出比较结论。

这样，从明确主题、制定标准、收集资料，解释内容到得出结论，就建构了一个完整的比较研究的过程。

【案例】

记忆能力和创造能力的比较研究

一、记忆能力是人类和动物共有的，创造能力是人类独有的

科学已经证明，从一般的高等动物到灵长类动物都有记忆能力。比如，狗能认识自己的主人，能按气味寻人、寻物等。因此，记忆能力不是人类所独有的属性，而是动物与人类共有的属性，只不过人的记忆能力比动物的记忆能力强，记忆的内容更丰富而已。劳动创造了人，劳动是从制造工具开始的，制造工具是一种从无到有的创造过程。所以，从智能方面来看，有创造能力是人类与动物相区别的标志。

二、记忆能力的储存作用与创造能力的创新功能

记是储存，忆是对储存的再现。记是关键，记住了的内容可以再现无数次，但不会增加新的内容，新的知识的出现必须依靠新的创造。人类的新的概念、新的思想源自其创造能力，比如，远古人类将"火"和"熟食""取暖"相结合，产生了"火的应用"；达尔文将"生物进化"和"生物环境"相结合，提出了"进化论"。可以说，没有创造能力就没有科学体系的创立和发展。

三、记忆是创造的基础，创造是对记忆的发展

在具体的思维过程中，记忆能力和创造能力是被综合运用的，二者是相辅

相成的。记忆是创造的基础，创造是对记忆的发展。比如，哥白尼的"日心说"就是如此创立的。"地心说"是记忆，"日心说"是新知识，"日心说"就是对"地心说"的发展。没有对知识的记忆，创造就没有了原材料，没有创造能力对原料的加工改造，知识就得不到发展，记忆和创造两者缺一不可。

四、记忆方式在不断改变，创造能力在不断提高

人类的发展史反映的就是记忆方式的改变和创造能力的提高。从绳结计数开始，人类第一次获得了科学的体外记忆的载体，从此以后，文字、相片、录音、录像，特别是电子计算机的应用都使人类的智能结构发生了变化，人类的记忆方式和创造能力也由此而改变。因为，先进的工具、载体可以让大脑更快、更准地记忆，使人类有更多的时间和机会去进行创造。

五、要想提高创造能力，就不可忽视记忆能力

记忆能力和创造能力是人类的智能结构中不可分割的组成部分。在传统教学中，学生的记忆能力得到了发展，创造能力却被抑制，这种不合理的智能结构导致了"高分低能"现象。这与时代的要求是不相适应的。我们要大力提倡培养学生的创造能力，但也不可忽视记忆能力，不能将两者割裂开来。

【资料来源】王艳玲、刘时勇、李志专：《中小学教育科研的理论与实践》，242~243 页，合肥，合肥工业大学出版社，2004。引用时有改动。

基础测试

一、单项选择题

1. 运用比较研究法必须坚持的基本原则不包括(　　)。

A. 可比性原则

B. 准确性原则

C. 实践性原则

D. 本体性原则

2. 根据一定标准，对不同国家(或地区)的教育制度或实践进行比较研究，找出各国教育特殊和普遍规律的方法是(　　)。

A. 调查法　　　　　　　　　B. 文献法

C. 比较法　　　　　　　　　D. 分析法

3. 霍尔姆斯认为比较教育是一门带有工具性的学问，所以比较教育的研究者应把主要兴趣放在（　　　）。

A. "当前的问题"上

B. "过去的问题"上

C. "昨日的希望"上

D. "明天的工作"上

二、名词解释

比较研究法

三、简答题

1. 比较研究法的类型有哪些？

2. 比较研究法的实施步骤是什么？

第十二章 教育经验总结法

>>> **学习目标**

1. 了解教育经验总结法的含义。

2. 理解教育经验总结法在教育科学研究中的意义。

3. 了解教育经验总结法的实施步骤。

4. 理解教育经验总结法的基本要求。

第一节　教育经验总结法概述

一、教育经验总结法的含义

教育经验总结法是在不受控制的自然状态下，依据教育实践所提供的事实，对先进的教育工作经验进行科学的分析和概括，使之上升到教育理论高度的一种教育科学研究方法。从性质上看，教育经验总结是一种科学研究活动，是一种回溯研究，也是一种追因研究。

教育经验总结法与其他教育科学研究方法既有区别，也有联系。教育经验总结不受严格的假设和人为控制的实验因子影响，主要在自然状态下进行，这就使它与实验区别开来了。教育经验总结法也不像调查法、观察法那样偏重事实材料，它重视研究对象的感性认识、主观体验和感受，它是一种可以供教师广泛采用的较为方便的研究方法。

◇知识拓展◇

教育经验总结

教育经验总结实质上就是人们以有关的经验事实为依据，对自身或他人的经验性认识所进行的进一步汇总和思维加工。通过加工，原先的认识变得更加条理化、系统化、概括化、抽象化，从而可以丰富和发展教育理论，在更广泛的范围内指导教育实践，提高实践活动的有效性。

【资料来源】钱在森：《教育经验总结的原理和方法》，10页，上海，上海科技教育出版社，1996。引用时有改动。

二、教育经验总结法的特点与优缺点

(一)教育经验总结法的特点

教育经验总结法是一种通过总结和归纳教育实践经验来获取知识和洞见的

方法，它具有以下特点。

1. 新颖性

教育经验总结法的重点在于从实践中发现知识和总结经验。它强调观察、分析教育实践的创新性和独特性，以获取新颖的见解和方法。

2. 普遍性

教育经验总结法不仅关注个别案例或局部经验，而且追求普遍性。它试图通过比较和分析多个教育实践案例，找出其共同的模式、规律和原则，以适用于更广泛的教育背景和情境。

3. 实践性

教育经验总结法强调将知识和经验应用于实践。它关注如何将总结的经验转化为实际行动和教育改进的策略。它注重实践的可操作性和实用性，以促进教育实践的发展和提高。

4. 发展性

教育经验总结法强调不断地总结、反思和调整实践经验，以适应不断变化的教育需求和环境。通过不断发展，它可以推动教育领域的进步和创新。

总之，教育经验总结法具有新颖性、普遍性、实践性和发展性。它是一种重要的教育研究方法，可以促进教育实践的改进和发展。

(二)教育经验总结法的优缺点

教育经验总结法着眼于教育实践，强调从实际经验中获得知识。它直接关注教育工作者在实际工作中所面临的问题和挑战。教育经验总结法十分灵活，能适应不同的教育背景和情境。它可被应用于各种教育领域，包括学前教育、基础教育、高等教育等。无论是教学方法、课程设计、学生管理，还是教育政策，都可以通过总结经验来提高实践效果。教育经验总结法追求普遍性，这可使总结的经验推广到更广泛的教育环境中，为他人提供借鉴和参考。

教育经验总结法也有一定的缺点，主要表现为研究的记录有时不完整，考证难度大；研究过程控制不严密；容易受研究者本人知识经验的影响；研究的周期较长。

三、教育经验总结法的意义

在中外教育史上，有许多关于教育经验总结法的著述，对教育事业的发展产生了深远的影响。凡是有建树的教育家，无不通过总结、借鉴前人的经验，探索教育的客观规律，从而推动人类文化教育事业的进步。目前，我们的教育科学研究主要依赖归纳方法来产生理论和发现规律。教育经验对于教育科研特别重要，李秉德指出，其意义与作用主要有以下几个方面。

第一，总结教育经验有助于教育思想观念的转变，提高对教育战略地位与作用的认识。

第二，总结教育经验有助于教育行政部门和领导者深入实际，为正确地贯彻执行教育的方针政策提供指导。

第三，总结教育经验有助于提高教师的业务素质，促进教育教学质量的提高。

第四，总结教育经验有助于从实际出发，提高教育科学研究的水平。[①]

四、教育经验总结法的类型

依据总结的理论水平，教育经验总结法可以分为具体经验总结、一般经验总结和理论性经验总结。

(一)具体经验总结

研究者应以具体的教学实践事实为基础，总结某一具体专题活动的经验，主要写出专题活动的目的、内容、过程及教学效果或者个人的体会。

教师个人的课堂教学反思、教学随笔等是常见的具体经验总结的成果。

(二)一般经验总结

研究者应以具体经验为基础，将某一具体的教育事实扩大到对某一类教育现象的研究，从一事一议发展到对某一类教育活动原则和规律的认识，并从中概括出经验的一般形式。

部分报刊中的教学思考、教学论坛栏目里的文章就是一般经验总结的成果。

(三)理论性经验总结

研究者应在总结一般经验的基础上，进行理性的、逻辑的分析，揭示教育

---

① 李秉德：《教育科学研究方法》，88~91页，北京，人民教育出版社，1986。

现象之间的相互关系和本质规律，将一般性的教育经验上升为教育原则和教育理论。

教育学术论文和教育理论专著就是典型的理论性经验总结的成果。

◇知识拓展◇

过程经验总结法

实施过程的经验总结是指那些抓住某些特点，描述实施过程的一种经验总结，它的侧重点在于介绍自己的一些方法。这种总结一定要把方法中的独到之处和特点反映出来，以供别人应用。

例如，某教师根据多年的课堂教学实践，总结出了启发学生回答问题的十种方法：

第一是积极等待法，有时学生回答不出问题往往是由于紧张，教师应当安定他的情绪，耐心等待；

第二是旁敲侧击法，在学生思考主要问题时，教师可再提一两个有关的问题，促进学生思考；

第三是回忆法，教师让学生回忆有关的旧知识，以便解决问题；

第四是铺垫法，教师提一两个较浅显的问题，让学生顺着这个思路往下想；

第五是点拨法，教师在关键点上指点一下学生；

第六是激将法，教师做出要让别人回答的样子，激励学生加快思考；

第七是分辨选择法，教师让别的学生回答，或提出多种答案，让学生自己思考分辨，选择正确答案；

第八是回述法，教师让一名学生正确解答之后，再让其他学生回述；

第九是暂停法，让学生课下再想，然后找教师回答；

第十是加深扩展法，当学生答对了，教师再提一两个更难、更宽的问题。

这种总结的方法就是要把过程条分缕析地讲清楚，并突出它的特点，特别是要把其他人不容易找到的地方讲详细、讲透彻。

【资料来源】鄢月钿：《学校教务工作指导手册》，527～528页，长春，吉林大学出版社，2011。引用时有改动。

第二节　教育经验总结法的实施步骤

一、选题及选择研究对象

选题是总结经验的起始环节。研究者在选择与教育经验有关的课题时，面对的是已存在的大量的经验事实，因此，选题是建立在研究者对经验事实的初步判断的基础上的。具有不同的价值取向、不同认知背景的研究者在面对同样的经验事实时，可能会产生不同的判断，选题通常受研究者的主观影响较大，因此，研究者在选题时要格外注意。通常，研究者应反复咨询和推敲，还应穿插使用调查法、访问法、论证法，以此来保证教育经验总结的真正意义。

总结经验的目的是挖掘先进的经验加以推广，或者反思工作中的失误使大家引以为鉴。研究者在选题时必须考虑自己花精力总结出来的内容能否被其他人接受，能否体现出一定的社会价值。教育工作中有许多现实的内容、丰富的事例。研究者要善于从众多的事例中找出能够解决实际问题的内容。例如，如果研究者能够对某些学校在减轻中小学生负担方面的先进经验加以总结，那么这类经验就会受到广大中小学教师的欢迎。

在选择研究对象时，应根据总结的目的，从实际出发选择某一地区、某一学校、某方面的办学经验，以及某一年级、某一班级或某一学科的教师。一般来说，可以先进事迹与突出贡献为前提来确定研究对象。但为了全面考察教育实践过程，也需要从正反两方面总结经验，所选的研究对象应是不同层面的、有代表性的，从而保证研究范围既有"点"，也有"面"，"点"与"面"结合，以获取完整经验。例如，研究普及九年制义务教育的经验，须以不同地区为研究对象，总结其工作的全过程的经验教训。总结某一门学科的教学方法，就以某学校教研室或某位教师为对象，总结一些优秀教师的教学方法及思想等。

二、掌握有关参考资料

在确定了研究课题之后，研究者就得围绕经验的中心内容，广泛地收集和翻阅有关方针政策、上级文件与指示、国内外对该问题的研究动态，以及与研究对象有关的历史与现实材料，以进一步明确总结经验的指导思想、目的、任务和方法步骤，避免盲目摸索或重复已有成果，从而提高经验总结的功效。

三、制订计划

计划是对总结经验过程的总体构想，它体现的是总结工作的大体轮廓，即论证课题、确定研究对象、分配研究人员、采用什么方法和途径去收集经验事实、安排研究程序和研究时间、分析和筛选经验事实、实验验证等。这是教育经验总结法区别于一般性的教育工作总结的重要标志。

总结经验以采集、整理、分析实证材料为主要工作特征。因此，在制订计划的工作中，重要的部分就是要保证采集到充分的、确凿的、典型的资料，以保证经验事实与要揭示的规律之间存在因果关系和实证关系。

要制订出一个切实可行的计划要做到三点：一是要明确经验总结的目的、任务和基本要求，经过反复研究讨论提出方案；二是要组织力量，合理分工，抽调一定的专职人员，并邀请一定的教育科学研究工作者参加，组成一个精干的班子；三是制订计划要留有余地，充分考虑计划实施的可行性。因为在计划实施过程中，常常会出现难以预料的问题，所以有及时补充或修订计划的必要，使之与实际情况相适应。

四、收集具体事实

事实是经验总结的主要依据，只有掌握了足够的事实材料，才能有效地归纳、概括，从而准确地揭示教育规律。针对课题的要求，收集有关具体事实。因为总结经验必须建立在具体事实的基础上，要如实地反映事实的本来面目。只有收集到全面的教育事实，才能总结出新的教育理论来，以指导教育实践活动，产生社会效益。例如，总结学生的学习问题，就要收集学生的作文、各科作业、历年的学业表现等。例如，要总结教师的教学经验，就要访问该教师所在学校的校长、教导主任、教研组长以及该教师所教班的学生，以全面听取各方面的意见。只有如此，收集起来的具体事实，才够全面。

教育实践中的事实材料主要分为两类：一类是现有的材料，包括计划、讲稿、总结、教案、记录、试卷、作业、录音、录像等，它们可以反映教育实践的基本情况，为研究提供重要的事例和数据；另一类是研究人员的调查材料，这些材料往往是围绕某一专题收集的，是深入进行研究的重要依据。这些事实材料，从所反映的范围来看，有整体的材料、局部的材料和个别展开的材料；从所反映的类型来看，有数量化材料和非数量化材料、文字材料和声像材料等；从其性质来看，有正面材料和反面材料、主体材料和背景材料、历史材料和现实材料等。不同的经验，不同的研究对象，具有不同的特点，在收集资料时就应采用不一样的做法。在收集资料的过程中，研究者要增强目的性、意识性、持续性、敏感性。目的性是指围绕着总结的目的和课题去收集与积累资料，避免盲目性。意识性是指树立总结经验的意识，从总结工作一开始就明确经验总结的意图，在工作中自觉地、主动地收集和积累素材。持续性是指在一段时间内不断地、一点一滴地收集和积累资料，一鼓作气，不间断。敏感性是指在实际工作中要善于发现新情况，捕捉新问题，并随时随地记下新的感想、新的方法和新的点子。

五、整理分析

研究者如果不分析广泛收集起来的事实材料，使之系统化、条理化，那么这些材料就会像一团乱麻，理不清楚。整理材料，首先要分类，将同类或相近的材料归在一起，并编制编号和标目，以便于查找；其次要加工，即按照经验总结的目的要求，分门别类地整理具体事实，删繁就简、去伪存真，核实必要的数据，查对引证的实例，如实反映研究对象的全貌，在此基础上将材料条理化、系统化。

经验总结要依据事实，但并不是简单地堆砌事实。事实只告诉我们"是什么"，而科学研究注重解决"为什么"的问题。对收集的材料加以整理，进行定性和定量分析，从中找出规律，得出有科学根据的理性结论，才是经验总结的根本目的。由此来看，分析材料可以说是教育经验总结的最重要环节。

在分析和研究教育经验的过程中，要注意下面几个问题。一是要有科学的理论依据。只有科学的教育理论，才能对教育经验做出合理的解释，如用情感教育学说揭示情境教学的科学性，用反馈调节理论分析目标教学、合作教学的合理性等。当然，也要反对脱离实际的理论分析和不切实际的生搬硬套。二是要提炼经验的主题。经验的主题贯穿于实践过程之中，起主导作用，反映教育现象实质的思想观念。只有在明确主题之后，一系列具体经验才能形成一个有机的整体，人们在学习、借鉴时才能准确把握其精神，从而避免机械模仿。例如，从教育改革实践中概括出成功教育思想，在总结一批教改经验的基础上提出的愉快教育观点等。三是要使成功的经验原则化、具体化。具体的原则既是提炼主题的根据，又是理解和掌握主题的途径，它可以使抽象的原理变为具体的规范，增强研究结果的应用性。例如，为贯彻成功教育思想的"低起点、小步子、快反馈、多活动"十二字教学方针，某市推行全面素质教育所坚持的面向每一类教育、面向每一所学校、面向每一个学生、面向学生的每一个方面的"四个面向"原则，研究者可对此展开研究。

六、组织论证

经过整理分析之后，研究者写出初步经验总结的草稿或详细的提纲，要从事实出发，讲清经验的实质，揭示教育措施、过程和效果之间的因果关系，得出反映经验本质的结论。在分析经验时，要实事求是，既要看到成功之处，也要指出局限性和不足之处。研究者，邀请教育主管部门的领导、教育专家、教育理论研究者、教师和学生代表，召开大型或小型的总结经验论证会议。若研究的是总结内容广泛且涉及社会其他行业的问题，也应邀请相关负责人参加论证。为了使论证会议达到预期的目的，取得论证效果，研究者应注意以下几点：一是要提供总结报告，最好是会前发给参加讨论的人员，使他们了解经验总结的内容，以便提前做好准备；二是论证要以小组讨论为主，使与会人员有充分发表意见的机会，甚至还可以征求个别人的意见；三是要充分发扬民主，形成学术讨论气氛，允许不同的观点碰撞；四是要区别对待认可、基本认可和不予认可这三种结果，对于前两者应充分听取与会者的意见进行修改补充，完善经验总结报告，对于后者则要慎重分析研究，认真寻找其否定意见的根源，坚持真理，修正错误，分清是非，权衡利弊，最后做出正确的抉择；五是要对论证做出小结，对与会者提出的意见和建议进行概括说明，并对经验总结做出评价和提出修改意见，对于有争议的问题也应做出说明。

七、写出正式的书面报告

到了经验总结的最后阶段，研究者一般应在经验总结初稿的基础上，反复推敲，加工修改，写出正式的书面经验总结报告来。与其他类型的科研报告相比，经验总结报告与教育实际结合得更为紧密，更具有实践性，一般包括标题、作者、摘要、前言、正文、结论、参考文献和附录等。由于教育经验总结法是在自然状态下运用的，会受诸多因素的影响，往往难以揭示教育现象的本质。为了克服这一局限性，研究者可以先把经验总结的结果作为科学假设，通过教育实验对它进行检验和筛选，在进一步的研究过程中得出更为科学的结论，然后按照经验报告的性质，要么报上级教育行政部门审核，要么向教育专业期刊或报纸投稿，以获得教育经验总结的社会效益。

第三节　教育经验总结法的基本要求

依照要求开展经验总结工作对于确定研究对象、进行研究以及推广经验等都有重要作用。运用经验总结法进行教育科学研究，必须遵循以下基本要求。

一、选择的研究对象要有代表性，具有典型意义

研究者既可以从宏观角度选择研究对象，也可以从微观角度提出研究课题。但无论从哪一方面入手，都必须认真考虑其代表性及典型意义。总结先进教育经验的主要任务是总结其典型特点，从中找出实质性的特征。概括来说，确定研究对象有无代表性和典型意义，必须考虑以下三个方面。

一是要权衡该研究对象本身所提供的主要内容是否具有广泛的群众基础，能否回答或说明现实问题。

二是要认真分析该研究对象在教育改革中的现实意义，能否起到典型示范作用，发挥以点带面，推动全局的作用。

三是要分析研究该研究对象的实际效果，是否对广大教师正在积极探索、

力图解决的课题具有普遍实际意义。绝不能人为地制造舆论，盲目拔高经验的作用，更不能脱离事实去编造假典型，哗众取宠，自欺欺人。

二、要以客观事实为依据，定性与定量相结合

在收集材料时，要保证材料的真实性和客观性。不能按事先预设的框架，去挑选一些事实来证明某些观点，更不能通过夸大、缩小、虚构来改变事实的本来面貌。只有在客观事实真实性的基础上，才能获得可靠的研究成果。

分析问题也要尊重客观事实，实事求是地总结。实践活动提供了什么事实，就总结什么经验，有什么经验，就提供什么理论依据。现在，在教育经验总结中存在着一种倾向，只抽象议论而没有以深入实践为基础，或者在根据不足，事实不充分的情况下，就仓促地下结论，这都是站不住脚的。为了提高经验总结的信度，还要把定性分析与定量分析结合起来，尤其要重视定量分析，尽可能用数据来说明问题，防止主观武断。在处理数据时，要严格核实，避免统计分析中的疏漏或误差。

三、要全面考察，做综合性研究

教育是十分复杂的社会活动，任何教育的成功都不是由单一因素所决定的。因此，总结教育经验不能一叶障目、只见树木不见森林。否则，不仅收集的材料是支离破碎的，难以真正揭示出教育内部的必然联系，可能还会歪曲事实真相，形成错误的理论，贻误教育实践。因此，研究者在经验总结时，要全面考察，系统了解，组织综合性的研究。经验总结既要了解教育的外部联系，又要把握教育内部的结构。研究者还要研究整个教育集体的活动，考察各方面的因素，进而评述教育经验。例如，在总结某一学科的教学经验时，不仅应注意教师的业务能力和教学效果的现实情况，而且应考察教学内容是否代表时代水平，教学方法是否有所革新创造，教学手段是否现代化，教学思想是否端正，是否面向全体学生，学生掌握知识的广度与深度如何，学生智能发展水平如何，等等。否则，总结出来的经验就是对片面的、狭隘的事实的概括，自然不可能产生有益的社会效果。

研究者要想全面考察教育的实践过程，就需要总结正反两方面的经验与教

训，以获取完整的经验。同时，必须全面地了解、系统地分析研究对象，从整体入手，既了解其内部联系，又分析其外部联系。

四、要正确区分现象与本质，提炼出规律性的主题

经验的主题是经验总结的核心问题，它贯穿于整个实践过程中，反映的是教育活动的本质。

怎样提炼才能反映经验所蕴含的规律性的主题呢？在开始总结经验时，研究者往往可以收集到多方面的素材。例如，学生反映上某位教师的课，必须预习，不然别想参加讨论；某位教师上课很"活"，听起来有劲儿；在上某位教师的课时，学生能积极讨论各种问题，课堂气氛热烈，对所学知识理解透彻，灵活运用能力强；校长、教师反映某位教师的教学有特色，课堂讨论特别充分……研究者可从某位教师上课很"活"出发，抓住这位教师的教学特色，进而总结出如何用教学方法调动学生的积极性这个主题。可见，提炼主题必须以事实为基础，找出各种事实之间集中反映的思想观点。

在提炼主题的过程中，研究者要分析哪些是现象，哪些是本质，哪些是支流，哪些是主流，要善于舍弃一些与主题关系不大的细枝末节。例如，某位教师对教材特别熟悉，备课只需写几个问题；某位教师与学生关系非常好等，尽管这些与主题都有一点联系，但是绝非这位教师成功的主要因素，因而要舍去。面面俱到的总结，往往抓不住要害。在总结经验时，研究者往往会碰到下面两种情况：一是对经验的总结仅停留在表面性的描述上，这是目前普遍存在的一个问题。直接、准确地描述经验是总结的前提，因为仅用比喻和修饰语去描述经验，即使是再贴切的描述也还是有明显的不足之处，不能揭示教育现象的规律性；二是在涉及具体的人和事时，人们的反应常常不完全一致。要做出客观公正的评价，就必须在详尽地占有事实材料的基础上，区分现象与本质、支流与主流。抓住了本质和主流，就掌握了经验总结的核心，就能够得出符合客观规律的结论。教育经验总结以实践为基础、依据，但并不是说只对事实材料进行简单的排列组合就行。研究者必须对感性材料进行分析、综合、抽象、概括，使之上升到理论的高度。这样，经验总结才是既源于实践，又能指导实践的。

五、既要借鉴历史的、外国的成功经验，又要有大胆的创新精神

在总结经验时，要注意借鉴外国发展教育的正反两方面的经验，要注意批判地继承我国的传统教育经验。这不仅可以直接吸收有益的东西，而且可以避免重复走别人走过的老路。例如，把已经被证明是失败的经验，当作成功的经验去总结；把已经被证明是成功的结论，当作新的理论去研究。

当前，在新的科学技术革命影响下产生的新的科技成果、开辟的新的科学技术领域、出现的新的信息传递手段和认识工具，都对教育产生了重大影响。这就对教育经验的总结提出了新的任务和要求。研究者一定要有创新意识，在总结经验的过程中，不能只是用已有的理论套经验，而应依据经验所揭示的规律，归纳创立新的教育理论。这样做不仅可以加速教育新观念、新理论的生成，而且可以加大理论对教育实践的指导作用。因此，研究者要转变思想观念，要放眼世界，以革新创造的精神去发现新问题，总结经验。在总结经验的方式方法上，要不受因循守旧思想观念的束缚，探索出新的科学的途径来。当前，我国正处在一个深化改革开放的新的历史时期，教育实践中出现了许多新情况，研究者只有解放思想，更新观念，才能给予正确的理解和评价。否则，可能会对教育改革中出现的新生事物、取得的先进经验视而不见、听而不闻，那就更谈不上去总结、去推广了。

第四节 经验型教育论文写作指导

经验型教育论文是被应用得比较广泛的一种。广大幼儿园及中小学教师为了总结、交流自己的教育经验，常会撰写这种经验型教育论文。

一、经验型教育论文的特点

第一，选题较小。这种类型的教育论文多反映的是教师在教学实践中的点滴做法、经验、体会、认识，常常是一题一议，一事一议，选题比较小。

第二，结构简单。经验型教育论文一般包括某种教育的做法（经验）、教育

教学取得的效果和体会(结论)三部分内容,即经验型教育论文的三个结构要素。研究者大都采用"做法—效果—体会""效果—做法—体会""体会—做法—效果"等方式组织全文,其结构比较简单。

第三,写法灵活。经验型教育论文的写法比较灵活,研究者大都采用举例型、归结型、探索型等写法。

二、材料的选择、分析和论述

经验型教育论文的材料一般有工作的指导思想和采取的措施、背景材料、历史材料、现实典型材料、反面材料、数字材料、人们的反应和认识、产生的效果、出现的新气象等。撰写论文,须在掌握大量材料的基础上选择、分析和论述,要注意以下几方面。

第一,凡是真正来源于自己亲身实践的真知灼见,凡是符合教育方针、政策、法规、教育规律、教学原则的做法、体会和认识,都值得认真总结,但教学成绩和经验不是一回事。

第二,运用科学的逻辑方法(归纳和演绎、分析和综合、抽象和具体等)阐明经验、分析经验,使感性认识上升为理性认识,使经验上升为理论,使点滴的经验上升为完整且有普遍意义的经验。

第三,分析教学成绩与经验的关系,即原因与结果之间的关系,或以果探因,或以因求果,或将因与果结合起来。

第四,别人的经验可以参考借鉴,但要在思考、分析、研究别人经验的基础上,结合自己的实践,通过联想、推理、判断和发展,得到新的高层次的材料。

第五,要积极而慎重地使用经验事实的数据。

三、经验的表达方式和方法

第一,主要使用叙述和议论,夹叙夹议。

第二,总结出来的经验,可用小标题或提示语加以概括和归纳,最好用语法结构相同、内容大致并列的句子表述,这样易于记忆。

第三,要用有个性的语言来表述,使文章内容有新意,但在总结介绍或下结论时,要有分寸,不要用不适当的形容词。

四、论文标题

论文标题一般用"……的基本经验""……的几点体会""……的几点做法""……的初步探索""我是怎样……的"等格式拟定，也可以此为副标题，另冠以能概括全部经验的、突出主要经验的正标题。

五、论文结构

(一)总分式

先写某种教育内容、方法的总体效果，再分成几个方面介绍其做法或经验。

(二)分总式

先将某种教育内容、方法分成几个方面一一介绍，再写总体效果。

(三)总分总式

先写某种教学内容、方法的总体效果，再写其具体做法，以总结的方式写进行某种教育所取得的效果。或先写进行某种教育所取得的效果，再写其具体做法，以总结的方式写体会。

(四)散述式

将进行某种教育的"做法—效果—体会"或"体会—做法—效果"以平行的方式结构成文，三者之间是并列关系。采用这种结构方式，一般不加小标题，用数码"一、二、三"表示结构关系。或者干脆省略其效果部分，只将某种教育的做法、经验分成几个方面，各加上小标题，以平行并列的方式结构成文。

基础测试

一、单项选择题

1. 依据教育实践所提供的事实，按照科学研究的程序，分析和概括教育现象，揭示其内在联系和规律，使之上升为一种教育理论的教育科研方法是(   )。

A. 教育经验总结法　　　　B. 事实材料法

C. 行动研究法　　　　　　D. 个案法

2. 属于教育经验总结法的特点的是( )。

A. 回溯性   B. 开放性

C. 灵活性   D. 实践性

二、多项选择题

以下属于教育经验总结法的意义的是( )。

A. 总结教育经验有助于教育思想观念的转变，提高对教育战略地位与作用的认识。

B. 总结教育经验有助于教育行政部门和领导者深入实际，指导人们正确地贯彻执行教育的方针政策。

C. 总结教育经验有助于提高教师的业务素质，促进教育教学质量的提高。

D. 总结教育经验有助于从实际出发，提高教育科学研究的水平。

三、简答题

1. 教育经验总结法的实施步骤是什么？

2. 用教育经验总结法开展研究有哪些基本程序？

第十三章　基础教育研究资料的整理与分析

>>> 学习目标

1. 认识资料整理的概念，掌握整理基础教育研究的事实资料和数据资料的方法。

2. 了解定性分析的含义、特点和适用范围，掌握定性分析的主要方法。

3. 了解定量分析的含义，掌握描述统计、推断统计、多元统计在教育研究中的运用。

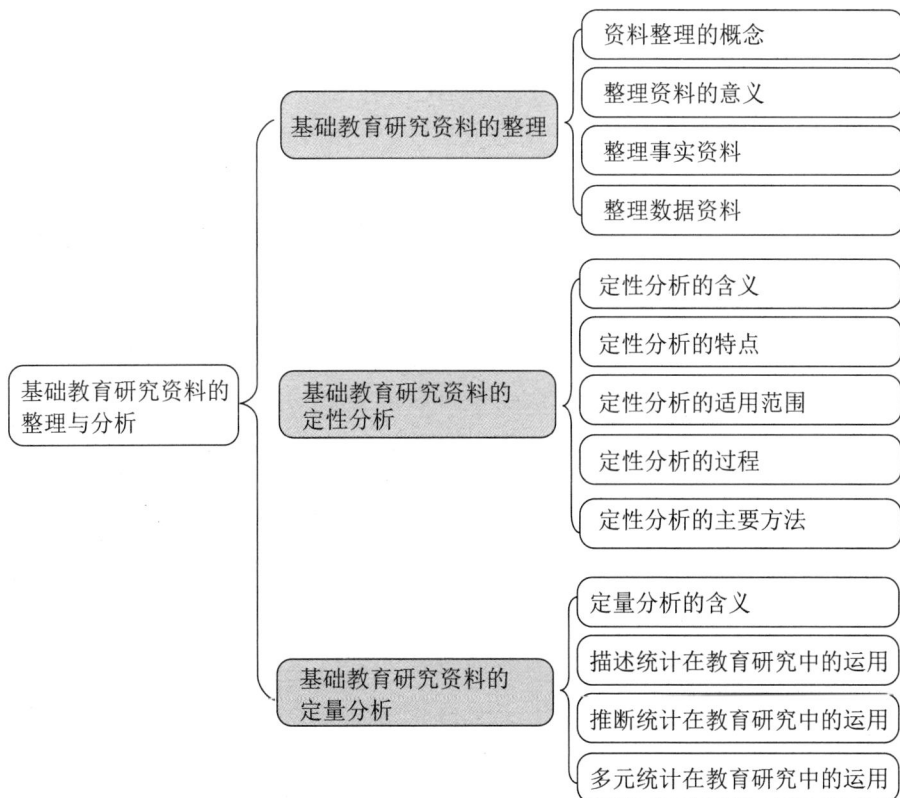

第一节　基础教育研究资料的整理

一、资料整理的概念

资料整理就是根据教育研究目的，审核、分类、汇总所获得的原始资料的真实性、正确性、准确性，使之系统化的过程。由于收集到的资料大多是无序的、零散的、不系统的，因此在开始分析之前，需要按照研究的目的和要求对资料进行整理，以便于进一步研究。

二、整理资料的意义

如果说资料整理是认识的感性阶段，教育研究是认识的理性阶段的话，那么，资料整理则是从调查阶段过渡到教育研究阶段、由感性认识上升到理性认识的前提。资料的整理在教育科学研究中占有比较重要的地位。研究者就是在整理事实的过程中得出普遍规律或结论的。

首先，整理资料可以提高资料的可靠性。在研究前，评价资料的可靠性是非常必要的。因此，研究者有必要辨别资料的真实性，排除假、错、缺、冗等内容，以保证资料的真实性、准确性和完整性。如果打算利用一份资料，就必须确保这份资料是可靠的，不应采用那些不完全可靠或有待进一步验证的资料。

其次，整理资料可以提高研究成果的正确性。整理资料是获得科学结论的重要前提。研究结论是否正确，取决于科学的分析与思维的加工，而科学的分析与思维的加工又依赖真实、准确、完整和统一的资料。因此，在进入研究阶段前，研究者必须对所获资料进行整理、修正、补漏、剔错、改误，为随后的研究工作打下良好的基础。

最后，整理资料能使研究者在教育研究的全过程中把握研究的方向。整理资料一方面可以帮助研究者掌握具有典型性的资料，另一方面可以为教育科研工作提供有用的信息，有助于研究者了解每个研究方向的内容的多寡，以便确定下一步研究的方向和主题。

三、整理事实资料

(一)审核

审核资料就是审查所获得的资料。在审核资料时，要遵循真实性、准确性、完整性和合理性的原则。那么如何审核事实资料呢?

1. 考证资料的来源

在整理一些十分重要的资料时，如重要的观点、事实、引文等，应考证其来源，审核其真实性、可靠性与准确性。教育科研文献中的观点或材料被引用的频率很高，它们常会经过不同研究者多次"转手"，这极易产生错漏。研究者应当重点去审核与鉴别一些关键资料。

2. 验证初步整理过的资料

研究者可以借助有关知识、规则、原理等，验证粗加工后的资料，判断其可信度与正确性，甚至可再次在小范围内调查、访谈等。

3. 审查获取资料的方法

虽说获取资料的研究方法都是预先设计好的，但受记录方法、研究环境的特殊性、参与人员的素质等影响，可能存在误用科学方法、收集的资料有偏差，甚至失效的问题。例如，访谈的逻辑性不强、过多暗示研究对象等。

4. 理性分析资料说明的事实

当某方面的资料由不同研究者分别获得时，可用比较法对照其一致性和差异性，从而判断资料的可用性。

5. 淘汰关联性低的资料

若资料的要义与研究目标的关联性低，应当删除。

(二)分类

分类是根据研究资料的性质、内容或特征等标准将资料划分为不同的组，然后将资料归入从属组的工作过程。

分类的标准是多样的，主要有现象分类和本质分类。现象分类的依据是事物的外部特征或外在联系。例如，把研究文献资料按年代分类，把调查资料按地区分类，根据学生的性别、年龄、年级进行分类等。现象分类的优点在于简便易行，便于资料的存取、查找、利用。但它难以揭示事物的内在联系及其本质。本质分类的依据是事物的内在本质或内部联系。例如，按研究对象的经济地位、政治态度和思想觉悟等社会属性分类。整理资料必须从现象分类过渡到本质分类。

(三)汇总

汇总就是按照研究的目的和要求，整理分类后的资料，使之成为能反映研究对象客观情况的系统性的、完整的材料。首先，要根据研究目的和研究对象的客观情况，确定合理的逻辑结构。汇总后的资料既能反映研究对象的真实情况，又能说明研究所要说明的问题。其次，对分类资料进行初次加工，如给各种资料加上标题，给各种资料按照一定的逻辑编上序号。最后，汇总资料要做到完整、系统、简明和集中。所有采用的资料都要汇总，大类与小类要井井有条，层次分明，能系统完整地反映研究对象的全貌。研究者要用尽可能简短、明了的文字，集中说明研究对象的客观情况，并注明资料的来源和出处。如有必要，可对资料的价值和作用等做简短的述评，以供进一步研究参考。

四、整理数据资料

(一)审核

审核数据是资料整理工作的首要环节，其目的在于保证数据资料的客观性、准确性和完整性。审核数据资料的办法一般有三种。

1. 逻辑检验

检验资料是否合乎逻辑、是否前后矛盾等。一般来说，正确的答案是合乎逻辑的，而不合乎逻辑的答案则可能是不正确的。

2. 计算审核

通过各种数学运算来审核各项数据有无差错，主要是审核计算方法是否正确、计算结果有无差错、计算单位是否一致等。

3. 经验判断

根据已有经验来判断数据资料是否真实和正确。

(二)分类

分类首先要选择分类标志，分类标志是分类的标准或依据。分类标志主要有以下四种类型。

1. 质量标志

质量反映的是事物的属性差异，如产量按质量可分好、中、差等。按质量标志分组，可以区分不同性质或类别的事物，有利于认识不同事物的数量和特征，有利于对不同事物进行数量对比研究。

2. 数量标志

数量反映的是事物的数量差异，如人口按年龄大小可划分为不同年龄组，家庭按子女数多少可划分为无子女家庭、单子女家庭、双子女家庭和多子女家庭等。按数量标志分组，可以区分不同发展规模、水平、速度、比例的事物，有利于从数量上准确地认识客观事物，有利于对不同数量特征事物之间的相互关系进行对比研究。

3. 空间标志

空间反映的是事物的地理位置、区域范围，如按经济发展状况和地理位置来分，可将我国划分为东部、中部、西部三大经济带。按空间标志分组，可以区分不同地域的事物，有利于了解事物在空间上的分布状况，有利于对不同地理位置、区域范围内的事物进行对比研究。

4. 时间标志

时间反映的是事物的连续性和先后顺序，如按年度统计儿童入学率。按时间标志分组，可以区分不同时间或时期的事物，有利于认识事物在不同时间或时期的发展状况，有利于揭示事物不断运动、变化、发展的规律。

(三)汇总

汇总是指根据研究的目的，把分组后的各种数据集中到有关表格里，并进行计算和加总，以系统地反映研究对象总体的数量情况。

1. 手工汇总

汇总的全过程都采用人工，这种汇总方法在小型教育调查中常被采用。

2. 机械汇总

在较大调查资料汇总中，用专门机械代替手工汇总。

3. 计算机汇总

随着计算机的普及应用，教育调查的资料在更多情况下采用计算机汇总。

(四)显示结果

为了能对教育现象和本质做出集中、系统的数字说明,需要进一步显示数据资料的结果,一般是制作统计表和统计图。

1. 统计表

(1)统计表的概念和结构

统计表记载了汇总结果,它具有系统、完整、简明、集中的特点,便于研究者进行对比研究。

统计表一般由表号、表题、项目(分为横标目与纵标目)、数据及数据来源等部分构成,其结构如表 13-1 所示。

表 13-1　统计表

横标目	纵标目		
	A	B	C

表号,是统计表的序号,说明该表是第几张表。

表题,是表的名称,简要而清晰地说明表的内容。

项目,是每项的名称,可分为横标目和纵标目。项目是根据一定的标志分类的,分类内容要明确、相互排斥,必须把全部的数据都包括进去。

数据,是实际观测到的数据,或是计算出来的数据,如百分比、平均数等。除上述内容外,有的统计表还需要在表下方注明数据来源,以便查明。

(2)统计表的编制要求

第一,统计表要简洁明了、一目了然,便于比较。如果内容太多,就分表呈现。

第二,表题要简明扼要,正确说明表的内容。

第三,分项要准确,能说明问题即可,切忌分项太细。

第四,在填写数字时,要注意填写整齐,对准位数。暂缺或没调查的数字可不填。数字资料要注明计量单位,如全表只有一个计量单位,可写在表头的右上方。

第五,统计表的数字资料来源和其他说明,必要时加注解,写在表的下端。

（3）统计表的种类

①单项表

单项表是仅包括一种事项的比较或仅有一种分类的统计表，如表13-2所示。

表13-2 某校高三（1）班学生家长学历情况表

初中以下	高中、中专	本科	研究生
8人	14人	18人	4人

②双项表

双项表是包括两种事项的或有两种分类的统计表。这种表是最常用的统计表，如表13-3所示。

表13-3 实验班与对比班竞争情境中交往情况统计表

班级	交往情况	
	交往次数	交往时间
实验班	93次	40分钟
对比班	58次	31分钟

③复合表

复合表是包括两种以上事项的比较的统计表，如表13-4所示。

表13-4 某小学二年级学生入少先队情况统计表

班别	队员		非队员	
	男	女	男	女
一班	5	6	16	13
二班	5	5	15	14
三班	7	6	13	12

2. 统计图

（1）统计图的概念与构成

统计图指表示统计资料数字特征的图式。它具有直观、形象、生动等特点，易表现出社会现象的规模、水平、发展趋势。

统计图一般由图题、图目、图尺、图形和图例构成。图题是统计图的名称，也称标题，用简要的文字说明图的内容，一般写在图的下方。图目是图中的标目，是对图中的每部分的说明，有文字与数据，写在图的基线下面，有单位的数据应标明单位。图尺是制图的尺度线、点、尺度单位的总称。图形是表示统计数字大小的一切线条和图形，它是统计图的主体部分。图例是举例说明某部分图形的代表部分，放在图旁。

(2)绘制统计图的要求和步骤

绘制统计图可以按以下要求分几个步骤进行。

第一，确定制图目的，收集和审核统计资料。

第二，按照制图目的和资料性质选择图形。

第三，加工计算图示资料。根据选定的图形，计算出百分比、角度、面积及图形比例尺等。

第四，绘图。

第五，书写图题及其他说明。图题一般写在图下端，可加图序。统计图应按规则加注数字、图例及文字说明，如绘制单位、日期、资料来源等。

(3)统计图的类型

①条形图

条形图是用相同宽度的条形长短或高低来展现同类资料的大小、内部结构或动态变化的图形。

②直方图

直方图是用矩形的面积表示连续性变量的频数或频率分布的图形。研究者可先对变量取值进行分组，并计算各组的频数，然后用矩形的面积来表示各组的频数。

③圆形图

圆形图是用圆形代表总体，用其中各扇形表示总体中的各个部分，用以说明总体结构的图形。

④线形图

线形图是以线的高低和斜度来表现统计资料的一种图形。它可以反映现象的动态及现象间的依存关系，也可以表现总体单位分布情况。

第二节　基础教育研究资料的定性分析

一、定性分析的含义

定性分析是一种研究方法，用于理解和解释非数值数据的特征、性质和关系。与定量分析相对应，定性分析关注的是非结构化的或主观性的数据，如文字、图像、观察记录和访谈内容等。它能揭示数据的意义、趋势、模式和关系。

定性分析的主要目的是解释数据，而不是简单地计量或统计分析。它强调综合考虑背景、上下文和细节，并关注研究对象的主观经验、观点和感受。定性分析通常采用归纳和演绎的推理过程，通过对数据进行分类、编码、主题提取、模式识别和理论构建等方法，找出其中的主要观点、主题和模式。

二、定性分析的特点

(一) 定性分析是注重整体发展的分析

定性分析不仅关注事物的单一方面或局部细节，而且试图理解整体的结构、关系和内在含义。研究者倾向于使用定性分析法探讨现象的复杂性，关注各种因素之间的相互作用，从而全面地把握研究对象。

(二) 定性分析的对象是描述性资料

定性分析主要处理质性数据，这些数据通常是以文字、图像、声音等形式呈现的，用以描述和解释社会、文化、人类行为等复杂现象。这些描述性资料可以是访谈记录、观察笔记、文本文献等，不依赖于量化指标。

(三) 定性分析的研究程序具有灵活性

定性研究的方法和程序通常更加灵活，允许研究者根据研究目的和研究需要做出适度调整。这种灵活性使研究者能够深入挖掘新的问题，随着研究不断调整研究方法，从而更好地理解研究对象。

(四) 定性分析是对资料进行归纳的逻辑分析

定性研究常采用归纳法，即从具体的观察或材料中提炼出普遍的模式、主题或概念。研究者需要运用逻辑思维和分析技巧，将分散的信息整合成有意义的结论。

(五) 定性分析会受主观因素影响

研究者的主观因素常会对研究结果产生影响。研究者的解释、解读和理论构建与其个人经验和观点有关，因此，需要反思自身的角色和偏见，以确保研究的信度和效度。

总体来说，定性分析是一种以质性数据为基础，注重整体理解和描述的研究方法，具有灵活性，易受主观因素影响。这种方法在深入探讨社会和文化现象、理解人类行为等方面具有独特的价值。

三、定性分析的适用范围

定性分析是一种多样性的研究方法，适用于各种不同的研究场景。以下是定性分析的适用范围。

(一) 注重对过程的探讨，并不十分注重结果

定性分析更关注研究过程中的细节和交互作用，而不仅仅关注最终的结果。它适用于需要深入理解某一现象的研究，强调探索研究和发展理论。

(二) 个体的发展随时间的推移产生行为上的演变

定性分析常用于跟踪个体，以了解个体在时间上的变化和发展趋势。个案研究、长期观察和深入访谈是定性分析的常见方法。

(三) 比较研究中的差异描述

定性分析可以用于描述和解释不同群体、文化、地区或时期之间的差异。研究者通过分析质性数据，可以深入探讨这些差异的原因和影响。

(四) 定性的评价分析

在评估项目、政策或干预措施时，使用定性分析法可以收集和分析参与者的反馈、意见与经验，这有助于获取更丰富的评估信息。

（五）有关观念意识方面材料的分析

定性分析常用于分析关于观念、信仰、价值观和文化的材料。这种分析有助于理解个体和群体的认知和情感世界。

总之，定性分析在各种社会科学研究领域中都有广泛的应用，特别适用于那些需要深入理解和描述复杂现象、过程的研究。通过质性数据的收集和分析，研究者可以揭示深层次的信息，为研究提供更全面的视角。

四、定性分析的过程

定性分析的过程如下。

（一）确定分析的目标以及需要涵盖的研究资料范围

在开始定性分析之前，研究者需要明确研究课题的性质，确定分析的目标以及需要涵盖的研究资料范围，这一步骤能为后续的分析提供明确的方向。

（二）初步检验分析

研究者应对收集到的资料进行初步的检查和分析，了解资料的内容和特点。这包括对文本、记录等资料的阅读、标注和摘录，以获取初步的印象和认识。

（三）选择适当的定性分析方法和确定分析的维度

研究者根据研究目标和研究材料的性质，选择适合的定性分析方法，如内容分析、文本分析、现象学分析等，并确定分析的维度和要素。

（四）进行归类分析

研究者应对资料进行分类，将内容或特征相似的归为一类，形成类别层次，通过区分不同情况下材料的差异，分析不同分类是否具有不同的意义，探讨事物发生的先后次序，并了解研究对象的特质。

（五）评价分析结果的信度、效度和客观度

研究者需要在最后评价定性分析的结果，包括评估分析的信度、效度以及客观度。评价分析的质量可确保研究结果的可靠性。

总之，定性分析是一个综合性的研究过程，需要研究者具备理解和分析

研究对象的能力，灵活运用各种分析方法，确保研究结果具有科学性和说服力。

五、定性分析的主要方法

定性分析可以分为定性描述和定性解释两种。定性描述是说明对象"是什么"，定性解释是说明对象"为什么"。在定性分析中常用的具体方法有以下几种。

(一)因果分析法

因果分析法是一种研究方法，用于确定事件之间的因果关系。它的基本思想是通过观察和分析特定事件或因素的出现，来推断它们之间是否存在因果关系。下面介绍几种常用的因果分析法。

1. 求同法

求同法的思路是这样的：当发现研究对象出现在若干场合时，如果只有一种情况是相同的，那么这一情况就是与研究对象相关的原因。

例如，中小学中有一些体质很好的学生，通过了解一系列情况就可以发现，尽管他们的年龄、家庭经济条件、生活环境、作息、饭量等都不一样，但其中有一个共同的事实，就是他们每天都锻炼，并持之以恒。由此可以做出判断：持之以恒地锻炼身体是保持健康体质的原因之一。

必须注意的是，运用求同法得到的因果关系判断并不都是正确的。因为在各种不同的场合中，存在的共有情况可能不止一种，找出了某一种情况并认为它是原因，而另一个真实原因的条件可能就被忽视了。所以，通过求同法得到的结论，应当再通过其他方法检验、佐证。

2. 求异法

求异法的思路是这样的：如果在某一情况中出现某个事实，在另一种情况中不出现同一事实，而在这个情况中其他条件相同，只有一个条件不同，那么，这唯一不同的条件，就可能是某个事实产生的原因。

例如，两位在学历、教龄、教学水平、教学责任心、教学手段等方面大体相同的教师，一位十分注意教学过程中的积极暗示，总是用自己的一个眼神、一个动作、一句话暗示学生，鼓励学生；而另一位教师则无意于此，只是认认真真地教课。由于前者所任教班级的学生学习的积极性高于后者所任教班级的学生，因此，可以认为教师的积极暗示可以提高学生的积极性。

求异法是教育科学研究中被广泛应用的一种方法。通过这种方法，研究者不仅可以在繁杂的情况中寻找产生同类现象的原因，而且可以根据研究的需要，用它来控制一些条件，以分析各种不同的事实和结果。

3. 共变法

共变法指在其他条件不变的情况下，如果一个现象出现了，另一个现象也会出现，前者变化了，后者也跟着变化，那么据此判断前者就是后者的原因或部分原因的方法。

例如，学校在教学中采取了合作学习的措施，在采取这一措施后，学生的学习能力有了普遍提高。在这变化过程中，合作学习和学生的学习能力提高在一定条件下存在着一种相互作用、共同变化的关系。

在教育科学研究中，共变法不仅可以用来确定因果关系，而且可以用来反驳某些教育现象具有因果联系的推论。只要能够证明在一定条件下，被假定原因的变化并不引起预想结果的变化，那么，就可以据此质疑，甚至否认假定的原因和预想的结果之间可能存在因果联系。一般来说，在教育科学研究中，所有的被实践证明有效的教学措施，都是以互为因果的现象间的共变为基础的，从而可以根据某一组现象的因果关系，类推另一组或几组现象间的因果关系。

(二)归纳法和演绎法

归纳法和演绎法是相关联的两种逻辑方法，是人们认识事物的两条方向相反的思维途径。归纳法是指从特殊事实中概括出一般原理的推理形式和思维方法。它能从个别的、单一的事物的性质、特点和关系中概括出一类事物的性质、特点和关系。演绎法是指根据一类事物的一般属性来推断该类中的个别事物所具有的属性的推理形式。演绎法是从一般到特殊的推理，在前提正确的情况下，结论可靠。

1. 归纳法的分析过程

归纳法一般有完全归纳法和不完全归纳法两种。完全归纳法是根据某类事物中每一个对象都具有(或不具有)某种属性，从而概括出该类事物的全部对象都具有(或不具有)某种属性的归纳方法。例如,在某中学领导班子中,王校长是本科毕业,张副校长是本科毕业,李副校长是本科毕业,可以说,该校领导班子的所有成员都是本科毕业的。应用完全归纳法必须确知全部研究对象的具体数量,同时必须知道每一个研究对象是否具有被研究的那种属性,否则,就不能使用完全归纳法。

不完全归纳法是根据某类事物中部分研究对象都具有(或不具有)某种属性,从而概括出该类事物的全部研究对象都具有(或不具有)某种属性的归纳方法。不完全归纳法又可分为简单枚举法和科学归纳法。简单枚举法的结论是根据社会现象反复出现,又没有遇到相反的实例而做出的。例如,在 A 小学采用计算机辅助教学,提高了教学质量;在 B 小学采用计算机辅助教学,提高了教学质量;在 C 小学采用计算机辅助教学,提高了教学质量;在 D 小学采用计算机辅助教学,提高了教学质量。所以归纳出,在小学采用计算机辅助教学,都能提高教学质量。

科学归纳法是根据某类事物中部分对象与某种属性之间的必然联系,推论出该类事物的全部对象都具有某种属性的归纳方法。例如,甲地搞智力投资,提高了生产率;乙地搞智力投资,提高了生产率;丙地搞智力投资,提高了生产率。甲、乙、丙地是全国的一小部分地区,经分析得知,智力投资与生产率之间有必然联系。所以,凡是搞智力投资的地方,都会提高生产率。

科学归纳法比简单枚举法更复杂、更科学。简单枚举法的结论具有偶然性,而科学枚举法的结论具有必然性。

2. 演绎法的分析过程

演绎法也叫作演绎推理,它有多种多样的模式。在基础教育研究中用得较为广泛的是假言推理。假言推理是前提至少有一个假言判断,并根据假言判断中前件和后件之间的关系得出结论的一种演绎法。

演绎法有一个有趣的例子。关于物体从高空下落的运动,亚里士多德曾断言下落的快慢与其重量成正比。这个错误的论断延续了一千多年,直到伽利略将它推翻。伽利略用了十分简单的推理逻辑,使反对者不得不折服。他设想 A 比 B 重得多,按照亚里士多德的说法,A 应比 B 先落地,现在把 A 与 B 捆绑在一起组成一个物体(A+B)。一方面,因为(A+B)比 A 重,它应该比 A 先落地;

另一方面，由于 A 比 B 落得快，B 应减慢 A 的下落速度，所以(A＋B)应比 A 后落地。当两个物体同时落下时，(A＋B)既要比 A 先落地，又要比 A 后落地，这显然是不可能的。因此，两者只能同时落地。当然，伽利略最后是通过实验来证明推理的。

总之，归纳法与演绎法是两种相互对立又相互联系的分析方法，在基础教育研究中，我们应把两者有机结合起来，加以综合运用。

(三)矛盾分析法

矛盾分析法就是运用对立统一的原理分析各种事物的方法。例如，教育研究者常用矛盾分析法来分析学生的心理内部矛盾，从而揭示学生的心理内部矛盾主要是由学生新的需要和原有心理水平的矛盾而产生的这一基本规律。

(四)系统分析法

系统分析法就是按照事物的系统性把对象放在特定系统中加以考察的一种思维方法，即从系统的观点出发，始终从整体与部分、整体与外部的相互联系、相互作用、相互制约的关系中综合且精确地考察对象的一种方法。系统分析法要求把研究对象看作由各个组成部分构成的整体，研究整体的构成及其发展规律。它对任何一个系统的研究，都是从其成分、结构、功能、相互联系方式、历史发展等方面进行综合的、系统的考察的。

(五)比较分析法

比较分析法就是把两个或两个以上的事物加以对比，从而确定不同事物的相同点和差异点的方法。比较的种类有纵向比较、横向比较、同类比较、相异比较及定质比较。纵向比较指对同一事物的历史形态进行比较。横向比较指对同时并存的事物进行比较。同类比较指比较两个或两类性质相同的事物所具有的特征，以寻求事物的共同点。相异比较指比较两个性质相反的事物或同一个事物的正反方面。定质比较指比较两类事物所具有的本质、属性，从而确定事物的性质。在基础教育研究中，比较的内容如下：比较不同教育过程、不同教育领域或不同教育阶段在本质上的相同点和差异点；比较教育现象本身内部矛盾的双方，以分清矛盾双方的主次、所处地位、发生的作用等；比较同类的教育对象，从而找出它们的量的差别；比较不同类的教育现象，从而找出它们的质的差别。

(六)分析和综合法

分析和综合是两种互相关联的分析方法。分析是把研究对象分解为各个方面、各个部分进行考察的方法。通过分析，研究者可以清楚地考察事物的各个部分、方面、因素和层次在整体中的地位和作用，从而把握其特殊本质。综合是在分析的基础上，把研究对象的各个方面、各个部分再组合成一个整体来加以考察的方法。通过综合，研究者可以更好地把握研究对象的整体，从事物内在的相互关系中把握整体特征，揭示研究问题的实质。

分析和综合是辩证统一的，两者在基础教育研究资料的分析中起着不同的作用，又相互依存、相互关联、相互补充、相互配合。研究者在分析资料的第一阶段，应力求分析得深入和具体，为最后的综合认识奠定基础；在第二阶段，应力求分析全部结果，得出对研究对象的新认识。

(七)科学抽象法

科学抽象法指透过现象抽取本质，对事物做出科学的解释。在认识或研究过程中运用科学抽象法，应比较、分析各种经验事实，有意识、有目的地舍弃与研究对象关系不紧密的因素，抽取与研究对象关系紧密的重要因素加以深入研究，从而揭示事物的本质和规律。如果不进行抽象，认识就只能停留在感性层面上，停留在事物的现象上，不可能有对事物的规律性认识。

科学抽象的过程是从"感性的具体"上升到"抽象的规定"，再从"抽象的规定"上升到"思维的具体"的过程。第一个具体是感性的具体，教育现象总是具体的，它们本身有多种多样的属性，与周围其他的事物又有着多种多样的关系。第二个具体是思维的具体，指事物整体的多样性统一在思维中的再现，是人们对教育现象的许多方面的抽象认识的统一和总和。

科学抽象要经历以下三个环节：分离、提纯、简化。分离即从学科的研究领域出发，从探索一般规律出发，撇开研究对象与其他对象之间的联系。提纯即在思想上排除掩盖规律的干扰因素，在纯粹的状态下对研究对象进行考察。简化即撇开那些非本质的因素，只简略地反映客观事实，把握事物的基本属性和特征。

第三节　基础教育研究资料的定量分析

一、定量分析的含义

定量分析指研究者借助于数学手段，统计分析收集到的随机数据资料，即利用多种统计技术手段对所收集到的数据资料进行描述、解释，并在一定条件下由样本特征推断总体特征，揭示事物数量特征的过程。

二、描述统计在教育研究中的运用

描述统计是将所得的数据加以整理、归类、简化或绘制成图表，以此描述和归纳数据的特征及变量之间的关系的一种最基本的统计方法。

(一)集中量数

一组数据的集中趋势是由集中量数来描述的，它反映了大量数据向某点集中的情况。集中量数是一组数据的代表，就分数而言，它所反映的是研究对象的水平。集中量数有多种，常用的有三种：算术平均数、中位数和众数。

1. 算术平均数

一组变量值的总和除以变量值个数所得的商就是算术平均数，简称平均数、均数或均值等。

例如，求 83，89，82，90，86，91，81，92，89 的算术平均数。

$$\frac{83+89+82+90+86+91+81+92+89}{9}=87$$

在使用算术平均数分析问题时，必须注意研究对象的同质性。例如，在统计学生的各学科的学业表现时，只能在同一门学科的同一次考试的不同组别之间比较平均分，不能在不同学科之间进行横向比较，也不能在相同学科的不同次的考试之间进行纵向比较。如果在试卷符合教学要求且教师按评分标准严格评卷，在各个学生的学业表现相差不同的情况下，平均分能反映该组学生掌握这门学科知识的大致水平和程度。但从平均分中看不出各个学生的差异。分析一组学生的学业表现，还需要了解该组内部的差异程度。

2. 中位数

在一组按大小顺序排列的数据中，居中间位置的数据就是中位数，简称中数。若数据个数为奇数，就把位于中间的数据作为中位数；若数据个数为偶数，就把最中间的两个数据的算术平均数作为中位数。

3. 众数

在一组数据中出现次数最多的那个数值就是众数。通常来说，众数可用来粗略了解一组数据的分布情况。例如，在 53，64，53，64，80，64，81 这一组数中，64 出现了 3 次，它就是众数。众数的优点是不受极端数值的影响。

(二)差异量数

表示一组数据离散程度或变异程度的量就是差异量数。要了解一组数据的全貌，仅用集中量数来描述是不够的，集中量数描述的是一组数据的平均水平和典型情况，而实际情形是数据有时具有一定的分散性，即便集中量数相等的两组数据，它们的差异程度也不见得相同。差异量数越大，表示数据分布的范围越广，越不整齐；差异量数越小，表示数据分布得越集中，变动范围越小。下面介绍几种常用的差异量数。

1. 全距

全距指将一组数据按顺序排列后，最大值与最小值的差距，也叫两极差。全距小说明离散程度小，比较整齐。例如，两组学生的某学科测验分数如下。

甲组：52，64，72，75，82，88，99

乙组：68，71，72，76，80，81，84

甲组的全距是 47，乙组的全距是 16。这说明甲组的分数比乙组的分数离散程度大。

全距概念清楚，意义明确，且计算简单，但易受两个极端值影响，不能充分反映中间数值的差异。

2. 平均差

平均差是指一组数据内各个数据离差的绝对值的算术平均数。这里所说的离差指的是变量与该组算术平均数的差。

3. 标准差

标准差又叫变异数，是一群数据离差的平方和的平均数的平方根。例如，计算 83，87，81，89 的标准差。该组数据的算术平均数为 85。据此得出离差为 2，2，－4，4。因为离差的平方和的平均数为 10，所以可得出标准差为 3.16。

标准差是统计分析中常用的差异量数。标准差越大，表明这组数据的离散程度越大，即数据参差不齐，分布范围越广；标准差越小，表明这组数据的离散度越小，即数据集中、整齐，分布范围越小。

4. 差异系数

差异系数是标准差与其算术平均数的百分比，是没有单位的相对数。

全距、标准差都是带有与原观测值相同单位的量数，被称为绝对差异量。

当绝对差异量无法比较两种单位不同或单位相同而其平均数相差较大的资料时，就可以用相对差异量即差异系数来进行比较。

例如，某市调查了 10 岁男孩的身高和体重：平均身高为 135.01cm，标准差为 5.54；平均体重为 28.60kg，标准差为 3.40。

研究者欲比较身高与体重两个变量的差异程度。若从标准差来看，身高的离散程度大；若从变异系数看，身高的差异系数比体重的差异系数要小得多。

(三)地位量数

地位量数是描述或确定某一个观测值在全体数据中所处位置的统计量。常用的地位量数是标准分数。

标准分数是以标准差为单位来表示原始分数在一组数据中所处的相对位置的量数。比较单组数据的大小，可直接比较观察值（原始分数）的大小，然而，要比较两组或多组数据的大小，由于各自的平均数和标准差有所不同，仅凭原始分数很难得出科学的结论。例如，已知某次期末考试全班数学与物理的平均分分别为 65 分和 80 分，标准差分别为 5 和 10，某生数学得了 70 分，物理得了 75 分，那这两个分数孰高孰低呢？从原始分数角度看，数学 70 分比物理 75 分低，然而，由于两科考试的内容及难度不一，各自的平均分及标准差有所不同，同一分数在不同的科目中所具有的价值及表示的意义也就不一样。数学 70 分在班级中属较高水平，而物理 75 分在班级中的水平为中下，这说明该生的数学比物理要好。在解决不同数组的比较问题时，可引入标准分数。标准分数为一数列中各原始分数与平均数的差除以标准差所得之商。

(四)相关系数

相关指变量之间的相互关系和联系程度,其大小常用相关系数来表示。相关系数的取值范围为(-1,1),其值的正负及大小反映了变量之间的变化方向和关系的紧密程度。

按相关系数的正负符号来分,相关分为正相关、负相关和零相关。

正相关表示一个变量发生变化时,另一变量也发生同方向的变化。例如,身高与体重的关系是正相关,对幼儿来说,身高增加,体重也随之增加。又如,练习量与效果的关系也是正相关,幼儿跳绳、拍球的练习量增加了,在跳绳、拍球活动中的得分也随之提高。

负相关表示一个变量发生变化时,另一变量发生反方向的变化。例如,幼儿身体健康水平与缺勤率的关系是负相关,身体越健康,缺勤率越低,反之,身体状况越差,缺勤率也就越高。又如,练习量与错误率的关系也是负相关,幼儿练习量越多,其错误率也就越低。

零相关表示各变量在线性关系上相互独立,彼此没有关系,一个变量变化并不一定引起另一个变量的相应变化。例如,身高与学业表现的关系是零相关,幼儿身体越高,其学业表现未必就越好或越差。又如,幼儿的性格与其胖瘦的关系也属零相关:外向的幼儿,可能较胖,也可能较瘦;内向的幼儿,也可能胖,也可能瘦。

相关系数绝对值的大小表示变量关系的密切程度,绝对值越接近1,表示两变量的关系越密切;绝对值越接近于0,表示两变量的关系越疏远。按绝对值的大小来分,相关可分为高度相关、中度相关和低度相关。绝对值在0.7及以上的,为高度相关;在0.3~0.7的,为中度相关;在0.3以下的,为低度相关。

计算相关系数的方法很多,对于不同的数据类型,应采用不同的相关计算方法。在教育研究中,最常用的是积差相关。

当两个变量是连续的、成对的且变量的总体接近正态分布时,变量的关系常用积差相关来表示。

在计算积差相关的过程中,研究者要注意以下使用条件。

第一,连续性数据——两列变量都是由测量获得的连续变量。

第二，呈正态分布——两列变量的总体呈正态分布，或接近正态分布，至少是单峰对称分布。

第三，数据必须成对，数据与数据间独立。

第四，呈线性关系。

第五，要排除共变因素的影响。

第六，样本容量要大于等于 30。

此外，研究者还需要明确如下三点。

其一，相关系数表示两个变量之间的关系程度，当两变量相关时，只表明二者之间存在某种联系，但并不说明二者之间必然存在因果关系。例如，儿童的语言与计算有相关，这不能说明语言的好坏会影响计算的好坏，或计算的好坏会影响语言的好坏，二者相关完全有可能是受第三因素影响的，如可能受儿童智力水平的影响。

其二，相关系数是用来衡量变量之间相关程度大小的统计量，它不代表一变量对另一变量直接作用的比例。若要用相关系数来解释一变量对另一变量的影响，需要用决定系数(决定系数等于相关系数的平方)这一指标。例如，知道幼儿语言与常识的相关系数为 0.8，不能认为 80% 的常识差异是由语言的差异引起的，而只能说 64% 的常识差异是由语言的差异引起的。

其三，运用公式计算得到的积差相关系数是样本相关系数，至于总体相关系数是否相关，显著性如何，只有经过统计假设检验才能正式确定。

三、推断统计在教育研究中的运用

推断统计是用概率来决断数据之间是否存在某种关系及用样本统计值来推测总体特征的一种重要的统计方法。推断统计包括参数估计和假设检验。

(一)参数估计

参数估计指用样本统计量估计总体参数，即利用样本信息，描述参数的总体平均值或总体百分率区间。

1. 点估计

在以样本统计量估计总体参数时，因为样本统计量为数轴上的某一点，估计的结果也以这个点代表的数值表示，所以称为点估计。例如，对总体平均数的估计，用样本平均数；对总体相关系数的估计，用样本相关系数。举例来说，在调查某校学生的体重时，获知抽取的 400 名学生的平均体重为 58kg，则该校 8000 名学生的平均体重也是 58kg。

2. 区间估计

区间估计就是根据估计量，以一定可靠程度推断总体参数所在的区间范围，即用数轴上的一段距离表示未知参数可能落入的范围，虽不能具体指出总体参数等于什么，但能指出未知总体参数落入某一区间的概率有多大。在点估计的基础上进行区间估计，不仅能给出一个估计的范围，使总体参数包含在这个范围之内，而且能给出估计精度并说明估计结果的把握程度。

(二)假设检验

在分析调查实验结果时，研究者常常会遇到两个样本的统计量有差异的情况。为明确两个样本的统计量的差异是否显著，我们可以检验统计量的差异。如果检验的结果差异显著，就说明两个统计量所属的总体之间确有差异；如果检验结果差异不显著，就说明两个统计量所属的两个总体之间没有差异，或是它们来自一个总体。

推断统计中应用得较普遍的是假设检验。假设检验包括参数检验与非参数检验方法。

1. 参数检验

平均数差异显著性检验(Z 检验与 T 检验)和方差齐性检验(F 检验)是常见的参数检验。

在进行平均数差异显著性检验时，应先考察样本的两个方面的信息。

第一，样本的性质，看样本是相关样本还是独立样本。

两个样本内的个体是随机抽取的，它们之间不存在一一对应关系的样本称为独立样本。相关样本包括两种情况：同一组研究对象在某项测验前测与后测中所获得的两组测验结果；根据一定条件，将研究对象一一配对，分别编入实验组与对照组，并对两组研究对象实施不同的实验处理之后，用同一测验所获得的测验结果。

第二，样本的容量(样本中个体的数目)，看样本是大样本还是小样本。

在统计学上，我们常将两个样本容量皆大于 30($n1 > 30$ 且 $n2 > 30$)的样本称为大样本；如两个样本中有一个样本的容量小于或等于 $30(n1 \leqslant 30$ 或 $n2 \leqslant 30)$，我们称这样的样本为小样本。

一般而言，Z 检验用于大样本平均数差异显著性检验；T 检验用于小样本平均数差异显著性检验。样本的性质和容量不同，假设检验的方法也不同。

（1）Z 检验

Z 检验是基于标准的正态分布进行的检验。用于比较两个平均数的差异是否显著。Z 检验通常用于总体正态分布、总体方差已知或独立小样本 $(n < 30)$ 的平均数的显著性检验。

（2）T 检验

T 检验通常用于总体正态分布、总体方差未知或独立小样本 $(n < 30)$ 的平均数的显著性检验。独立小样本进行 T 检验之前，必须用方差齐性检验（F 检验）来考察两个总体方差是否相等。

（3）F 检验

F 检验是对两个总体的方差是否有显著性差异所进行的检验，即方差齐性检验。它分为两个独立样本的 F 检验和两个相关样本的 F 检验。

2. 非参数检验

卡方检验是常见的非参数检验。卡方检验是对样本的频数分布所来自的总体分布是否服从正态分布或某种假设分布而做的假设检验。与参数检验相比，卡方检验具有如下三个特点。

第一，数据属于间断型点计数据。

第二，数据所来自总体的分布是未知的，不一定呈正态分布。

第三，是对总体分布做的检验。

四、多元统计在教育研究中的运用

多元统计在教育研究中扮演着重要的角色，它研究的是多个变量之间的关系，能帮助研究者更全面地理解复杂的教育现象和问题。

（一）因素分析

因素分析可以用于识别教育领域中的潜在因素，帮助研究者理解变量之间的内在结构。例如，通过因素分析，研究者可以确定影响学生的学业表现的潜在因素，如学习动机、学习方法等。

(二)聚类分析

聚类分析可以将样本分成相似的群体或簇，这可用于识别具有相似特征的学生群体，从而提供个性化的教学方案。

(三)多元回归分析

多元回归分析可用于探讨多个自变量对一个因变量的影响，如研究学生的学业表现是否受到家庭背景、学习时间和学习资源等多个因素的影响。

(四)协方差分析

协方差分析可用于比较多个组别之间的差异，如比较不同教学方法对学生的学业表现的影响。

(五)多元方差分析

多元方差分析可以同时分析多个因变量在多个组别之间的差异，适用于复杂的教育研究设计，如比较不同教育干预法对学生的多方面表现的影响。

(六)路径分析

路径分析可用于探讨多个变量之间的因果关系，能梳理变量之间的直接和间接影响路径，对于教育政策和干预措施的实施具有指导意义。

(七)判别分析

判别分析可用于区分不同组别之间的差异，如区分学业表现好和学业表现不理想的学生群体，从而提供有针对性的教学措施。

(八)结构方程模型

结构方程模型可用于探讨多个变量之间的复杂关系，包括直接和间接的影响关系，适用于研究教育领域中的复杂理论模型。

总体来说，多元统计方法为教育研究提供了强大的工具，可以帮助研究者在考虑多个变量的情况下，深入探讨教育现象，提高研究的科学性和准确性。然而，在应用多元统计方法时，也需要谨慎选择合适的统计技术，并对结果进行合理的解释和应用。

基础测试

一、单项选择题

1. 在做资料整理的基础工作时，先要对资料进行（　　）。

A. 分类 　　　　　　　　　　B. 审核

C. 归纳分析 　　　　　　　　D. 演绎分析

2. 定性分析的对象是（　　）。

A. 质的描述性资料 　　　　　B. 实验数据资料

C. 观察数据资料 　　　　　　D. 量的描述性资料

3. 定性分析的主要方法不包括（　　）。

A. 因果分析法 　　　　　　　B. 归纳分析法

C. 比较分析法 　　　　　　　D. 区间估计法

4. 要了解学生的数学学业表现，可以按年级或学校类型等标志去分类，这种分类法属于（　　）。

A. 质的分类 　　　　　　　　B. 量的分类

C. 系统分类 　　　　　　　　D. 个别分类

5. 下列不属于常用的集中量数的是（　　）。

A. 算术平均数 　　　　　　　B. 中位数

C. 众数 　　　　　　　　　　D. 相关量数

6. 定量分析要求研究者主要揭示事物的（　　）。

A. 数量特征 　　　　　　　　B. 质量特征

C. 符号特征 　　　　　　　　D. 分类特征

7. 定量分析在教育研究中的主要手段是（　　）。

A. 归纳分析 　　　　　　　　B. 比较分析

C. 统计分析 　　　　　　　　D. 综合分析

8. 以下是一组数据：7，8，7，6，6，5，4，9，10，11，6，9，10。这组数据的众数是（　　）。

A. 9 　　　　　　　　　　　　B. 6

C. 10 　　　　　　　　　　　D. 7.5

9. 适应于小样本(样本容量小于 30)时，两个平均值差异程度检验的方法是(   )。

A. T 检验　　　　B. Z 检验　　　　C. U 检验　　　　D. F 检验

二、简答题

1. 整理基础教育研究资料有什么意义？

2. 定性分析的特点有哪些？

3. 描述统计的含义。

三、计算题

某组学生在一次语言能力测验中的学业表现评分如下：71，70，83，90，88，84，77，75，91，87，83，84。请求出算术平均数(保留整数)和标准差(保留两位小数)。

四、案例分析题

请根据此观察记录写一份分析报告。

观察记录：

刚上课时，学生张某在做一组复习题的过程中注意力比较分散(东张西望、玩尺子，总计 2 分 40 秒)。张某只有在教师提问题时才能稍微注意一些，能主动举手回答问题，不过总是慢半拍。

在学习新课时，基本能做到认真听讲(总计 7 分)，听了不一会儿，便开始东张西望，坐不住了，又开始玩尺子，似乎对教师所讲述的新内容不再感兴趣。觉得玩尺子无趣后，试图与同桌说话，但没说几句同桌便不再理睬他，只好继续玩尺子、在纸上乱画(总计 11 分 20 秒)。此时，教师正在讲解典型例题，并不时提出问题。只有当大多数同学举手时，他才会抬头看一下黑板，也举手参加回答(他很可能不知道答案，而举手只是因为看见大家都举手好玩而已)。

进入练习阶段，他的注意力有所集中，停止玩耍并拿出练习本开始做题。在做题期间，他嘴中一直念念有词(可能是在计算)，且经常侧头看同桌的本子(总计 6 分 40 秒)。做完题后，教师请学生上黑板写出练习答案，该生表现得相当积极，每次都把手举得很高，但没被叫到后表现得很不甘心(他好像很有把握可以做好)，但教师一次也没有叫他(总计 8 分 40 秒)。

整堂课教师提问 39 次，该生举手 18 次，被叫到 0 次。

该生发言情况：无

第十四章　基础教育研究成果的呈现

>>> 学习目标

1. 了解基础教育研究成果的表述与评价。
2. 知道基础教育研究的学术规范。

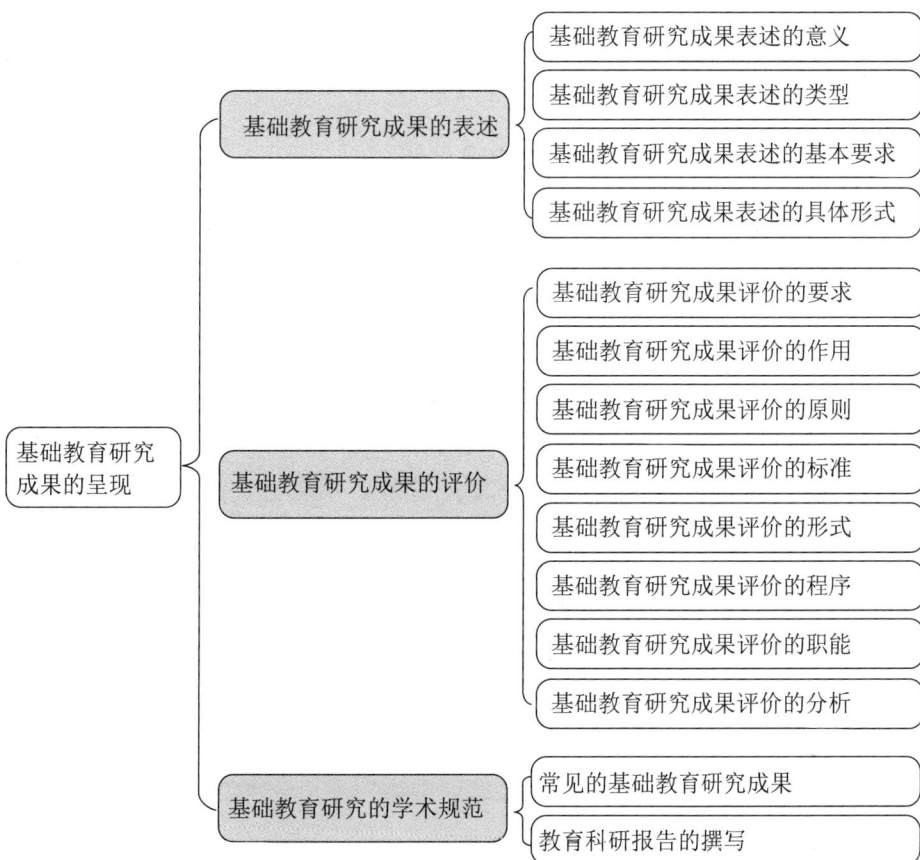

```
                                    ┌─────────────────────────────┐
                                    │ 基础教育研究成果表述的意义  │
                                    └─────────────────────────────┘
                                    ┌─────────────────────────────┐
                  ┌──────────────┐  │ 基础教育研究成果表述的类型  │
                  │ 基础教育研究 │  └─────────────────────────────┘
                  │ 成果的表述   │  ┌─────────────────────────────┐
                  └──────────────┘  │ 基础教育研究成果表述的基本要求│
                                    └─────────────────────────────┘
                                    ┌─────────────────────────────┐
                                    │ 基础教育研究成果表述的具体形式│
                                    └─────────────────────────────┘

                                    ┌─────────────────────────────┐
                                    │ 基础教育研究成果评价的要求  │
                                    └─────────────────────────────┘
                                    ┌─────────────────────────────┐
                                    │ 基础教育研究成果评价的作用  │
                                    └─────────────────────────────┘
                                    ┌─────────────────────────────┐
                                    │ 基础教育研究成果评价的原则  │
                                    └─────────────────────────────┘
  ┌──────────┐                      ┌─────────────────────────────┐
  │基础教育研究│  ┌──────────────┐  │ 基础教育研究成果评价的标准  │
  │成果的呈现 │──│ 基础教育研究 │──└─────────────────────────────┘
  └──────────┘   │ 成果的评价   │  ┌─────────────────────────────┐
                  └──────────────┘  │ 基础教育研究成果评价的形式  │
                                    └─────────────────────────────┘
                                    ┌─────────────────────────────┐
                                    │ 基础教育研究成果评价的程序  │
                                    └─────────────────────────────┘
                                    ┌─────────────────────────────┐
                                    │ 基础教育研究成果评价的职能  │
                                    └─────────────────────────────┘
                                    ┌─────────────────────────────┐
                                    │ 基础教育研究成果评价的分析  │
                                    └─────────────────────────────┘

                  ┌──────────────┐  ┌─────────────────────────────┐
                  │ 基础教育研究 │  │ 常见的基础教育研究成果      │
                  │ 的学术规范   │──└─────────────────────────────┘
                  └──────────────┘  ┌─────────────────────────────┐
                                    │ 教育科研报告的撰写          │
                                    └─────────────────────────────┘
```

第一节 基础教育研究成果的表述

研究者在按计划完成一项教育研究课题的研究后，需要对研究过程及研究结果进行分析、总结，用文字记载下来，即形成一份课题研究的书面材料。这种以文字的形式加工研究成果的过程，是教育科研的重要环节，也是展示成果的重要形式。基础教育研究成果表述得如何，会直接影响其交流和运用。因为任何一项研究最终都需要面向社会，接受社会的检验，否则研究成果无法得到承认，无法获得应有的效益。整理与表述基础教育研究成果是一项艰苦的劳动，是一项技术要求很高的劳动，研究者只有勤于练习、虚心讨教，才能整理出具有较高质量的研究报告，圆满地完成课题研究的任务。

一、基础教育研究成果表述的意义

(一)深化知识，表明研究的结论及价值

表述研究成果旨在向学术界和教育界展示研究的结论和发现，从而深化对教育问题的理解和认识。清晰、准确的表述可以展示研究的贡献和价值，推动教育领域的知识积累和发展。

(二)有助于学术交流，可供他人参考

表述研究成果是研究者与他人进行学术交流的重要方式。基础教育研究成果表述也为其他研究者提供参考和借鉴的资料，推动他们在教育领域的研究，使他们从实践中受益，促进学术共同体的发展。

(三)有助于提高研究者的思维能力和表述能力

表述研究成果是研究者展示其研究能力和思维能力的重要环节。通过将研究成果以清晰、逻辑严谨的方式表述，研究者可以提高自己的思维能力和表达能力，发展自身的批判性思维、逻辑思维和创新能力。

二、基础教育研究成果表述的类型

基础教育研究成果表述的类型较多，其中常见的包括以下几种。

(一)教育科研论文

教育科研论文是一种常见的基础教育研究成果表述形式，通常包括引言、文献综述、研究方法、结果分析和讨论等部分，可详细陈述研究的目的、方法、结果和结论。教育科研论文通常发表在学术期刊、会议论文集或专业学术出版物上。

(二)教育科研报告

教育科研报告是一种对研究成果进行总结和概述的形式。它分为实证型研究报告和文献型研究报告两种类型。

1. 实证型研究报告

实证型研究报告主要基于实证研究方法，通过收集和分析实际数据来验证或检验研究假设。该类型的报告通常包括研究背景、研究问题、研究设计、数据收集和分析、结果和讨论等部分，以描述研究过程和结果。

2. 文献型研究报告

文献型研究报告主要依据现有文献和资料做综合分析和总结，以解答研究问题或探讨特定主题。该类型的报告通常包括文献综述、研究目的、研究范围、理论框架、方法和结论等部分，以梳理和评述现有的研究。

这些表述旨在与学界分享研究成果和发现，促进知识的交流。研究者可以根据研究目的、数据类型和读者群体的需求，选择适合的表述形式和格式。清晰、准确地表述研究成果是确保科研成果有效传播的关键。

三、基础教育研究成果表述的基本要求

一份科研报告或论文的意义取决于它的质量。为了保证成果表述的质量，研究者必须遵循以下基本要求。

第一，科学性。表述应基于科学的研究方法和理论框架。研究者应准确、客观地陈述研究的目的、假设、方法、数据分析和结论等，确保研究成果的科学性和可信度。

第二，创造性。表述应具有创造性。研究者应展示研究的独特性、创新性和原创性，通过提出新的理论观点、方法或解决方案，为教育领域的知识和实

践贡献力量。

第三，规范性。表述应符合学术规范和规范化要求。研究者应遵循学术论文或报告的结构和格式，包括引言、文献综述、方法、结果和讨论等部分，并正确引用和参考相关文献。

第四，可读性。为了便于传播和交流，表述应具有可读性。研究者应使用清晰、简明的语言，避免使用过多的专业术语和复杂的句子结构，使读者能够轻松理解和消化研究成果。

除了以上基本要求外，研究者在表述研究成果时还应注意以下问题。

其一，重点应放在介绍研究方法和研究结果方面上。研究方法和研究结果是研究成果的核心内容。在表述时，研究者应重点介绍所采用的研究方法，包括数据收集、样本选择、数据分析等过程，并详细描述研究结果，包括统计数据、实证发现等。

其二，理论观点的阐述要与材料相结合。在表述研究成果时，研究者应将理论观点与实际材料相结合，通过具体案例、数据分析等方式来支持和解释理论观点。这样可以增加研究成果的可信度和说服力。

总之，基础教育研究成果的表述应具备科学性、创造性、规范性和可读性。研究者在表述时应注重对方法和结果的介绍，同时将理论观点与实际材料相结合，以确保研究成果能有效传播。

四、基础教育研究成果表述的具体形式

教育科研论文的构成形式是多种多样的，不同类型的研究成果表述因其结构的不同，会表现出不同的风格和特色。研究者撰写科研报告，先要把握其具体形式。

(一)一般学术论文

一般学术论文包含如下基本要素。

1. 研究目的

研究者应介绍研究问题的定义、意义、性质和内容。这包括对研究问题进行背景介绍，解释研究该问题的重要性，并做文献综述。

2. 研究方法

研究者应介绍具体的研究方法和步骤。这包括对研究对象的描述、对研究所使用的具体方法和工具的介绍、对研究设计和程序的解释、对评分标准和统计方法的说明等。

3. 研究结果

通常，研究者会使用图表展示定性和定量分析的结果，并对结果进行解读和讨论。

4. 讨论

研究者应解释研究结果，推导出一般结论，并建立和验证理论。此外，还可以指出研究的应用价值和局限性，为其他研究者提供研究启示。

5. 参考文献

研究者应在论文末尾列出参考文献，并遵循规范的引用格式：要写明书籍的主要责任者、书名、出版地、出版社、出版年月和起止页码；要写明期刊论文的主要责任者、文题、刊名、年份、卷(期)和起止页码。

(二)教育调查报告

教育调查报告的基本结构如下。

1. 题目

一个简明扼要的题目能够准确概括调查的主题或问题。

2. 引言

在引言部分，研究者应介绍调查的背景和目的，解释为什么选择该调查课题以及调查的意义和重要性。同时，简要说明调查的范围和方法。

3. 正文

正文是报告的主体，研究者根据调查的目的和问题的性质，可以采用以下几种方式撰写调查报告。

(1)按调查顺序逐点叙述

按照调查的步骤和顺序，逐点叙述调查的过程和结果，以展示调查的全貌。

(2)按研究对象的发展过程来写

根据研究对象的产生、发展和变化的过程来叙述调查内容，以体现其规律性。

（3）对比分析

将两种事物进行对比，比较是非、优劣，找出差异，以加深对研究对象的理解。

（4）分门别类叙述

根据调查内容的特点，对不同的内容进行分类叙述，以清晰地展示调查结果。

4. 讨论或建议

在讨论部分，分析和解读调查结果，提出相关的意见或建议，可以探讨调查结果的意义、影响以及存在的问题，并提出建议。

5. 结论

在结论部分，对整个调查进行总结，简洁明了地回答调查的核心问题，并强调调查结果对教育实践和决策的意义。

6. 列出参考资料

在报告的最后列出参考文献，按照规范的引用格式书写，包括作者、标题、出版地、出版社、出版年份等信息。

以上是教育调查报告的基本结构，研究者在撰写报告时应根据实际情况和调查目的进行合理的组织与呈现，确保报告的逻辑性和可读性。

（三）教育实验报告

教育实验报告的基本内容如下。

1. 引言

在引言部分，介绍实验的背景和目的，说明为什么选择该实验课题以及实验的意义和重要性。同时，解释实验的目标和假设。

2. 实验设计与方法

详细描述实验的设计和方法，包括实验的参与者、实验的流程和步骤、使用的材料和工具，以及实验的时间和地点。此部分需要清晰地描述实验设计的各个要素，以便他人能够复制该实验。

3. 数据收集与分析

说明实验收集数据和信息的方法、过程；描述所收集的数据类型（定量或定性）以及所使用的工具和技术；解释数据的分析方法，包括统计方法、图表等，通过数据分析，对实验结果进行客观和准确的描述。

4. 结果

在结果部分，呈现实验的主要结果，可以使用表格、图表或文字描述来展示实验结果，对结果进行分析和解读，讨论结果与实验目的和假设之间的关系。

5. 讨论

在讨论部分，对实验结果进行深入分析和解释。探讨实验结果与预期结果的一致性或不一致性，并提出可能的解释和理论依据；讨论实验的局限性和改进方向，引用相关的文献来支持讨论的观点。

6. 结论

在结论部分，总结实验的主要发现，并回答实验的研究问题或验证假设；强调实验结果对教育实践的意义和应用价值，提出进一步研究的建议。

7. 参考资料

在报告的最后列出参考文献，按照规范的引用格式书写，包括作者、标题、出版地、出版社、出版年份等信息。

以上是教育实验报告的基本内容。具体的报告结构和内容可能因实验设计、研究领域和期刊的要求而有所不同。研究者在撰写实验报告时应遵循学术规范和期刊的要求。

【案例】

×××市小学生心理健康现状调查报告

韦耀阳

1. 研究背景

我国心理健康教育起步于20世纪80年代。随着我国经济的快速发展，×××市的经济发展也加快了脚步，人们的思想观念、生活和行为方式等有了很大变化，物质生活得到了极大的改善，对健康的认识和要求也日益提高。进入21世纪后，人们的生活越来越现代化，普遍使用网络、手机等交流工具，学习、生活、工作的节奏也不同程度地加快了。随之而来的是中小学生的心理困惑日益增多，中小学生的心理发展与适应社会的问题日益突出，有心理健康问题甚至心理障碍的学生逐渐增多。中小学生是祖国未来的建设者，如何维护中小学生的身心健康，已成为国家教育行政部门关注的问题。

我国为了规范中小学心理健康教育工作，印发了一系列文件。例如，1999年，教育部印发了《关于加强中小学心理健康教育的若干意见》。2002年，教育部印发了《中小学心理健康教育指导纲要》。2012年，教育部印发了《中小学心理健康教育指导纲要(2012年修订)》。2023年教育部等十七部门印发了《全面加强和改进新时代学生心理健康工作专项行动计划(2023—2035年)》。目前，各中小学广泛开展了形式多样的心理健康教育活动，探索出了各具特色的心理健康教育模式。但是，心理健康教育工作仍然存在问题，一些中小学生的心理问题并没有得到有效解决。

×××市中小学心理健康教育起步早，经过多年的发展，从不知道、不了解、不开展、不重视的状态，转变为普遍了解、广泛开展并越来越重视。近年来，×××市部分学校结合本校实际，进行了各具特色的实践探索，也取得了一定的研究成果。×××市的各高校积极配合中小学开展心理教育活动，为中小学心理教育活动提供理论指导和操作依据。但是，就总体情况而言，×××市中小学心理健康教育发展较不平衡，且家庭教育者呈现老龄化趋势，学生的心理健康教育的受重视程度下降。因此，让中小学生拥有积极向上的、健康的心理，既是学校、家庭不可推卸的责任，也是全社会的共同目标。

1.1 研究目的

主要研究目的如下：

①了解×××市中小学生的心理健康现状；

②调查并分析×××市中小学生的心理健康问题存在的成因；

③探索促进×××市中小学心理健康教育发展的策略及机制。

1.2 研究意义

当前，全面实施中小学健康教育是我国教育改革的主要目标之一。中小学健康教育要促进学生身心的协调发展就离不开心理健康教育。中小学生综合素质的提高必须以良好的心理素质为基础，心理素质的水平直接影响其他素质的发展质量和发展方向。

①理论意义：本课题主要对×××市中小学生心理健康现状进行剖析，发现存在的问题，对提高×××市中小学生的心理健康水平，完善×××市中小学的心理健康教育工作，构建心理健康教育体系，全面推进本市的心理健康教育工作等具有重要的指导意义。

②实践意义：心理健康教育是素质教育的重要组成部分。为了实现素质教育关注学生全面发展的目标，促进学生的可持续发展，本课题积极探索更好的且更有效的心理健康教育方法，为×××市中小学生心理健康教育提供参考资料和依据。

2. 中小学心理健康的研究进展

1948 年，世界卫生组织指出，健康不仅是没有病和不虚弱，而且是"身体、精神和社会生活的完美状态"。1978 年，《阿拉木图宣言》又重申，"健康不仅是疾病与体虚的匿迹，且是身心健康社会幸福的总体状态"。此后，世界卫生组织对健康重新做了定义，即健康不单只指没有疾病，而是包括躯体健康、心理健康、社会适应良好和道德健康。

心理健康包括心理疾病的状态、维护心理的健康状态。广义的心理健康指人能健康地生活，保持良好的情绪，适应社会、生活变化节奏，与人能正常交往。狭义的心理健康指预防心理障碍或异常行为的出现。

心理健康的反面是心理异常，即心理问题。它是对许多不同种类的心理、情绪和行为失常的统称，即偏离正常的心理状态。

2.1 国外研究进展

2.1.1 心理健康的研究进展

心理健康在人的健康中占有重要位置，心理健康不仅能影响生理健康，也影响社会适应能力。世界卫生组织认为，心理健康是没有心理疾病或变态，个体社会生活适应良好，人格的完善和心理潜能的充分发挥，即在一定客观条件下将个人心境发挥到最佳状态。1946 年，第三届国际心理卫生大会提出，心理健康指在身体、智能以及情感上与他人的心理健康不相矛盾的范围内，将个人心境发展成最佳的状态。不同领域、不同学派有不同的看法。医学家英格利希（English）认为，心理健康是一种持续的心理状况，有良好的适应能力，有生命活力，能充分发挥其身心潜能。精神病学家门宁格（Menninger）认为，人对环境及相互间有最高效率及快乐的适应情况。心理学家马斯洛(Maslow)认为,人的所有潜能的充分实现与人的不断成长有关。学习心理学家科列斯尼克(Kolesnik)认为,心理健康指一个人情绪上的安宁。日本学者松田岩男认为,心理健康指人对内部环境具有安定感,对外部环境能以社会认可的形式适应这样一种心理状态。

国外对中小学生心理健康的研究进展如下:马佐尼(Mazzone)等人在对14～16岁青少年进行调查后发现,青少年的焦虑症状检出率为14.9%[1];米卡利(Micali)等人对英国伦敦的142青少年的9年追踪调查显示,青少年的强迫症患病率达41%[2];阿菲菲(Afifi)的研究显示,中学生的焦虑症状的检出率为17%[3];范·格鲁斯特(Van Grootheest)等人对荷兰的12～16岁青少年的调查显示,青少年存在强迫症、焦虑症状检出率为12%～27%[4];基利(Keeley)等人认为,青少年的焦虑是遗传、生物、心理等个体因素与学校、家庭等环境因素共同作用的结果[5];格拉多斯(Grados)等人对72名6～18岁青少年的调查显示,有29.2%的青少年存在强迫症状[6];韦勒(Weller)等人认为焦虑症状等常会影响学生的学习能力和社会功能[7];萨卢贾(Saluja)等人对美国的9863名6～10年级学生的调查发现,抑郁症状检出率为18%[8];埃利(Eley)等人对英国伦敦的青少年调查发现,抑郁症状检出率为10.1%[9];舍贝里(Sjöberg)等人对瑞典的青少年的调查发现,抑郁症状检出率为18.1%[10];丹尼(Denny)等人对新西兰的青少年的调查发现,抑郁症状检出率为26.1%[11];卡姆德维伦(Camdeviren)等人对土耳其的4143名青少年的抑郁危险因素的调查研究发现,和父母关系差、学业表现不理想、失去朋友的青少年患抑郁、焦虑的风险较大[12]。

2.1.2 心理健康教育的研究进展

在20世纪80年代以前,美国的心理健康教育的重点是个别有心理问题的学生。后来,美国把心理健康教育的重点转移到了全体学生身上,这在一定程度上代表了西方的心理健康教育观点。

1998年,美国提出了采用学校综合改革模式,这使心理健康教育领域产生了大量研究成果。美国部分心理学家认为,传统主流心理学是消极的心理学,应对力量和优秀品质展开研究:一是主观层面的积极体验(乐观、快乐、幸福)

的研究；二是个体层面积极人格特质（爱、能力、勇气、宽容、智慧和创造力）的研究；三是群体层面的积极组织（健康的家庭、良好的社区和有效能的学校）系统研究。

欧洲国家的心理健康教育虽然强调按照预定方向改变学生的个人行为，但是更重视在实践活动和体验中提高中小学生的心理健康水平。

从 20 世纪 60 年代开始，日本逐渐重视起了中小学生心理健康教育。从 20 世纪 90 年代开始，在学校设置心理咨询室或心理辅导室。2000 年，日本政府开始在中小学设置心理健康课程。日本的中小学心理健康教育主要围绕提高学生适应现代化社会的心理素质展开，重点是发现问题后的指导与纠正。目前，日本的学校和家庭都很重视孩子的心理健康教育。

2.2　国内心理健康研究进展

2.2.1　心理健康的研究进展

因研究者从不同立场、不同角度出发进行研究，发现人的心理状态非常复杂。总体来说，现在人们倾向于接受这样一些观点：心理健康是相对的，指较长一段时间内的持续的心理状态；心理健康可以用一系列具体标准来描述，但这种描述通常是一种全面的理想要求，不一定能全部做到。人们对心理健康的理解渐趋于多元化，尤其强调生物—心理—社会—医学模式因素的交互作用。

国内对中小学生心理健康的研究进展如下：张洪波等人对合肥市的 2078 名小学生的调查显示，抑郁症状检出率为 11.9%[13]；周琳琳等人对上海市的中学生的调查显示，抑郁症状检出率为 18.6%[14]；曾瑞华研究发现，有 26.7% 的中学生存在不同程度的焦虑症状[15]；彭娟等人对遵义市的 755 名中学生的调查显示，强迫症、焦虑症状检出率为 53.2%[16]。

2.2.2　心理健康教育研究进展

我国中小学心理健康教育经过多年的探索和实践取得了一定的成绩。我国有一批学者、专家和教师就学校心理健康教育开展了研究，相继出版了关于心理健康教育的书籍，如吴增强的《现代学校心理辅导》、刘华山的《学校心理辅导》等。北京师范大学郑日昌教授主持的课题"学生心理健康教育研究问题"，上海市教科院吴增强研究员主持的"中小学心理健康教育与心理辅导体系研究"，安徽师范大学张履祥教授主持的"优化学生心理素质结构，全面提高基础教育质量"等课题的涉及面广，整体效率高，为推进中小学心理健康教育发挥了巨大的作用。北京、上海、湖南、江苏等省（区、市）的有关学校作为研究试点开展了心理测量、开设心理健康活动课、举办专题讲座、建立学生心理档案，开展心理辅导与心理咨询和心理辅导课程等。

3. 研究方法

3.1 调查背景

调查时间：××××年10月。

调查来源：×××市的39所中小学的在校生。

3.2 研究工具

采用心理健康诊断测验（MHT测验）展开中小学生心理健康调查。MHT测验包含八个维度：学习焦虑、对人焦虑、孤独倾向、自责倾向、过敏倾向、身体症状、恐怖倾向、冲动倾向，基本反映了目前中小学生最为突出的心理问题，适用于对中小学生心理健康的整体测查。以下是对八个维度的解释。学习焦虑：对考试怀有恐惧心理，无法安心学习，十分关心考试分数。对人焦虑：过分注重自己的形象，害怕与人交往，退缩。孤独倾向：孤独抑郁，不善于与人交往，自我封闭。自责倾向：自卑，常怀疑自己的能力，常将失败和过失归咎于自己。过敏倾向：过于敏感，容易为一些小事而烦恼。身体症状：在极度焦虑的时候，会出现呕吐、失眠、小便失禁等明显症状。恐怖倾向：对某些常见事物，有较严重的恐怖感。冲动倾向：十分冲动，自制力较差。

3.3 调查过程

在得到了校领导和教师的配合与支持后，对×××市的相关中小学生进行问卷调查。在小学、初中、高中的每个年级中随机抽取一个班，请经过培训的班主任统一组织，在教室里开展问卷调查。在发放问卷之前，考虑到中小学生（尤其是小学生）的理解能力，请班主任对问卷的题目、填写方法做详细解释，以保证问卷的回收率和有效性。

共发放了7500份问卷，有效问卷为6985份。其中，男生3855份，女生3130份。

4. 结果

4.1 研究对象的一般情况

本次调查情况如下：五年级 3467 例，六年级 3430 例，七年级 16 例，八年级 67 例；男生 3851 例，女生 3129 例；农村 2965 例，城市 4015 例；家庭收入水平为富有的 52 例，为中上的 870 例，为中等的 4706 例，为中下的 1124 例，为贫困的 228 例（见表 1）。

表 1　调查情况表　　　　　　　　　　　　　　　单位：人

类别		年级			
		五年级	六年级	七年级	八年级
性别	男（$n=3851$）	1873	1931	10	37
	女（$n=3129$）	1594	1499	6	30
居住地	农村（$n=2965$）	1529	1380	10	46
	城市（$n=4015$）	1938	2050	6	21
家庭收入水平	富有（$n=52$）	30	22	0	0
	中上（$n=870$）	468	397	3	2
	中等（$n=4706$）	2268	2379	10	49
	中下（$n=1124$）	580	528	3	13
	贫困（$n=228$）	121	104	0	3

4.2　×××市中小学生的心理健康情况

4.2.1　不同年级的中小学生的心理健康情况比较

调查结果显示，×××市中小学生的心理健康的总体情况较好，心理健康的学生所占的比例较高。七、八年级存在心理问题的学生的比例明显高于五、六年级，即初中生的心理问题明显高于小学生（见表 2）。这一结果与国内关于中小学生心理健康状况的研究结果一致。这说明在×××市的中小学生当中，虽然心理健康的学生占大多数，但也存在着有一部分的学生有不同程度的心理健康问题。

表 2　×××市不同年级的中小学生的心理健康情况

年级	MHT 各因子均呈阴性的学生的比例	存在心理问题的学生的比例
五年级（$n=3467$）	72.45%	27.55%
六年级（$n=3430$）	71.22%	28.78%
七年级（$n=16$）	62.50%	37.50%
八年级（$n=67$）	71.64%	28.36%

心理健康是中小学生身心健康成长的基础，中小学生的心理健康与学校教育、社会环境、家庭环境、人际关系、遗传等因素有着密切的关系，尤其是家庭教育方式，父母的个性、习惯等因素对中小学生的心理健康的影响较大，学生的性格、情绪、行为方式等与家庭的教育方式密切相关。因此，无论学校还是家庭，都不可忽视中小学生的心理健康问题。

4.2.2　不同性别的中小学生的心理健康情况比较

调查结果显示，×××市中小学生的心理健康的总体情况较好，心理健康的学生所占的比例较高，男生的比例为 70.11％，女生的比例为 74.05％。但是，也有 29.89％的男生、25.95％的女生存在不同程度的心理健康问题。结果显示，有心理问题的男生的比例较高于女生。所以，要更加关注青春期男生存在的心理问题。

表3　×××市不同性别的中小学生的心理健康情况

性别	MHT 各因子均呈阴性的学生的比例	存在心理问题的学生的比例
男($n=3851$)	70.11％	29.89％
女($n=3129$)	74.05％	25.95％

4.2.3　不同居住地的中小学生的心理健康情况比较

调查结果显示，×××市中小学生的心理健康的总体情况较好，心理健康的学生所占的比例较高。其中，农村的比例为 79.16％，城市的比例为 66.50％。但是，也有 20.84％的来自农村的学生、33.50％的来自城市的学生存在不同程度的心理健康问题(见表4)。结果显示，来自城市的学生存在心理健康问题的比例明显高于来自农村的学生。这说明，×××市的中小学生中，来自城市的学生心理健康问题更为严峻，城市生活带给学生的压力及心理问题更突出。所以，在平时的学习生活中更要注意来自城市的学生由学习生活上的压力所带来的心理健康问题。

表4　×××市不同居住地的中小学生的心理健康情况

居住地	MHT 各因子均呈阴性的学生的比例	存在心理问题的学生的比例
农村($n=2965$)	79.16％	20.84％
城市($n=4015$)	66.50％	33.50％

4.2.4　不同家庭收入水平的学生的心理健康情况比较

调查结果显示，×××市中小学生心理健康的总体情况较好，心理健康的学生所占的比例较高。但是，也有40.38％的家庭收入水平为富有的学生、36.67％的家庭收入水平为中上的学生、29.10％的家庭收入水平为中等的学生、19.48％的家庭收入水平为中下的学生、15.35％的家庭收入水平为贫困的学生存在不同程度的心理健康问题（见表5）。结果显示，学生的家庭收入水平与心理健康问题的发生率呈正向增长，即家庭收入水平越高的学生的心理健康问题的发生率就越高。在物质生活的提高过程中，学生的心理健康问题发生率也随之增高。所以，家长在提高家庭物质生活水平的同时，也要时刻警惕孩子可能会发生的心理健康问题，做到早预防、早察觉、早治疗。

表5　×××市不同家庭收入水平的中小学生心理健康情况

家庭收入水平	MHT各因子均呈阴性的学生的比例	存在心理问题的学生的比例
富有($n=52$)	59.62％	40.38％
中上($n=870$)	63.33％	36.67％
中等($n=4706$)	70.90％	29.10％
中下($n=1124$)	80.52％	19.48％
贫困($n=228$)	84.65％	15.35％

4.3　×××市中小学生的心理健康问题检出率比较

4.3.1　不同年级的中小学生的心理健康问题检出率比较

调查结果显示，不同年级的中小学生在过敏倾向、恐怖倾向维度上的心理健康问题检出率有差异，有统计学意义；在学习焦虑、对人焦虑、孤独倾向、自责倾向、身体症状、冲动倾向维度上的发生率基本无差异，无统计学意义（见表6）。

表6　心理健康检出率比较表（年级）

项目	学习焦虑	对人焦虑	孤独倾向	自责倾向	过敏倾向	身体症状	恐怖倾向	冲动倾向
P	0.385	0.700	0.928	0.600	0.024	0.712	0.033	0.384

4.3.2　不同性别中小学生的心理健康问题检出率比较

调查结果显示，中小学的男生和女生在学习焦虑、对人焦虑、身体症状、恐怖倾向、冲动倾向维度上的心理健康问题的检出率有差异，有统计学意义；在孤独倾向、自责倾向、过敏倾向维度上的心理健康问题的检出率基本无差异，无统计学意义（见表7）。

表 7 心理健康检出率比较表(性别)

项目	学习焦虑	对人焦虑	孤独倾向	自责倾向	过敏倾向	身体症状	恐怖倾向	冲动倾向
P	0.000	0.000	0.468	0.422	0.140	0.000	0.000	0.000

4.3.3 不同居住地的中小学生心理健康问题检出率比较

调查结果显示，不同居住地的中小学生在学习焦虑、对人焦虑、孤独倾向、自责倾向、过敏倾向、身体症状、恐怖倾向、冲动倾向维度上的心理健康问题检出率均有差异，均有统计学意义（见表8）。

表 8 心理健康检出率比较表(居住地)

项目	学习焦虑	对人焦虑	孤独倾向	自责倾向	过敏倾向	身体症状	恐怖倾向	冲动倾向
P	0.000	0.000	0.000	0.000	0.000	0.000	0.000	0.000

4.3.4 不同家庭收入水平的中小学生心理健康问题检出率比较

调查结果显示，不同家庭收入水平的中小学生在学习焦虑、对人焦虑、孤独倾向、自责倾向、过敏倾向、身体症状、恐怖倾向、冲动倾向维度上的心理健康问题检出率均有差异，均有统计学意义（见表9）。

表 9 心理健康检出率比较表(家庭收入水平)

项目	学习焦虑	对人焦虑	孤独倾向	自责倾向	过敏倾向	身体症状	恐怖倾向	冲动倾向
P	0.000	0.000	0.000	0.000	0.000	0.000	0.000	0.000

5. 讨论

5.1 ×××市中小学生的心理健康情况

×××市中小学生的心理健康情况总体较好，心理健康的学生比例较高，但通过本次调查，也发现有28.16%的小学生、30.11%的初中生，存在不同程度的心理健康问题。这说明，在×××市的中小学生中，无论是小学生，还是初中生，仍有一部分的学生是存在心理问题的，初中生中存在心理健康问题的比例，略高于小学生。这一结果可能与初中生的身心发展的特殊性有关，与国内外关于中小学生心理健康状况的研究结果一致。初中生虽已脱离了儿童期步入了青春期早期，在体格和智力、第二生理特征等方面有了迅速发展，但心理发展是较缓慢的，处于一种半幼稚、半成熟、半独立、半依赖的心理状态。初中生一方面在学习与生活上追求独立自主，不受外界的约束，期待得到外界的称赞和肯定，但又受不了各种失败和冲击；另一方面，在学习与生活上又离不开成年人的帮助和指导。这些特殊的心理发展特征易导致初中生的心理健康问题检出率要高于小学生。

除此之外，中小学生的心理健康问题与学校教育、社会环境、家庭环境、人际关系、遗传等因素密切相关。其中，不正确的家庭教育方式、网络媒体的不良氛围等给中小学生心理健康带来的影响是较大的。

5.2　不同年级的中小学生的心理健康情况

随着年级的升高和学习负荷的增加，×××市中小学生检出有心理健康问题的比例逐渐上升。这一结果与国内关于中小学生心理健康情况的研究结果一致。

健康的一半是心理健康。在物质文明高度发达的信息社会，保持心理健康已是不容忽视的问题，对教育工作来说更为重要。现在，家长和教师往往对学生心理健康教育存在着片面的认识，导致学生的心理出现问题。例如，有的学生虽然学业表现好，绘画、唱歌能力都较强，但存在着自私、任性，缺乏同情心、毅力、自信心及团队合作精神等问题，更有甚者表现为厌学、情绪暴躁、惧怕挫折等问题。×××市小学生的心理问题主要表现在学习焦虑、孤独倾向、冲动倾向、恐惧倾向、对人焦虑等维度；初中生的心理问题主要表现在对人焦虑、学习焦虑、冲动倾向、恐惧倾向、孤独倾向等维度。

5.3　不同性别的中小学生的心理健康情况

×××市中小学生男生与女生之间，在学习焦虑、过敏倾向、恐惧倾向等维度上基本无差异；而在对人焦虑、孤独倾向、身体症状、冲动倾向、自责倾向等维度上有差异。在对人焦虑、孤独倾向、身体症状等维度上，女生检出心理健康问题的比例均高于男生；在冲动倾向维度上，男生检出心理健康问题的比例高于女生。这一调查结果与全国其他地区的情况基本一致。广大教育者应引起高度重视，家庭和学校要加强并改进对学生的性别认同教育。

6. 建议

根据调查结果，就中小学生心理健康教育提出以下建议。

6.1 重视中小学生心理健康教育，将之纳入学校教育体系

调查结果显示，×××市中小学生的心理健康水平较高，但仍有一定比例的学生存在心理问题，初中生检出心理健康问题的比例高于小学生。这表明中小学生心理健康教育工作仍需加强。学校和教育行政部门应提高对中小学生心理健康教育的重视度，将心理健康教育纳入学校教育体系，形成学校、家庭、社会多方联动的工作机制，共同关注学生的心理健康。

6.2 因材施教，针对不同年级学生的心理特征开展教育

调查结果显示，不同年级学生的心理问题有所差异。例如，小学生存在学习焦虑，初中生存在对人焦虑等。学校应根据不同年级学生的心理发展特点和需求，有针对性地开展心理健康教育。对于小学生，可通过游戏活动引导学生学会放松学习压力；对于初中生，可通过集体活动增强其人际交往能力。

6.3 关注城市学生及家庭收入水平高的学生的心理健康

调查结果显示，相比农村学生，城市学生的心理问题更为突出；家庭收入水平越高的学生存在心理问题的可能性越大。学校和家长应高度关注这些学生的心理健康情况，及时给予指导和帮助，可通过家校沟通了解这些学生的学习与生活情况，保持密切联系，避免其心理问题的产生。

6.4 重视女生的心理健康教育

调查结果显示，女生在对人焦虑、孤独倾向等维度上的问题比例高于男生。学校应加强对女生心理特征的研究，采取适当方式开展心理辅导活动，可建立女生心理辅导机制，组织女生开展互助交流活动，培养女生的自信心和社交能力。

6.5 构建校园心理咨询体系，及时发现和干预心理问题

学校应建立完善的心理咨询机制，配备专业心理咨询教师，开设心理咨询电话专线，为学生提供及时、专业的心理支持。通过心理调查问卷定期开展心理健康测评，发现问题及早介入。对存在心理问题的学生，可提供一对一的个别辅导，也可以通过小组活动进行引导，帮助学生走出心理困境。

6.6 加强家校沟通，促进学生心理健康成长

学校应加强与家长的沟通联系，邀请家长参与学校的心理健康教育活动，

与家长一起关注学生的心理状况。鼓励家长在家中开展适当的亲子活动，营造温馨的家庭氛围。同时，帮助家长树立正确的教育观。

6.7　积极营造校园心理文化氛围，传递正能量

学校可举办系列校园心理健康文化活动，如心理健康知识竞赛、心灵成长电影欣赏、心理辅导讲座等，使师生增加对心理健康的关注度。同时，在校园内弘扬互助、友爱、包容的文化理念，营造正向的校园环境，帮助学生树立自信，提升抗压能力。

6.8　加强教师心理辅导能力建设，发挥教师的主导作用

教师作为学生的引导者，应提高自身心理辅导知识和能力。学校可定期对教师进行相关培训，帮助教师掌握必要的心理咨询技巧。在日常接触中，教师要细心辨识学生的心理状况，针对个体给予指导。同时，学校要关注教师自身心理健康，组织教师开展心理压力释放活动。

参考文献

［1］MAZZONE L，DUCCI F，SCOTO M C，et al. The role of anxiety symptoms in school performance in community sample of children and adolescents［J］. BMC public health，2007(7)：347.

［2］MICALI N，HEYMAN I，PEREZ M，et al. Long-term outcomes of obsessive-compulsive disorder：follow-up of 142 children and adolescents［J］. The British Journal of Psychiatry，2010(197)：128-134.

［3］AFIFI M. Positive health practices and depressive symptoms among high school adolescents in Oman［J］. Singapore Medical Journal，2006，47(11)：960-966.

［4］VAN GROOTHEEST D S，BARTELS M，VAN BEIJSTERVELDT C E，et al. Genetic and environmental contributions to self-report obsessive-compulsive symptoms in Dutch adolescents at ages 12，14，and 16［J］. J Am Acad Child Adolesc Psychiatry，2008，47(10)：1182-1188.

［5］KEELEY M L，STORCH E A. Anxiety disorders in youth［J］. Journal of Pediatric Nursing，2009，24(1)：26-40.

[6] GRADOS M A，VASA R A，RIDDIE M A，et al. New onset obsessive-compulsive symptoms in children and adolescents with severe traumatic brain injury [J]. Depression and anxiety，2008(25)5：398-407.

[7] WELLER E B，WELLER R A. Deprssion in adolescents：growing pains or true morbidity [J]. Journal of Affective Disorders，2000(61)：9-13.

[8] SALUJA G，LACHAN R，SCHEIDT P C，et al. Prevalence of and risk factors for depressive symptoms among young adolescents [J]. Arch Pediatr Adolesc Med，2004，158(8)：760-765.

[9] ELEY T C，LIANG H，PLOMIN R，et al. Parental familial vulnerability，family environment，and their interactions as predictors of depressive symptoms in adolescents [J]. Journal of the American Academy of Child and Adolescent psychiatry，2004，43(3)：298-306.

[10] SJÖBERG R L，NILSSON K W，JERZY L. Obesity，shame，and depression in school-aged children：A population-based study [J]. Pediatrics，2005，116(3)：389-392.

[11] DENNY S，CLARK T C，FLEMING T，et al. Emotional resilience：risk and protective factors for depression among alternative education students in New Zealand[J]. American Journal of Orthopsychiatry，2004，74(2)：137-149.

[12] CAMDEVIREN H，MENDES，M，OZKAN M M，et al. Determinnation of depression risk factors in children and adolescents by regression tree methodology[J]. Acta Med Okayama，2005，59(1)：19-26.

[13] 张洪波，许娟，王坚杰，等. 合肥市小学生抑郁症状及相关因素分析[J]. 中国心理卫生杂志，2007(12)：809-811.

[14] 周琳琳，范娟，杜亚松. 上海市中学生抑郁症状现状及其生活事件关系的研究[J]. 上海精神医学，2009，21(3)：133-135.

[15] 曾瑞华. 中学生抑郁焦虑状况现状及影响因素分析[J]. 中国现代医生，2010，48(28)：86-87.

[16] 彭娟，杨映萍，潘贵书，等. 遵义市中学生强迫症状因子的调查及相关因素分析[J]. 现代医药卫生，2010，26(3)：362-363.

第二节　基础教育研究成果的评价

研究成果评价是指对研究的工作质量、学术水平、实际应用和成熟程度等予以客观的、具体的、恰当的评价。

基础教育研究成果是指对某一教育问题，有计划地通过资料积累、实证研究和逻辑思维活动等所取得的具有一定社会价值与学术价值的创造性的成果。这一成果是以知识产品的形式表现出来的。根据这一定义，研究成果应具备下列基本条件：研究对象必须是教育问题；必须是通过有目的、有计划的研究而获得的，对教育改革和发展具有一定的社会价值，对我国教育科学的发展有一定的学术意义。

基础教育研究成果分为基础理论成果、应用研究成果和开发研究成果三种类型，其形式有论文、研究报告、应用模型、咨询报告、建议、方案、规划等。

一、基础教育研究成果评价的要求

基础教育研究成果评价是依据一定的价值标准，通过规定的程序进行价值评判和估价的过程，其要求如下。

第一，评价主体应具有相关知识和经验。

基础教育研究是一项创造性活动，基础教育研究成果是这一活动的结果，评价这一结果的主体（即评估组织者、实施者）应掌握必要的教育科研知识，具有教育实践及教育科研的经验。否则，就无法对其质量进行准确判断。

第二，评价必须依据社会公认的价值标准。

价值标准是衡量基础教育研究成果质量的总尺度，离开这一衡量尺度，评价是无法进行的。就一般情况看，衡量尺度主要有二：一是学术价值，二是社会价值。评价实践表明，缺乏价值标准的评估，是一种不科学的评估。因此，就不可能对基础教育研究乃至整个教育事业的发展产生促进作用。

第三，评价必须设置规定的程序。

评价要经过若干环节，哪些环节在先，哪些环节在后，都要有明确的程序规定。在成果的价值判断过程中，评价主体之间对价值标准的理解、对成果的一些具体的判断不可能没有差异，而这种差异也必须通过设置规定的评价程序、制定相应的制约措施才能予以消除。换句话说，只有按照规定的程序进行评价，评价的结果才能趋于公正。

基础教育研究成果的评价应包括以下三个方面。一是取得科研成果后进行的成果鉴定或评审，主要目的是评价成果的科学价值，向提供资助的部门汇报，并获得学术界的认可。二是在阅读和查阅文献过程中，需要对他人取得的成果进行判断评价，以确定资料的取舍。三是对某一课题领域内已取得的大量成果进行整体评价，以提高研究的理论层次。

二、教育研究成果评价的作用

重视教育科学发展的国家，一般都比较关注基础教育研究成果评价。在我国，此类评价日益受到重视。

评价是教育科学管理中的一个关键环节，是完善与推广教育研究成果、改进教育科研工作、推动教育科学和教育实践发展的一项重要工作，其作用主要表现在如下几方面。

第一，帮助研究者正确地认识研究成果。

评价可以帮助研究者认识研究成果的价值，也利于成果为学术界和社会所了解和承认，从而促进教育科学知识的普及和成果的应用推广，充分发挥成果的作用。

第二，沟通教育科研信息，促进成果交流。

研究者取得成果之后，组织鉴定评价并予公布，可以及时沟通学术信息，使其他人避免重复劳动，从而减少人力、物力的浪费，把有限的科研力量和经费用到尚未解决的问题和尚未研究的领域中去。

第三，有利于提高教育科研管理的有效性。

评价本身就是教育科研管理过程中的一个重要环节。评价通过指标体系的构建和成果价值的判断，可以为各类学校的教育科研管理的进一步优化提供明确的方向，可以促进学校或教师根据评价的指标体系来调整教育科研计划，改进工作，提高教育科研的质量和水平。

第四，有利于校长、教师素质的提高。

校长、教师自身素质的提高，是当前深化教育改革的关键。基础教育研究成果评价，正是通过对成果的评判和估价来促进校长、教师由单纯的经验型向研究型、学者型转化的。

三、教育研究成果评价的原则

为了保证评价鉴定工作的科学性和公正性，进行评价的组织和人员应遵循以下基本原则。

第一，教育性原则。

任何教育活动都有明确的目标，都要把教育人、培养人、塑造人作为根本的出发点和归宿。社会主义国家的学校的教育必须服从并服务于社会主义教育方针和培养目标。评价基础教育研究成果，首先要看它是否有利于社会主义办学方向，是否有利于培养德、智、体、美、劳全面发展的社会主义建设者和接班人，是否有利于全面贯彻教育方针、有利于全面提高教育质量，促进学生素质的全面提高。

第二，综合评价原则。

综合评价就是对成果的各项价值指标进行全面的评价，既要看其学术价值，又要看其社会价值；既要看其成果的价值性，又要看其研究过程的科学性及其管理的规范性。当然，教育科研的类别、层次和性质不同，其侧重点也不同。在评价时，要在全面评价的基础上，着重看其社会价值、实用价值。

第三，实践性原则。

实践是检验真理的唯一标准。这一原则同样适用于基础教育研究成果的评价。研究成果必须在教育实践中接受检验，也只能在教育实践中接受检验。开展一项评价，进行一定的实验、一定规模的实践是必不可少的。例如，评价一种新科学方法的效果，只有经过试验，推广应用于教育实践，才能得出正确的结论。由于教育的周期长，且效益具有滞后性，因而，成果接受实践检验往往需要较长的时间，所以，不要轻易对一项成果下绝对肯定或否定的结论。

第四，实事求是原则。

评价要坚持从实际出发、实事求是的原则。对成果的价值、现实意义、研究广度和深度、应用的可能性和适应范围等，都要有恰如其分的评价。不拔高，不贬低，切忌主观片面性和随意性。要"只认成果不认人"，杜绝拉关系、讲人情的不正之风。评价成果，要坚持双百方针和良好的学风，允许不同学派的人阐述不同的观点，不堵塞言路。

四、教育研究成果评价的标准

任何一项成果，都是教育工作者几年乃至十几年辛勤探索的结晶，凝聚着他们的心血。因此，评价一定要慎重。否则，就会挫伤研究者的科研热情。

基础教育科研所涉及的范围十分广泛，成果的形式各不一样，或文字，或音像，或模型，没有固定的形式，即便同是文字形态的成果，也有各种形式，如专著、研究报告、论文等。但是，不论什么形式的科研成果，都必须符合三条评价标准。

(一)政治标准

教育作为一种有目的、有计划、有组织的培养人的社会活动，归根到底，反映的是一定的社会政治、经济要求，是为一定的社会制度服务的，具有鲜明的政治性。教育的本质属性决定了教育科研的政治性、思想性。因此，评价先要从政治标准着眼。政治标准包括两个方面。

一是政治方向，即要坚持社会主义的政治方向。我国是社会主义国家，实行社会主义制度，走社会主义道路，培养的是社会主义接班人。因此，教育科研应该体现社会主义教育的特性。

二是思想性，即成果必须体现正确的思想观点和立场、原则。党和国家规定了我们的教育方针和培养目标，成果就应该符合并体现党和国家的教育方针和培养目标。反之，就表明思想不健康。

总之，成果应该坚持四项基本原则，符合党和国家的方针政策，有利于基础教育事业的发展。

(二)学术标准

衡量一项成果的水平高低，除政治标准外，还有学术标准。学术标准具体指的是如下几个方面。

第一是创新性。教育科研贵在创新，因此，衡量成果的学术标准之一就是创新性。创新性包括研究课题是否新颖，研究角度是否有新意，研究方法是否另辟蹊径，是否提出了新的见解，是否创建了新理论，整个研究是否体现了中小学教育改革与发展的趋势、新动向，等等。创新性包含着独创与新颖两个方面。创新的程度越高，一般说来，该成果的学术价值也越高。但创新必须符合政治标准，符合教育规律。如果为了追求新，而不顾思想性、学术性、教育性，那么，不管成果有多新，都是毫无价值的，即便能炫耀一时，也经不起教育实践的检验，终将是昙花一现。

第二是科学性。教育科研作为科学研究，其结果必须经得起科学检验。就一项成果的评价而言，科学性包括课题设计是否周密，研究方法是否恰当，研究过程是否严密，数据是否可信，资料是否客观、全面，概念运用是否确切，判断、推理是否合乎逻辑，结论是否准确，等等。成果是经科学研究后所得出的结论，因此，必须十分重视科学性，尽可能用严谨的语言，恰如其分地表述研究过程及其结果，使科研成果经得起实践的检验。

第三是逻辑性。成果必须经得起实践检验和逻辑证明。实践检验的方式是重复实验或实践。逻辑证明即运用形式逻辑和辩证逻辑来推演。逻辑证明的内容包括成果的逻辑起点是否恰当，逻辑前提是否成立，逻辑结构是否严密，逻辑思想是否清晰，逻辑推理是否合理等。总之，逻辑性要求成果所反映的研究内容、研究过程、研究方法以及语言表述等各方面都没有逻辑矛盾。

第四是规范性。成果还应具备相应的学术规范性。一般来说，成果的规范性包括以下三方面。一是格式的规范性。不同形式的成果，有不同格式的要求，如调查报告、实验报告、观察报告、论文等都有一定的表述格式。在撰写时，要遵循这种为学术界所认可的基本格式。二是语言表述的规范性。成果的表述不能像写小说、报告文学那样任意发挥想象力，而应按背景、缘由、过程、结果等逻辑顺序表述。三是语言的规范性。基础教育研究成果要运用教育学、心理学等学科的专业语言表述，以保证成果的严肃性和表述的准确性。

上述四条学术标准，反映了一项成果的学术价值、学术信度、学术理性和学术规范。在评价成果时，必须综合考虑四个方面，不能有所偏废，否则，就难以保证成果的学术水平。

(三)社会效益

开展教育科研的目的，是为了解决教育实践中面临的问题，因此，评价一项成果时，除了政治标准和学术标准之外，还要看它的社会效益如何。社会效益包括三个方面：一是该成果能否对领导的决策起参考、咨询作用，是否有助于推动中小学教育的改革和发展；二是该成果能否为广大中小学实际教育工作者认可、接受，并应用于教育实践，提高教育质量；三是该成果能否在基础教育理论及有关学科建设上有所创新或突破，有助于中小学教育理论的丰富、完善和发展。

社会效益是衡量成果价值大小的一个非常重要的标准。一项成果，尽管在学术规范上有所欠缺，但如果产生了较好的社会效益，仍然应该给予充分肯定。尤其是对工作在基础教育实践第一线的广大教师，评价他们的科研成果时，更应强调社会效益，强调对教育实践的实际应用价值。只有这样，才能使更多的幼儿园及中小学教师积极开展教育科研工作。

五、基础教育研究成果评价的形式

评价成果的形式很多，目前，我国基础教育研究成果的评价形式主要有以下四种。

(一)鉴定

鉴定是指由具备一定学术水平的专家、学者以及经验丰富的教育工作者组成评审小组，对成果的价值进行评议审定。鉴定工作一般由课题的立项单位组织。根据主持单位的级别，鉴定可以分为校级鉴定、市级鉴定、省级鉴定以及国家级鉴定等多种。一般来说，鉴定的级别越高，对成果的评价标准也就越高。

(二)评比

目前，我国的各级教育行政部门、教育科研机构、教育学会以及所属的各专业委员会、各种学会、教研会、协会等群众性学术团体，都会定期或不定期地组织评比活动。研究者将自己的研究成果送去参加评选，实际上也是去接受评价。一般来说，获奖的等级越高，就说明他人对该成果的评价越高。当然，评比可能会受获奖名额、范围等因素的限制，有时不一定能完全反映成果的实际水平。评比也和鉴定一样，根据组织单位的级别，可分校级评比、县（区）级评比、市级评比、省级评比等多种。评比的级别越高，对成果的评比标准也就越高。

(三)交流

研究者将自己的研究成果送交有关的研究会、专业学术会议去参加交流，听取同行的意见，也可以获得评价。由于研究会、学术会议等具有较强的专业性，因此，这种评价往往更能反映成果的水平。

(四)社会评价

严格地说，参加评比、交流，也是在接受社会评价。除此之外，研究者还可以将自己的研究成果送交同行、师长以及有关部门，征求他们的意见。由于这种评价形式面广，获得的评价信息广泛，因此对成果的修改和完善大有裨益。

六、基础教育研究成果评价的程序

(一)提出鉴定申请

成果鉴定一般由有关的教育行政领导部门或教育科研机构组织，下发成果征集通知，接受课题研究者的鉴定申请。

成果研究者按要求提出成果鉴定申请，并填好有关的表格，要写明的主要内容包括研究目的、研究过程、成果形式、新观点、发表采用的情况、自我评价以及参加研究申请的人员等栏目组成。

一般说来，成果鉴定要向该课题立项单位申请。例如，某小学承担了一项市级教育研究课题，完成后就可向市教育科研所申请鉴定，也可以由学校邀请有关专家鉴定。

为了让鉴定组成员能全面了解该科研成果，必须准备好有关的鉴定资料。鉴定资料一般包括如下内容。

第一，研究报告。以文字形式说明该课题成果的研究背景、思路、要点、价值等。

第二，与课题有关的资料。例如，原始数据、统计表格、音像制品等能反映课题研究情况的资料。

第三，背景资料。与课题有关的他人研究情况，该课题内容涉及的动态、资料等。

第四，应用及评价的情况。说明该成果在教育实践中的应用情况以及社会、有关部门、同行对该成果的评价。

鉴定资料越完善，就越容易使鉴定组成员了解该成果，从而做出客观、公正的鉴定。

(二)成立鉴定组

鉴定成员一般由具有副高级以上职称、有一定知名度、熟悉鉴定内容所涉及专业的优秀专家组成。鉴定组成员的资格必须经过严格的审查，他们应代表该领域高层次的学术水平和权威性。鉴定组成员的人数，根据成果的涉及面来确定，但至少要有 5～7 人，要学科兼顾。否则，容易失去代表性。鉴定组成员选定后，必须经鉴定主持单位认可。

(三)实施鉴定

鉴定的具体实施方式有以下两种。

一是通信鉴定。将准备好的鉴定资料，分别寄送给鉴定组的各个成员，然后将鉴定意见汇总，整理出鉴定报告。通信鉴定的优点是省时、省力、省钱，缺点是许多好的意见往往难以为文字载体完全反映出来。另外，鉴定组成员仅根据鉴定资料做出判断，听不到成果研究者的解释和说明，难免会有不全面之处。

二是会议鉴定。研究者应将准备好的鉴定资料，先分别送交鉴定组的每个成员审阅；然后召开鉴定会，由鉴定组成员听取成果研究者的说明，鉴定组成员提出个人意见；最后，以无记名投票，或举手表决，或采用协商的方式，确定该成果的鉴定意见。会议鉴定需要花费较大的人力、物力和财力，但研究者能够直接听到专家的具体意见，并能针对专家提出的问题做必要的说明。因此，如果条件允许，采用会议鉴定的形式是较好的，也可以采用通信鉴定和会议鉴定相结合的形式。

不论哪种形式的鉴定，一般都有如下几个环节：一是鉴定组成员分别写出个人的书面鉴定意见；二是鉴定组组长汇总归纳后，写出小组综合意见；三是征求各方面反馈意见；四是做出鉴定结论。

(四)成果修改

鉴定结束后，研究者还应吸取鉴定组专家的意见和建议，对成果做进一步修改，使之更完善。成果修改是十分必要的，因为教育科研的目的就是指导教育实践、推动教育改革和发展，如果仅仅为鉴定而鉴定，就失去了科研的意义。因此，鉴定结束后，一定要继续对成果进行修改和补充，使之更加完善。

有必要说明的是，以上所介绍的程序，只是成果评价的一般程序，研究者可以根据情况，适当选择评价的形式，灵活安排评价的程序。

七、基础教育研究成果评价的职能

(一)鉴定合格的职能

成果通过评价可被区分为合格与不合格。例如，研究条件合格、实验进程良好、实验人员尽责的成果就可被评为合格，可继续研究下去。相反，对不具备研究条件、实验人员不稳定或实验题目重复的成果就可被评为不合格，应终止其研究或实验。

(二)评比先进的职能

评比先进是要扶植一批科研型教师和示范研究基地。可以评出先进研究单位、先进课题、先进实验人员(包括理论指导者、实验工作人员)等。评比可以分为综合评比、水平评比和效益评比等。

(三)评估成就的职能

评估的主要内容是研究成果的效能，评估一般分三个层次：验收性评估、发展性评估、推广性评估。

八、基础教育研究成果评价的分析

(一)评价结果的分析方法

1. 信度分析

影响评价结果的信度的主要因素是测量的标准和评价者掌握的标准。前者属于客观原因，后者属于主观原因。后者对评价结果的影响是比较大的，主要原因如下：第一，评价者的个人经历、水平、兴奋点不同，对问题的看法就不尽一致；第二，即使是同一位评价者，因为面对的是不同的评价对象且受各种外界环境和个人心理情绪的影响，所以更难以前后一致。故应侧重对影响评价结果较大的评价者的信度进行分析，必要时也应对指标的信度进行分析。

2. 效度分析

效度标志着评价结果的准确性与稳定性。若评价对象所获得的评价结果恰好符合其实际情况，即好的得高分，差的得低分，那么证明评价结果的效度好。影响效度的主要因素是指标体系和权数。如果确定的指标不能代表评价对象的本质和特点，或者主要指标的权数分配不当，都将得出与事实相悖的评价结果。效度分析是一个十分复杂的问题，目前还没有简便公式可用。一般来说，若评价结果较多难以接受，就应该从指标的内容、结构及权数分配上适当调整，以符合客观实际的结果。

(二)评价结果分析的标准

评价结果分析的标准，是对评价结果的得出、解释和反馈的检验尺度，是分析评价结果的依据。评价结果分析的标准主要如下。

1. 精确标准

评价的结果不仅是客观的，而且是准确的，既符合评价对象的实际情况，又达到了评价目的的要求，这是评价结果分析中最重要的标准。

2. 接受标准

评价结果对所有的评价对象都是可以接受的，即每个评价对象所得到的评价结果真实地反映了各自的属性和特点，是可以信赖的。

3. 效用标准

评价结果的解释和反馈，使该诊断的问题被客观地诊断出来；保证评价结果的有用性，为教育发展和改革服务。

4. 效益标准

评价者考虑了经济效益，使评价结果在尽量少投入人力、财力、物力的前提下获得，在比较短的时间内得出结果。

第三节　基础教育研究的学术规范

一、常见的基础教育研究成果

(一)含义和类型

1. 含义

基础教育研究成果是教育科学研究工作者以教育科学研究活动为基础,结合已有的知识、经验,经过文字加工和理论分析产生出来的具有一定学术价值、社会价值的知识,一般具有以下特征。

其一,必须以教育科学研究活动为基础。

其二,是一个再创造的结果。它是在教育科学研究活动已取得一定资料信息的基础上,通过文字加工和理论分析的再创造过程才得出的。

其三,是一项增值的知识产品。教育科研的重要特点之一是它的创造性,其成果必须是具有创新性与新颖性的。

2. 类型

根据表述的内容,可将基础教育研究成果分为以下三种类型。

(1)以教育事实为主的

这是以对事实的直接研究所得的第一手材料为基础,以研究过程和所发现的事实为主要内容的成果。

这一类型主要包括教育观察报告、教育调查报告、教育实验报告等,要求材料具体、典型、格式规范,要科学客观地呈现研究过程和方法,并合理地解释结果。

(2)以教育理论为主的

这是以深刻的理论分析和严密的逻辑论证来说明所研究的问题,以分析和阐述对某一问题的理论性认识为主要内容的科研成果。

这一类型主要包括以研究为基础的学术论文、学术专著、学位论文等,它要求论点明确,论据确凿,论述严密,清楚展示理论观点和体系的形成过程。

（3）综合性的

这类成果中既有对教育事实的发现和报告，又有以此为基础的理论分析和概括。

这类成果突出表现在以调查或实验研究为基础的学位论文或学术专著中，既要对所研究的事实进行描述，又要在事实的基础上形成自己的理论观点。

(二)表述目的

第一，展示研究价值、取得社会承认。

第二，促进学术交流。

第三，促进科研水平的提高。

第四，提高研究者的研究能力。

(三)表现形式

基础教育研究成果应层次分明、首尾连贯、符合逻辑，一般来说应包括题目、前言、正文、结论或讨论、注释或参考文献五个基本部分，但各种具体形式又有所差别。

1. 教育调查报告类

教育调查报告一般由题目、前言、正文、总结、附录五个部分组成。

（1）题目

用鲜明、简练的语句反映所研究的主要问题，必要时可加副标题补充说明。

（2）前言

简要说明调查的目的、背景、内容、价值、意义；概括调查的时间、地点、对象、范围、方式、取样方法等；简单分析调查的有利和不利因素。

（3）正文

通过叙述、图表、数字及有关文献资料，用纲、目、项或篇、章、节的形式把主体内容有条理地、准确地展示出来。

（4）总结

在对资料进行定性和定量分析的基础上，概括出事物的内在联系和规律，并提出新见解、新理论，寻找解决问题的办法，提供参考意见或改革方案。

（5）附录

将调查工具或部分原始材料附录在报告后面，为他人提供可信任的材料依据。附录不宜太多，应紧扣主题。

2. 教育实验研究报告类

教育实验研究报告一般由题目、前言、方法、结果、讨论、注释、附录等部分组成。

（1）题目

研究者应准确、清楚地呈现出所要研究的问题，可直接采用研究课题的名称，指明所研究的主要变量。

（2）前言

前言要提出问题，表现研究目的，说明课题的选择依据、价值意义，分析国内外目前的研究现状及趋势，介绍将要解决的主要问题及理论框架。

（3）方法

阐明实验研究的具体方法及操作过程，可便于别人了解和验证实验研究，研究者应介绍概念界定、研究对象、实验设计、实验程序、主要工具和材料、资料数据的分析处理、实验结果的检验方式等。

（4）结果

在此部分，应简要说明每一结果与研究假设的关系，将研究结果作为客观事实呈现给读者。

结果中应既有对定性资料的归纳分析，又有对定量资料的统计分析；结果应是实验研究的真实结果，具有客观性和准确性。

（5）讨论

研究者应根据结果中的事实材料，结合自己的认识，分析思考与实验结果有关的问题，提出应该进一步探索研究的理论或设想，或对当前教育理论或实践提出自己的认识、建议和设想。

（6）注释

在报告的末尾，应注明报告中所直接提到的或引用的资料来源。

（7）附录

在实验研究报告的结尾处，必要时可以把实验中所用的测试工具或部分原始材料等附在后面。

3. 学术论文类

学术论文的框架结构一般包括题目、署名、摘要、关键词、前言、正文、结论与讨论、注释等组成部分。

(1)题目

题目应高度概括地向读者说明研究的问题及意义：一要准确概括论文的内容，能反映研究方向、范围和深度；二要简练，具有新颖性，体现意境美和字境美。

(2)署名

署名应严肃，它不仅象征着研究者的知识产权，而且象征着研究者必须对该科研成果承担的学术责任甚至是法律责任。

署名包括集体署名、个体联合署名、个人单独署名三种主要形式。署名必须按个体对科研工作的贡献大小为序，而不应以职务(职称)或学术地位为标准。

(3)摘要

摘要应以简洁的文字对科研的主要内容、方法、结果加以概括，以利于读者以最少的时间了解论文的全貌，从而决定是否有必要通读全文。

写摘要要求准确精练，结构严谨，逻辑性强，且独立成篇，其长短视论文的内容而定，一般以200字~300字为宜，长论文的摘要不应超过1000字。

(4)关键词

关键词是研究报告中最能代表文章主题、表达其信息要素重要特征的词或学术短语。它既有助于读者衡量文章的价值和理解文章的重点，又便于信息储存和检查。

一般来说，每篇论文选择3~5个关键词为宜。由于关键词最能体现主题，故通常取自论文的题目和摘要。

(5)前言

前言应说明写作的目的、意图和方法：一要阐明研究的背景和动机，提出研究问题；二要简介研究方向和有关手段；三要概述研究成果的价值意义。

前言的篇幅不宜过长，表述客观、朴实、具体、简洁即可，一般的学术论文的前言在300字左右即可，学术专著的前言可相应扩充或独自成章。

(6)正文

正文是学术论文的主体部分，包括论点、论据、论证，是研究成果的表现，在整篇论文中占有极重要的地位。

正文中的观点、材料、分析和论证，都要遵循一定的逻辑顺序有机地组合在一起。论点和论据的联系、论述的先后顺序、文章的层次推理，都应根据事物的内在规律，并考虑论证效果来组织安排。

（7）结论与讨论

结论是论文的结束语，主要是从理论上说明研究结果的意义，总结全文，深化主题。结论的措辞要严谨，逻辑要严密。

讨论是从理论上对研究结果的含义和意义进行分析、解释和评价，一般包括阐明结果是否支持了假设，讨论结果的效度、意义（理论和实际），指明该研究的局限及需要继续探讨的问题。

（8）注释

注释的作用如下：一是帮助读者了解研究历史和已有成就，作为进一步探讨的依据；二是尊重他人的研究成果，体现治学严谨的作风；三是为别人提供查证的线索，避免在转引他人的观点时产生误解和不同的理解；四是反映研究者的科学态度和求实精神。

注释的形式：注释分页下注（脚注）、文末注（尾注）、文内注（夹注）三种形式，无论哪种形式，都应该注明出处。

注释的要求：第一，著录方式应保持一致；第二，著录次序应保持一致；第三，注释应注明著者或译者姓名、书名或篇名、刊名或出版社名、出版时间与版次或期次、页码等。

（四）表述的基本要求

总体而言，基础教育研究成果的表述要求具有科学性、创造性、规范性和可读性。

1. 教育科研报告

教育科研报告是描述教育研究工作的结果或进展的文献，是报告情况、说明新发现和新成果的文献。

依据教育研究的内容与方法的不同，研究报告分为两类：实证性研究报告、文献性研究报告。教育科研报告的一般格式是三段式基本格局：前言、正（论）文、结论。

2. 教育科研论文

教育科研论文，是教育科研工作者对某些教育现象、教育问题进行比较系统、专门的研究和探讨，提出新观点，得出新结论，或站在新的视角做出新的解释和论证的一种理论性文章。一般分为经验性论文、研讨性论文、评述性论文、学术性论文等。

(1)教育科研论文和教育科研报告的比较

就它们的性质和作用来说，都是教育研究工作结果的记录和总结。有时，以理论分析为主要研究方法的理论性研究报告，如有创见的教育调查报告、实验报告、经验总结报告等，就是好的论文。

教育科研论文，一般比较简洁，它仅仅突出表达一项研究工作中最主要、最精彩和具有创造性的内容，有创新的见解，形成某种新解释、新论点或新理论。教育科研论文既不包括同行一般都知道的东西和一般的研究过程的叙述，也不包括过多的具体材料。教育科研报告，则不仅限于新的或创造性的内容，整个研究工作的重要过程、方法和环节都可以包括进去。论文的内容包含着较多的推理部分；报告则要凭数据说话。

(2)撰写论文的基本原则

写作论文的基本原则可以概括为：准确、简洁、朴实。

准确是指写作应以事实材料为基础，评论要有分寸，不任意提高或贬低。简洁是指写作要开门见山，不拐弯抹角，对事实材料不做过多描述，对观点的阐释不做过多论证。朴实是指不随便运用夸张的手法和奇特的比喻，不过多地运用华丽的辞藻。总之，撰写论文要做到文字简练、文笔流畅。

(3)撰写论文的要求

论文的撰写要围绕文章中心主题展开，以中心论点决定材料的取舍，统筹安排，注意各部分之间的逻辑联系，按规范的格式或拟定提纲写作。撰写论文的具体要求主要有以下几个方面。

第一，在收集资料和分析工作完成后立即写作。

第二，全面规划论文的内容与结构，使其纲目清晰、结构完整。

第三，态度要客观，以事实材料为依据，措辞以中性色彩为宜。

第四，明确表述事实材料，表述应留有余地，避免极端。

第五，表述应符合逻辑顺序。

第六，宜用第三人称过去时态，尽量避免使用第一人称。

第七，名词术语的使用应按国家公布和审定的标准为准，标准中没有的则应加以说明；国内机关、团体、学校、企业等名称在文中首次出现时应写全称，以下可采用简称，简称也必须符合习惯；外国机构、团体、学校、公司等名称，应按其全文译成中文，在文中首次出现时应用括号注明其原文；名词术语在同一篇论文中必须前后一致。

第八，数字的使用应按国家标准。总的原则是可以使用阿拉伯数字且又得体的地方，都应该使用阿拉伯数字。

第九，符号的使用必须按规定和国际惯例，不得随意创造符号和解释符号。

(4)修改论文的要求

修改论文可从两方面着手：一是思想内容，包括文章的论点和材料；二是表现形式，涉及文章的结构和语言。

修改文章要有全局观念：先整体，后局部；先大处，后小处；先观点，后材料；先内容，后形式。研究者一般要考虑的问题是控制篇幅、修正论点、调整结构、增删材料、推敲语言、核对注释。

3. 教育调查报告

教育调查报告由题目、署名、导语、主体、结束语、建议等组成。

其中，导语要写明进行某项教育教学调查的目的、缘由、要达到的目标、调查的时间、地点、对象、范围及调查的意义等。有时还要把调查的有利和不利因素进行交代。

主体是报告的中心部分，要详细、具体、深刻、主次分明地介绍调查的情况、内容、方法、过程、结果、问题等。

结束语是在对研究对象的问题、情况进行分析后的内容简要概括，要写出经过调查研究后的结论性的意见，回答调查中所提出的问题。

研究者应在客观反映调查情况、问题、结论的同时提出的改变现状、解决问题或促进改革、发展的建议、对策或措施，目的是供有关人员在制定政策、措施、计划时参考。

4. 教育实验报告类

教育实验报告是在教育科研中描述、记录某一项课题的实验过程和结果的报告，包括题目、署名、前言、方法过程、结果、结论、讨论、参考文献等内容。

例如，在写实验设计部分时，应写明实验范围，即针对哪个学科，在哪个年级、班级中开展该项实验。此外，如果是教学实验，一般还要说明实验教材与实验时间。

研究者应介绍实验方法：实验的分组方式，说明是单组实验，还是等组实验，或者是轮组实验；自变量的操作，即实验因素的具体化，也就是具体说明实验的过程，将实验是如何进行的交代清楚；无关变量的控制，指出实验中存在哪些无关变量，是如何控制的。

研究者应阐述实验过程：简介实验过程，即简明扼要地介绍实验的起止时间，实验的范围及步骤；阐述实验中着重研究的问题，要逐项阐述关键性问题、与实验目的及推导结论关系最密切的问题；记述解决问题的过程，解决问题的过程是实验报告的主体部分；介绍实验资料的收集情况。

研究者应阐明实验的结果：实验结果是实验者对实验对象施加实验因子后，在实验对象身上产生的实际效果。要对实验结果进行全面、客观、正确的评价，以此推导出相应的结论。

研究者应总结实验结论：以实验结果的分析为前提，用简练的语句概括出实验结论，最后说明实验研究假设是否成立。

教育实验报告的附录包括实验材料和参考文献。

5. 教育经验总结报告

经验总结报告是对在教育教学实践中，经过去粗取精、去伪存真的积极探索而积累起来的经验的系统化、理论化的书面材料，其基本结构包括情况概述、经验总结、存在问题等部分。

二、教育科研报告的撰写

(一)教育科研报告的基本内容

第一，研究的目的和意义。

第二，研究的主要内容。

第三，研究的方法和过程。

第四，研究工作的组织。

第五，研究的结果和结论。

第六，研究的建议和启示。

(二)撰写教育科研报告应注意的问题

第一，重点应放在介绍研究方法和研究结果上。

第二，理论观点的阐述要与材料相结合。

第三，研究成果与研究效果要区分开来，不能混为一谈。

研究者在科学假设的前提下，操纵自变量，控制无关变量，测定因变量，能认识自变量与因变量之间的因果关系，获得对教育现象的规律性的认识，即能获得研究成果。研究者在进行课题研究或实验的时候，在控制无关变量的条件下，操纵自变量变化，其因变量朝着研究者预料的方向发生变化，教育问题得到解决，教育质量获得提高，教育事业获得发展，即能获得研究效果。

综上所述，研究成果是研究目标达到的反映，是成功的研究结果的表现；研究效果是自变量变化操作引起的结果。研究成果是自变量与因变量之间因果关系的反映，是研究者探索的教育理论认识，是解决教育问题的原理、原则、方法、内容、技术、途径，是解决教育问题的实践措施与操作程序等。研究效果是因变量符合研究者希望所产生的变化，如教育工作水平的提高、教育质量的提高。

基础测试

简答题

1. 基础教育研究成果表述的意义有哪些？

2. 简述基础教育研究成果评价的职能。

3. 评价教育研究成果除了要依据一定的价值标准之外，你认为还需要依据什么？

参考文献

[1] 梁永平，张奎明. 教育研究方法[M]. 济南：山东人民出版社，2008.

[2] 李清臣，徐艳伟. 中小学教育研究的理论与方法：帮您走出教育教学的困境[M]. 开封：河南大学出版社，2008.

[3] 李泽宇. 中小学教育研究方法：如何选题、做题与结题[M]. 北京：教育科学出版社，2016.

[4] 王艳玲，刘时勇，李志专. 中小学教育科研的理论与实践[M]. 合肥：合肥工业大学出版社，2004.

[5] 杨玲. 教育研究方法基础[M]. 南京：河海大学出版社，2007.

[6] 侯怀银. 教育研究方法[M]. 北京：高等教育出版社，2009.

[7] 蒋泓洁. 中小学教育科学研究方法[M]. 北京：北京师范大学出版社，2010.

[8] 徐世贵，李双. 教师在研究中成长 15 种秘法[M]. 天津：天津教育出版社，2014.

[9] 饶满萍. 教育科学研究方法与实践[M]. 成都：西南交通大学出版社，2020.

[10] 蒋长好. 教育心理学[M]. 武汉：华中师范大学出版社，2008.

[11] 欧群慧，刘瑾. 小学教育研究方法[M]. 北京：北京师范大学出版社，2013.

[12] 郑金洲，陶保平，孔企平. 学校教育研究方法[M]. 北京：教育科学出版社，2003.

[13] 褚远辉，刘晓巍. 中小学教育研究导论：基于中小学教师的视角[M]. 昆

明：云南大学出版社，2013.

[14] 黄争春，李鸿玮，肖学文. 教育科学研究方法[M]. 延吉：延边大学出版社，2017.

[15] 张湘洛. 教育科学研究方法[M]. 北京：国家行政学院出版社，2013.

[16] 李方. 现代教育研究方法[M]. 广州：广东高等教育出版社，2016.

[17] 赵中建，顾建民. 比较教育的理论与方法：国外比较教育文选[M]. 北京：人民教育出版社，1994.

[18] 方小强，柏晶，欧晓燕. 中小学教育科研写作导论[M]. 成都：西南交通大学出版社，2015.

[19] 韦耀阳，王艳. 农村留守儿童家庭环境、人际信任和孤独感关系的量化分析[J]. 阿坝师范学院学报，2019，36(4)：78-83.

[20] 韦耀阳，谢志斌，江建华. 沙盘游戏在幼儿亲子关系指导中的应用[J]. 福建教育，2018(16)：54-56.

[21] 龚书静，韦耀阳. 决定幼儿园有效教学的核心要素[J]. 基础教育参考，2015(9)：61-64.

[22] 韦耀阳，向光富，谭雪晴. 高考生考试焦虑、自尊及应对方式的关系研究[J]. 教育测量与评价(理论版)，2013(8)：47-51.

[23] 韦耀阳. 自我觉察在心理咨询师成长中的作用[J]. 中小学心理健康教育，2012(18)：10-12.

[24] 韦耀阳，谢芳. 游戏治疗在儿童团体心理辅导中的应用[J]. 现代教育科学(小学校长)，2008(6)：40-41，84.

[25] 韦耀阳，朱晓平. 心理测验在班级管理中的应用[J]. 现代教育科学，2008(8)：68-69，56.

[26] 韦耀阳，熊猛. 中小学教师工作压力与心理健康的相关研究[J]. 精神医学杂志，2008，21(4)：268-270.

[27] 韦耀阳，陈惠，周学君，等. 黄石市1664名中小学教师心理健康现状的调查研究[J]. 中国科教创新导刊，2007(22)：81-83.

[28] 李晓，韦耀阳. 近年来国内学者教师心理健康实证研究述评[J]. 青岛大学师范学院学报，2007(3)：117-122.

附录　各章基础测试参考答案